Fabricador de instrumentos de trabalho, de habitações, de culturas e sociedades. o Homem é também agente transformador da História. Mas qual será o lugar do Homem na História e o da História na vida do Homem?

O MARAVILHOSO
E O QUOTIDIANO
NO OCIDENTE
MEDIEVAL

TÍTULO ORIGINAL:
Il Meraviglioso e il Quotidiano nell'Occidente Medievale

© 1983, Gius. & Figli S.p.a., Roma-Bari.
Edição portuguesa publicada por acordo com a Agencia Literária Eulama, Roma.

TRADUÇÃO:
António José Pinto Ribeiro

DESIGN DE CAPA:
FBA
Batalha dos dragões Vermelho e Branco com o Rei, e Merlin a assistir
(Ms.6, f.43v – ilustração da St. Alban's Chronicle, Biblioteca do Palácio Lambeth, Londres / The Bridgeman Art Library / AIC

DEPÓSITO LEGAL Nº 316011/10

Biblioteca Nacional de Portugal - Catalogação na Publicação

LE GOFF, Jacques, 1924-

O maravilhoso e o quotidiano no ocidente medieval. - Reimp
. - (Lugar da história ; 24)
ISBN 978-972-44-1563-5

CDU 398
316
94

IMPRESSÃO E ACABAMENTO
DPS - DIGITAL PRINTING SERVICES, LDA
para
EDIÇÕES 70, LDA.
Agosto de 2020

ISBN: 978-972-44-1563-5

Direitos reservados para todos os países de Língua Portuguesa
por Edições 70

EDIÇÕES 70, uma chancela de Edições Almedina, S.A.
LEAP CENTER – Espaço Amoreiras
Rua D. João V, n.º 24, 1.03 - 1250-091 Lisboa - Portugal
e-mail: geral@edicoes70.pt

www.edicoes70.pt

Esta obra está protegida pela lei. Não pode ser reproduzida,
no todo ou em parte, qualquer que seja o modo utilizado,
incluindo fotocópia e xerocópia, sem prévia autorização do Editor.
Qualquer transgressão à lei dos Direitos de Autor será passível
de procedimento judicial.

JACQUES LE GOFF
O MARAVILHOSO E O QUOTIDIANO NO OCIDENTE MEDIEVAL

O MARAVILHOSO
E O QUOTIDIANO
NO OCIDENTE
MEDIEVAL

70

Nota Introdutória

Não se trata de apresentar Jacques Le Goff: semelhante pretensão tocaria as raias do ridículo. Trata-se antes de aproveitar uma ocasião para apontar uma possibilidade. A possibilidade de que uma «dívida», que o historiador francês considera ter contraído, relativamente à etnologia e à antropologia, possa considerar-se satisfeita. É sabido, de facto, que desde há alguns decénios Le Goff vem praticando uma história que ele próprio, primeiro que todos, considera largamente inspirada na investigação antropológica. Se bem que a este propósito sejam obviamente as suas obras de exploração historiográfica a testemunhar essa abertura([1]), Le Goff nunca deixou escapar a ocasião para lembrar, mesmo em termos explícitos, que a sua metodologia histórica está atenta, mais do que a qualquer outra disciplina, às sugestões e propostas vindas da antropologia([2]). Ainda recentemente ele recordava como o seu trabalho foi influenciado, para além das obras de Braudel e de um «marxismo renovado», por Marcel Mauss, o sociólogo que fundou de facto a antropologia francesa: «Para mim, a geração Mauss foi, tardiamente, o fermento que há cinquenta anos, não menos tardiamente, foi Durkheim para os melhores historiadores do período entre as duas guerras mundiais»([3]). Assim, a antropologia e a etnologia (pelo menos a partir de Mauss) teriam inspirado o trabalho de Le Goff num duplo sentido: no sentido de uma abordagem por parte do historiador de temas e objectos de pesquisa que eram tradicionalmente apanágio dos etnólogos e no sentido (complementar e corolário ao mesmo tempo) de um desenvolvimento de *técnicas de abordagem* que forneceriam ao historiador métodos de pesquisa utilizados, também eles, num primeiro tempo, pelos etnólogos. Em certo sentido poder-se-ia dizer que isso seria inevitável. O próprio facto de acreditar no valor documental de uma imagem (coisa de resto defendida por não poucos historiadores) (⁴) das técnicas do corpo (entendendo esta expressão nos termos maussianos de estudo de como o homem utiliza o seu corpo em relação à sociedade e à cultura em que se acha inserido) ou ainda da «simples» palavra (seja ela pronunciada e ouvida ou pronunciada e perdida), torna o historiador um etnólogo da sociedade a que se dirige, e, nestes casos, o termo exploração é talvez o mais apropriado. Contudo, tudo isto é, para usar o título de uma disciplina que interessa cada vez mais o historiador francês, história da história, e é uma história já conhecida. O que, pelo contrário, continua escondido e descurado é aquele conjunto de elementos que fazem com que Le Goff, na nossa opinião, tenha num certo sentido satisfeito a sua «dívida» para com a antropologia, restituindo-lhe o mesmo número de estímulos e de sugestões que num primeiro momento lhe pedira.

Há em primeiro lugar aquilo a que Le Goff chama os silêncios da história, silêncios que *falam* muitas vezes do mais que a própria palavra escrita e o documento-monumento (⁵). O dirigir-se a esses silêncios para interrogar os dados evidentes, o próprio testemunho escrito, para além, obviamente, dos próprios silêncios (⁶), é uma prática que se deve substancialmente ao historiador, ou seja, àquele que pôde captar o seu sentido através do vazio, das descontinuidades que tais silêncios criavam em relação ao mundo contínuo do testemunho e da informação. Muitas vezes, no passado, para o antropólogo geral e para o etnólogo em campo, aquilo de que não se falava coincidia pura e simplesmente com o que não existia: que alguns silêncios possam ser mais eloquentes que as presenças e o barulho de certas documentações era, em última análise, uma sugestão que só podia provir, se assim se pode dizer, de quem chegava ao método etnológico com todo o peso de uma documentação que faltava.

Há depois um segundo aspecto que é preciso apontar. Trata-se de um aspecto que foi descurado com frequência por quem não está disposto a admitir que o valor da *redundância* é muitas vezes elevadíssimo na difusão e na utilização das linhas metodológicas usadas pelos estudiosos de várias disciplinas. O que quer dizer que na difusão de métodos, ou mesmo de disciplinas *tout court*, o prestígio científico dos que nela participam tem muitas vezes uma função estimuladora. Trata-se de um facto certamente ligado à sociologia do conhecimento, mas é um facto. Só que demasiadas vezes a história dos vários ramos do saber (e talvez a história da ciência em geral) é escrita como se as disciplinas objecto da investigação fossem abstractas, vivessem no limbo de um pensamento proveniente de lugar nenhum. Separadas dos homens que as veiculam e das instituições que as representam, o discutir sobre a eficácia dessas ideias torna-se uma espécie de animismo moderno, que teria escandalizado o próprio Tylor se tivesse sido capaz de discerni-lo no sentido próprio da sociedade culta ocidental. E isto para dizer que, depois da obra de Le Goff, a própria etnologia é restituída a uma dignidade nova e antes inesperada. Em particular nos países latinos, onde a antropologia e a etnologia sofreram sempre de uma mais ou menos secreta inferioridade, exactamente pelo facto de que elas, colocadas fora da verdadeira história, estavam condenadas à prática do inútil. Mas a questão pode ser entendida também num sentido não polémico, porquanto é difícil para qualquer sociedade ligar importância, reconhecer valor e atribuir portanto valor cognoscitivo a algo que não se reconhece como presente no seu seio e com o qual não se está de algum modo em relação. Mostrando que aquilo por que a antropologia e a etnologia se interessam é objecto de reflexão da nossa história e nos pertence profundamente (mostrando em última análise a profunda identidade de nós e dos outros), seria pelo menos incompreensível querer negar que a antropologia histórica, no seu conjunto, e em particular tal como ela é praticada por Le Goff, não tenha conferido ao etnólogo uma dignidade maior e uma mais atenta consideração da parte dos estudiosos de outras disciplinas. Sob este aspecto, há pequenos factos que têm no entanto o dom de ser exemplares: porque se é verdade que o Marc Bloch de *Os Reis Taumaturgos*, que suscita a suspeita dos seus colegas por um objecto de estudo tão «bizarro», é coisa que remonta ao longínquo 1929 (em todo o caso, numa época em que a etnologia ocupava já um lugar que era o seu), é também verdade que, como muitas vezes gosta de recordar o próprio Le Goff, quando o antropólogo inglês Evans-Pritchard pensa em certos períodos da Idade Média como em períodos cujo estudo parece convir mais às estratégias etnológicas que às históricas, isso cria um certo embaraço ([7]). E nem todo o embaraço provém exclusivamente do facto de descobrir numa história que nos pertence os sinais da *sauvagerie:* está também aí incluído um certo sentimento de diminuição na passagem do testemunho. Ora, se é verdade que tudo seria aprofundado, pois que pode correr-se o risco (sem ter feito previamente uma pesquisa suficientemente ampla) de fazer uma pequena história das mentalidades do antropólogo, o que certamente pode dizer-se é que (se não mais, pelo menos a nível simbólico) o ter mostrado que o imaginário, que pretende ter subtraído ao mundo do caos o espaço histórico sobre que se ergue Paris ([8]), tem a mesma natureza da luta dos heróis míticos das sociedades diferentes contra os monstros em que o caos ganha forma, não é coisa de pequena monta. Em particular, não é coisa sem importância, se se acrescentar que esta identidade de natureza não a entrevemos mais e/ou apenas através da asséptica sintaxe de um pensamento selvagem muito semelhante a uma categoria do espírito, mas no seu desenrolar histórico e social, na sua dimensão concretamente humana.

Mas se este segundo aspecto que quisemos evocar se apresenta como mais ligado à sociologia do conhecimento (tudo somado, é com a chegada de Le Goff a Itália que nos programas universitários de História Medieval começam a aparecer como textos de exame os trabalhos sobre a magia de Evans-Pritchard), outros aspectos podem ser tomados em consideração pelas vias mais internas.

Quer se queira quer não, a antropologia histórica (vista agora como parte de um todo mais vasto conhecido sob a etiqueta de *nouvelle histoire*) representa uma rejeição e a derrota da filosofia da história ([9]). À parte as declarações de princípio que motivam tal rejeição, parece evidente que a prática da exploração historiográfica de Le Goff, e em geral a prática dos novos historiadores, actua através de ramificações e diversificações metodológicas (a multiplicidade de abordagens, várias vezes evocada como exigência primária, não é de facto mais do que a ponta do *iceberg*) que tornam inoperante qualquer vocação ou ambição filosófica. Ora, é exactamente neste campo que assistimos a algo de aparentemente contraditório.

Em outro capítulo do discurso de Le Goff ouve-se uma voz surpreendente: lamenta-se que a etnologia tenha abandonado o estudo das diferenças, das diversidades, para encaminhar-se por um caminho generalizante de vago sabor filosófico ([10]). É caso para perguntar se, daqui a uma espécie de relativismo hiperculturalista de marca clastriana, o passo não será curto. Mas – o que é talvez mais importante para aquilo que neste momento nos interessa –, será caso para perguntar se num tal lamento não se esconderá o sinal daquela contradição para que se apontava. Que, depois de ter reconhecido à etnologia e à antropologia o papel de disciplinas privilegiadas em que a história deve inspirar-se, o velho imperialismo retome forma? É de facto difícil reconhecer na etnologia uma disciplina, de tal dignidade, e sem funções ancilares, se depois se pensa com nostalgia no tempo em que ela, representando o particular, não conseguia impor a sua dignidade. Parece-nos, no entanto, que, exactamente na altura em que Le Goff parece cair nesta contradição, ele resolve na realidade um velho problema que os antropólogos arrastam atrás de si há anos, não sem sinais de cansaço. O abandono da filosofia da história como motor organizador das diversidades permitiu à nova história constituir-se como uma história do diverso (também)([11]), dar-se conta da exigência de olhar para a história dos povos diferentes e, mesmo, perguntar-se até que ponto o historiador poderá falar de uma história *tout court* sem cair nas pechas de um imperialismo intelectual([12]). Ora, o debate sobre a diversidade/identidade foi sempre muito sentido em França([13]), a ponto de, recentemente, no início de um seu magistral trabalho sobre o parentesco, Françoise Héritier escrever: «Actualmente, encontramo-nos em antropologia perante um regresso em força da atomização culturalista erigida em sistema, fundada no culto da diferença e da singularidade, e como corolário na recusa de toda a generalização e de toda a teorização»([14]).

Se é verdade que não é este o lugar para apresentar em pormenor o estado do debate em França, é-o sem dúvida para dizer com brevidade que ele se apresenta mais caracterizado pelas implicações político-ideológicas que pelas científicas. É nossa opinião que, em termos não imediatos, qualquer culto é perigoso e o da diferença não o é mais que o da identidade([15]), e que na realidade as opções exprimem mais a natureza do objecto a que se aplicam do que uma posição ontologicamente sustentável de per si. Que os estudos sobre o parentesco falem a linguagem da identidade é em certo sentido a condição *sine qua non* pela qual eles podem assumir um sentido e um significado, exactamente como o mostram os trabalhos de F. Héritier. Fica, porém, igualmente claro que muitos etnólogos se acham confrontados com materiais e objectos cujos sentido e significado só se evidenciam de modo claro se for reconhecida, pelo menos numa primeira fase, a sua especificidade e, se se quiser, a sua singularidade. E é exactamente neste sentido que a antropologia histórica de Le Goff me parece ajudar muito o trabalho dos antropólogos e dos etnólogos *tout court*: rejeitando as generalizações *enquanto filosofias* da história, a nova história tende a ganhar de novo o direito à anteriormente perdida generalização (ou, para nos exprimirmos como F. Héritier, à teorização) a um nível mais alto e mais abrangente. Pois que, se é verdade que talvez não haja história global possível, é também verdade que, através daquela multiplicidade de abordagens que a nova história tem como sua, tende-se, contrariamente à aparente pulverização, a fornecer uma visão de conjunto do homem em sociedade, o que em boa verdade constitui a tarefa última de toda a ciência social([16]). Se se preferir, em termos diferentes, a exigência de uma etnologia da diferença é apenas função de uma antropologia da identidade, a qual, no entanto, tendo exactamente presente aquilo de que é composta, se afasta do jogo de filosofias mais ou menos escondidas. Le Goff voltou recentemente e com eficácia a este ponto, ainda que com brevidade ([17]). Tudo o que nos parece dever acrescentar-se é que, por um lado, o antropólogo pode encontrar no seu trabalho mais que uma achega para resolver este antigo problema e que, por outro, se é verdade que este tipo de solução que se reconhece em Le Goff estava em parte implícito na tripartição levi-straussiana ([18]), é também verdade que é com Le Goff que tal posição se transforma numa prática de trabalho. Essa prática chega assim, e não por acaso, a uma singular inversão da afirmação de Lévi-Strauss que tanto fascinou toda uma geração de jovens estudiosos, porque com Le Goff se pode dizer, ao contrário do que afirmava o antropólogo francês, que a história leva a tudo, mas mesmo a tudo, desde que se entre nela.

FRANCESCO MAIELLO

NOTA INTRODUTÓRIA

NOTAS

(¹) Recorde-se, por exemplo, como são tratados objectos como o tempo e o trabalho em *La civilisation de l'occident médiéval*, Paris, 1964.
(²) Cf. sobre este ponto Jacques Le Goff, *Intervista sulla storia*, conduzida por Francesco Maiello, Laterza, Roma-Bari, 1982, p. 51 (trad. port. *Reflexões sobre a História*, Edições 70, Lisboa, 1982/2010²). Mas também «Histoire et ethnologie», in *Mélanges en l'honneur de Fernand Braudel*, II, *Méthodologie de l'histoire et des sciences humaines*, Privat, Toulouse, 1973. Ainda sobre este ponto, veja-se J. Le Goff, *Les mentalités: une histoire de ambigue*, in P. Nora e J. Le Goff (sob a direcção de), *Faire de l'histoire*, Gallimard, Paris, 1974.
(³) Jacques Le Goff, *Tempo della chiesa e tempo del mercante e altri saggi sul lavoro e la cultura del medioevo*, Einaudi, Turim, 1977, p. VIII.
(⁴) Sobre este ponto pode ser útil consultar Valerio Castro-novo, «La storia per immagini e per numeri», *Prometeo*, ano I, n.º 1, Fev.-Abril 1983, pp. 72-7.
(⁵) Jacques Le Goff, «Documento/monumento», in *Enciclopedia Einaudi*, vol. V, Turim, 1978, pp. 38-48.
(⁶) Um caso clássico do silêncio da história: *I contadini e il mondo rurale nella letteratura dell'alto medioevo (sec. V e VII)*, in *Tempo della chiesa e tempo del mercante...*, cit., pp. 99-114.
(⁷) Veja-se Le Goff em *Reflexões sobre a História*, cit., p. 60: «Vem-me sempre à ideia a conferência de Evans-Pritchard feita há uns vinte anos sobre as relações entre antropologia e história. Aquela em que o antropólogo faz votos no sentido de que a sua disciplina conserve ciosamente a história. O ponto é este. Uma das reflexões do grande antropólogo é, como se recorda, que há períodos da história que parecem feitos de propósito para o antropólogo. A época merovíngia e carolíngia... Pessoalmente, sinto-me um tanto enfadado quando estimulado por tal ideia. Por um lado, sou ajudado como que por uma pista metodológica que me dá garantias... Por outro, há uma ideia de fundo em tudo isto que me causa mal-estar.»
(⁸) Cf. «Cultura ecclesiastica e cultura folklorica nel Medioevo: San Marcello di Parigi e il drago», in *Tempo della chiesa e tempo del mercante...*, cit., pp. 209-55.
(⁹) «A nova história... rejeita mais decididamente que nunca a filosofia da história, e não se reconhece nem em Vico, nem em Hegel, nem em Croce, nem muito menos em Toynbee...», in P. Nora e Jacques Le Goff (sob a direcção de), *Faire de l'histoire*, cit. Ou, então, com maior força ainda: «...a pior inimiga da história, in *Tempo della chiesa e tempo del mercante...*, cit., pp. XI e XII.
(¹⁰) Escreve Le Goff: «Creio que uma das questões fundamentais seja, neste aspecto, o facto de que uma das seduções fundamentais da antropologia para os historiadores era a de ser uma história das diferenças. Esta sensibilidade às diferenças acabava por ser um factor essencial para os historiadores que iam pensando num abandono da história linear. Acrescente-se a isto que esta sensibilidade da parte dos historiadores podia notar-se mesmo antes de a antropologia abandonar o termo "etnologia". No sentido de que, se este termo foi posto de parte, porquanto se desenvolveu uma crítica ao conceito de *ethnos* que lhe subjaz, ele tinha em todo o caso em si mesmo um valor de utilidade que é o de um pluralismo, o de apontar que se fala de culturas, de diferenças» (*Reflexões sobre a História*, cit., p. 42).

(¹¹) Cfr. Jacques Le Goff (sob a direcção de), *La nouvelle histoire*, Retz-Cepl, Paris, 1979.

(¹²) J. Le Goff, *Reflexões sobre a História*, cit., p. 10

(¹³) Cf. Lévi-Strauss, *L'identité*, Grasset, Paris, 1977. Trata-se de um seminário dirigido e coordenado por Lévi-Strauss, com intervenções de Jean-Marie Benoist, Michel Serres, Françoise Héritier, André Green, Jean Petitot-Cocorda, Cristopher Crocker, Antoine Danchin, Julia Kristeva, Françoise Zonabend, Paul Henri Stahl, Michel Izard.

(¹⁴) Françoise Héritier, *L'exercice de la parenté*, Seuil-Gallimard-Hautes Études, Paris, 1981, p.10.

(¹⁵) Veja-se, por exemplo, o caso da sociobiologia de direita, em particular norte-americana, que é exactamente sob a bandeira da identidade que procura veicular as suas mensagens mais politicamente conservadoras.

(¹⁶) Sobre este ponto estou de acordo com Traian Stoianovich, *French Historical Method: The Annales Paradigm*, Cornel University Press, 1976, em particular com o que está contido no cap. 4.

(¹⁷) Cfr. sobre este ponto o que é afirmado por Le Goff em «La metafora del profondo», *Prometeo*, número cit., pp. 34-7.

(¹⁸) Claude Lévi-Strauss, *Anthropologie Structurale*, Plon, Paris, 1958.

O Maravilhoso
no Ocidente Medieval

O problema do maravilhoso numa civilização, numa sociedade, enfrenta-se antes de mais a um nível que, se não é o mais fundamental, é em todo o caso primordial: o do vocabulário. Creio ser impossível levar por diante um estudo sério sobre tal tema se antes não se fizer um reconhecimento adequado do campo semântico do maravilhoso. Tenho de limitar-me aqui a algumas considerações elementares, das quais não é no entanto lícito fazer tábua rasa. A primeira é que, quanto a mim, o termo me parece muito bem escolhido. O «maravilhoso»: trata-se em primeiro lugar de saber o que é que entendemos por maravilhoso e de compreender, em segundo lugar, como é que os homens da Idade Média entendiam e exprimiam aquilo a que nós hoje chamamos maravilhoso. No Ocidente medieval havia um termo correspondente. Em ambiente culto era de uso corrente na Idade Média o termo *mirabilis,* que tinha mais ou menos o mesmo sentido do nosso adjectivo. Contudo, há que sublinhar que os *clérigos* da Idade Média, se quisermos ser precisos, não dispunham de uma categoria mental, literária, intelectual, que seja exactamente sobreponível àquilo a que nós chamamos *o* maravilhoso. Ao nosso «maravilhoso» corresponde mais o plural, *mirabilia.* Se se pode portanto reconhecer uma continuidade de interesse entre a Idade Média e nós por um mesmo fenómeno a que chamamos «o maravilhoso», deve notar-se que, onde nós vemos uma categoria – uma categoria do espírito ou da literatura –, os homens cultos da Idade Média e os que dela recebiam a sua própria informação e formação viam, sem dúvida, um universo – e isto é muito importante –, mas um universo de objectos, uma colecção mais que uma categoria. E temos depois o problema da etimologia. Com o termo *mirabilia* estamos perante uma raiz *mir (miror, mirari)* que comporta algo de visivo. Trata-se de um olhar. Os *mirabilia* não são naturalmente apenas coisas que o homem pode admirar com os olhos, coisas perante as quais se arregalam os olhos; originariamente há, porém, esta referência ao olho que me parece importante, porquanto todo um imaginário pode organizar-se à volta desta ligação a um sentido, o da vista, e em torno de uma série de imagens e metáforas que são metáforas da visão. Se pensarmos no muitas vezes citado livro de Pierre Mabille, *Le Miroir du merveilleux* (1962), somos levados a fazer uma aproximação particularmente pertinente para o Ocidente medieval entre *mirari, mirabilia* (maravilha) e *miroir* (embora o latim tenha aqui *speculum*, donde o italiano *specchio* [e o português «espelho»]; mas o francês restabelece parentescos) e tudo aquilo que um imaginário e uma ideologia do *miroir*-espelho podem representar. Depois do nível do vocabulário e, sob alguns aspectos, como acabamos de ver, a partir deste nível encontramo-nos perante um grande problema: atrás e – cronologicamente – depois da língua das pessoas cultas, depois da língua douta, o latim, há as línguas vulgares. Uma pesquisa sobre o maravilhoso no mundo medieval não pode descurar o contributo das línguas ditas vulgares. Uma vez mais, limitar-me-ei aqui a uma observação simples, mas fundamental: quando as línguas vulgares emergem e se tornam línguas literárias, o termo *maravilha* aparece em todas as línguas românicas e também no inglês. Em contrapartida, não existe nas línguas germânicas, onde o campo do maravilhoso se articulará de preferência à volta de *Wunder.* Não creio – mas poderei estar enganado – que os filósofos tenham explorado este terreno.

Uma vez evocado o problema do vocabulário, parece-me que se põem três grandes questões a propósito do maravilhoso no Ocidente medieval. O primeiro problema é o da atitude dos homens da Idade Média em relação à herança do maravilhoso por eles recebida. E esta é uma questão particularmente importante. Sabemos que em geral, numa civilização, numa cultura, se põe o problema destas heranças, conceito que eu prefiro ao de fonte ou de origem, porque em fonte ou origem se insere de algum modo uma ideia de desenvolvimento obrigatório, eu diria quase automático, coisa que não me parece corresponder às situações históricas concretas. Em «herança», pelo contrário, eu vejo um conjunto que de certo modo se nos impõe (uma herança recebe-se, não se cria); e essa herança obriga a um esforço, para aceitá-la, para modificá-la ou para rejeitá-la, quer a nível colectivo quer a nível individual. Com efeito, não obstante a pressão que a herança exerce, pode-se em última análise rejeitá-la e em todo o caso utilizá-la, servir-se dela, adaptá-la desta ou daquela maneira. Isto é particularmente verdadeiro para a sociedade cristã (e é de crer que o seja também, por exemplo, para a sociedade muçulmana), pois que o cristianismo se expande por mundos que trazem como património culturas diversas, antigas, ricas, e o maravilhoso, mais do que outros elementos da cultura e da mentalidade, pertence exactamente aos estratos antigos. Todas as sociedades segregam – umas mais outras menos – maravilhoso, mas alimentam-se sobretudo de um maravilhoso anterior – no sentido baudelairiano –, de antigas maravilhas. Trata-se de um elemento muito importante da herança. Antecipando um pouco um outro problema, avanço desde já a convicção de que o cristianismo tenha criado pouco no campo do maravilhoso. Eu tentei, não digo definir – o que seria demasiado ambicioso –, mas identificar um maravilhoso cristão. E há-o, sem dúvida; mas não representa no cristianismo nada de essencial, pelo que tenho a impressão de que se formou apenas porque já havia essa presença e essa pressão de um maravilhoso anterior, perante o qual o cristianismo não podia deixar de pronunciar-se, de tomar posição. O sobrenatural, o miraculoso, que constituem o que é o princípio do cristianismo, parecem-me diferentes, por natureza e função, do «maravilhoso», embora tenham marcado com o seu selo o maravilhoso cristão. O maravilhoso da época cristã parece-me pois substancialmente encerrado dentro destas heranças anteriores, de que encontramos alguns elementos «maravilhosos» nas crenças, nos textos, na hagiografia. Na literatura encontra-se quase sempre um maravilhoso cujas raízes são pré-cristãs.

Dado que estas heranças são heranças que continuaram, o cristianismo encontrou-as diante de si ao longo de toda a sua existência. A título de hipótese de partida, parece-me que uma periodização das atitudes dominantes dos dirigentes intelectuais e espirituais do Ocidente medieval permite captar a evolução dos modos de colocar-se em relação ao maravilhoso.

Durante a alta Idade Média, mais ou menos do século V ao século XI, é extremamente difícil adoptar, no campo da cultura, uma cronologia muito pormenorizada. Em geral, creio poder dizer-se para este período que se verificou uma espécie, se não de rejeição, pelo menos de repressão do maravilhoso. No decurso dos meus estudos ocupei-me da hagiografia da alta Idade Média, em particular da hagiografia merovíngia, mais ou menos ao mesmo tempo em que a estudava, num trabalho muito mais aprofundado, o colega checoslovaco Frantisek Graus (¹), e ambos chegámos sensivelmente às mesmas conclusões. Para quem vai à procura de folclore, os textos hagiográficos da alta Idade Média são, pelo menos a uma primeira análise, muito frustrantes, e se caímos na ilusão de poder recolher neles uma grande cópia de dados etnológicos, o balanço acaba por ser magro, à primeira vista. O que neles encontramos é essencialmente a preocupação por parte da Igreja de transformar – até dar-lhe um significado de tal modo novo que o fenómeno que temos perante nós já não é o mesmo – ou de ocultar e eventualmente até destruir aquilo que para ela representava um dos elementos quiçá mais perigosos da cultura tradicional, por ela globalmente qualificada como pagã: o maravilhoso, que exercia sobre os espíritos uma evidente sedução, que constitui uma das suas funções na cultura e na sociedade.

Nos séculos XII e XIII, pelo contrário, parece-me encontrar uma irrupção do maravilhoso na cultura dos doutos. Não me empenharei aqui a exprimir uma valoração nem a dar uma explicação do fenómeno. Mas, globalmente, penso que se pode dizer duas coisas. Por um lado, retomo as hipóteses de Erich Köhler sobre a literatura cortês ligada aos interesses sociológicos e culturais de uma faixa social ao mesmo tempo em ascensão e já ameaçada: a pequena e média nobreza, a cavalaria. É o seu desejo de opor à cultura eclesiástica ligada à aristocracia não já uma contracultura, mas sim uma cultura diferente, que sente como mais condizente com a sua índole e da qual pode fazer mais tranquilamente aquilo que quer, que a leva a chegar até uma reserva cultural existente, ou seja, àquela cultura oral de que o maravilhoso é um elemento importante. Não é por acaso que o maravilhoso tem um papel tão grande nos romances de corte. O maravilhoso está profundamente ligado a esta procura da identidade individual e colectiva do cavaleiro idealizado. O facto de as provas do cavaleiro passarem por toda uma série de maravilhas – maravilhas que ajudam (como certos objectos mágicos) ou maravilhas que é preciso combater (como os monstros) – levou Erich Köhler a escrever que a própria aventura, representada pela valentia, pela procura da identidade por parte do cavaleiro no mundo da corte, é em última análise ela própria uma maravilha (²).

Por outro lado, o que a meu ver pode explicar a irrupção do maravilhoso não é apenas a força da sua pressão, mas sim o facto de que a Igreja já não tem razão, como de facto tinha na alta Idade Média, para levantar barreiras contra o maravilhoso. Ele é agora menos perigoso, a ponto de a Igreja poder já domesticá-lo, recuperá-lo. É o encontro entre essa pressão proveniente de uma certa base laica e a relativa tolerância da Igreja que explica a irrupção do maravilhoso na época gótica.

A terceira fase é um pouco diferente, porquanto embora permaneça sempre fundamental uma explicação de tipo sociológico, o que permite defini-la são sobretudo considerações mais propriamente literárias e intelectuais. É aquilo a que eu chamei a «estetização» do maravilhoso.

O segundo problema que me ponho é o do papel do maravilhoso dentro de uma religião monoteísta. Neste campo a investigação está bem longe de estar concluída. Muito trabalho resta ainda por fazer, mesmo só para se conseguir uma boa base dos dados. Creio no entanto poder determinar, em particular para o período central – séculos XII-XIII – e sobretudo a nível de vocabulário, uma diversificação no mundo do sobrenatural que permite situar melhor o maravilhoso em relação à religião cristã.

Os que até agora se pronunciaram sobre o maravilhoso parecem muitas vezes influenciados pela obra, aliás muito interessante, de Tzvetan Todorov sobre a literatura fantástica ([3]), e em particular pela distinção que ele estabelece entre o estranho e o maravilhoso, em que o primeiro – o estranho – pode ser identificado pela reflexão, ao passo que o maravilhoso conserva sempre um resíduo sobrenatural que nunca conseguirá explicar-se senão recorrendo ao sobrenatural. Estamos portanto no mundo do sobrenatural, mas parece-me que nos séculos XII e XIII o sobrenatural ocidental se divide em três âmbitos que se recobrem, mais ou menos, com três adjectivos: *mirabilis, magicus, miraculosus.*

Mirabilis. É o nosso maravilhoso com as suas origens pré-cristãs. Abarca o conjunto dos elementos que procurei elencar no apêndice a este artigo.

Magicus. É sabido que o termo em si podia ser neutro para os homens do Ocidente medieval, porquanto teoricamente se reconhecia a existência de uma magia negra que tinha a ver com o diabo, mas também de uma magia branca que, em contrapartida, era considerada lícita. De facto, o termo *magicus*, e o campo por ele designado, rapidamente deslizou para o lado do mal, para o lado de Satanás. *Magicus* é portanto o sobrenatural maléfico, o sobrenatural satânico.

O sobrenatural propriamente cristão, aquilo a que justamente poderia chamar-se o maravilhoso cristão, é o que procede do *miraculosus;* mas o milagre, o *miraculum*, parece-me ser apenas um elemento, e eu diria até um elemento bastante restrito, do vasto âmbito do maravilhoso.

Procurei, sem na verdade descer a pormenores, indicar em que sentido o *miraculosus* não era mais que uma parte do maravilhoso e até como ele tendia a fazê-lo desvanecer. Em primeiro lugar porque uma das características do maravilhoso é o ser produzido, certamente, por forças ou por seres sobrenaturais, que são, precisamente, inumeráveis. E uma marca de tal facto pode ser encontrada, creio eu, no plural *mirabilia* da Idade Média. A realidade é que não apenas temos um mundo de objectos, um mundo de acções diversas, mas que por detrás deles há uma multiplicidade de forças. Ora, no maravilhoso cristão e no milagre há um autor, e um só, que é Deus, e é aqui exactamente que se põe o problema do lugar do maravilhoso não apenas numa religião, mas numa religião monoteísta. Temos depois uma regulamentação do maravilhoso no milagre. Temos simultaneamente um controlo e uma crítica do milagre que, no limite, faz desvanecer o maravilhoso, e por fim temos aquilo a que eu chamo uma tendência para racionalizar o maravilhoso e em particular para despojá-lo mais ou menos de um carácter que me parece essencial, a imprevisibilidade. Se referirmos etimologicamente o maravilhoso a raízes visivas, descobriremos nele, como traço fundamental, a noção de *aparição*. Ora, o milagre, se depende apenas do arbítrio de Deus – que é exactamente o que o diferencia dos acontecimentos naturais, também estes, como é óbvio, queridos por Deus, mas por Ele decididos uma vez por todas, tendo-se assim estabelecido uma certa regularidade no mundo –, não escapa por sua vez ao plano divino e a uma qualquer regularidade. E se o milagre se realiza através daqueles intermediários que são os santos, é preciso dizer que a situação em que estes vão encontrar-se é tal que o verificar-se do milagre por sua intercessão é previsível. Apesar dos jogos das variantes e dos artifícios da literatura hagiográfica, parece-me poder captar nos homens da Idade Média inclusive um certo sentido de cansaço em relação aos santos, já que a partir do momento em que um santo entra em cena já se sabe o que ele vai fazer. Uma vez que se encontre numa determinada situação, sabe-se desde logo que procederá a uma multiplicação dos pães, que operará uma ressurreição, que expulsará um demónio. Dada a situação, já se sabe o que irá acontecer. Temos assim todo um processo de esvaziamento do maravilhoso. E eu acrescentaria que, no que se refere ao cristianismo, alguma dificuldade em aceitar o maravilhoso parece-me provir do facto de que, olhando bem, na Bíblia não lhe é dado um grande espaço.

Há que distinguir, como o fizeram os homens da Idade Média, entre o Antigo e o Novo Testamento. No Novo Testamento há, evidentemente, mais milagres que coisas maravilhosas. Quanto ao Antigo Testamento, atendendo ao tipo de leitura e de compreensão que dele tinham os homens da Idade Média, a parte do maravilhoso parece-me relativamente reduzida. Sabemos bem, naturalmente, que há os estudos clássicos de Frazer, de Saintyves e outros, sobre o folclore no Antigo Testamento. Nele encontramos episódios, por vezes mesmo livros inteiros, que alimentaram abundantemente o maravilhoso do Ocidente cristão. Um lugar à parte deve assinalar-se, em particular, se me é permitido saltar do Antigo para o Novo Testamento, ao Apocalipse. O Antigo Testamento, tal como foi lido, sentido, vivido pelos homens da Idade Média, encerra uma pequena parte de maravilhoso. E a Bíblia é, senão a fonte de tudo, pelo menos ponto de referência para tudo. O que explica porque é que, quando o maravilhoso vier a ressurgir, ele será de algum modo independente: para ele será de facto muito mais difícil do que para outros elementos encontrar aquilo que os homens da Idade Média procuravam sempre, a referência bíblica.

O terceiro e último problema é a função do maravilhoso; com efeito, uma vez que descrevemos o maravilhoso, que procurámos caracterizá-lo, não dissemos ainda grande coisa se nos não esforçarmos por compreender também porque é que ele foi produzido e consumido, para que é que serviu, qual foi a sua função. Uma primeira observação sublinha a evidente função de compensação do maravilhoso. O maravilhoso é um contrapeso à banalidade e à regularidade do quotidiano. Mas é preciso ver como ele se manifesta. No Ocidente medieval os *mirabilia* tiveram a tendência para organizar-se numa espécie de universo virado ao contrário. Os temas principais são: a abundância alimentar, a nudez, a liberdade sexual, o ócio. Diante de algumas grandes palavras de ordem e forças mentais deste mundo, não é um acaso que precisamente no campo do folclore e do maravilhoso uma das raras criações do Ocidente medieval seja o tema da terra da Cocanha, que aparece no século XIII, não tendo existido antes, de facto. Podemos, sem dúvida, encontrar raízes ou certas equivalências mais longínquas, mas o tema da Cocanha como tal é uma criação medieval. O mundo às avessas e, acrescentaria eu, o mundo ao contrário; e é aqui que o *Génesis*, e principalmente um *Génesis* em que se irá à procura dos elementos pré-cristãos, mais do que dos elementos propriamente cristãos, exerce o seu fascínio sobre os homens da Idade Média. É a ideia de um paraíso terrestre e de uma «idade de ouro» que não estão para diante, no futuro, mas para trás, no passado, e se se procura reencontrá-los num *millenium* utópico não é em vista de um horizonte futuro mas enquanto retorno ao que está para trás.

Mundo às avessas, mundo ao contrário, distinção entre o *miraculosus*, o *magicus*, o *mirabilis*. Parece-me poder dizer-se, sem exagerar, que o maravilhoso foi em última análise uma forma de resistência à ideologia oficial do cristianismo (embora não tenha sido esta por certo a sua única função, mas uma das mais importantes). Sobre um ponto, que considero essencial a este respeito, desejaria voltar de novo em particular, remetendo para o apêndice. Com isto, não creio pôr arbitrariamente a tónica em alguns sectores do maravilhoso medieval em detrimento de outros. No universo dos animais, das plantas, dos objectos, dos seres fabulosos, descobre-se quase sempre uma qualquer referência ao homem, como sucede no maravilhoso muçulmano, por exemplo. No Ocidente medieval tenho a impressão de que as coisas se passam exactamente ao contrário. Assiste-se a uma desumanização do universo que desliza para um universo animalista, para um universo de monstros ou de bichos, para um universo mineralógico, para um universo vegetal. Há uma espécie de recusa do humanismo, uma das grandes bandeiras do cristianismo medieval que se funda na ideia do homem feito à imagem de Deus. Frente a um humanismo que se chamou cristão ou, conforme as épocas, carolíngio, românico, gótico, frente a um humanismo que se apoia na exploração crescente de uma visão antropomórfica de Deus, houve, na área do maravilhoso, uma certa forma de resistência cultural.

Para concluir, eu insistiria naquilo a que chamaria as fronteiras do maravilhoso. Tal como muitos fenómenos, muitas categorias, o maravilhoso não existe no estado puro. Acolhe-se dentro de fronteiras permeáveis. O amplo alcance do maravilhoso medieval depende exactamente de um seu desenvolvimento interno, pelo qual o maravilhoso se estimula, se alarga e assume proporções ambiciosas e por vezes extravagantes. É por exemplo o caso de dois sectores que me parecem mais característicos da Idade Média que de outras épocas: o maravilhoso quotidiano e o maravilhoso político. As manifestações do maravilhoso parecem muitas vezes sem ligação com a realidade quotidiana mas revelam-se dentro dela (um elemento que será redescoberto por vezes pelo fantástico romântico ou pelo surrealismo moderno). Se continua a haver o movimento de admiração dos olhos que se arregalam, a pupila dilata-se cada vez menos e este maravilhoso, conservando embora o seu carácter vivido de imprevisibilidade, não parece particularmente extraordinário.

Interessante um *exemplum* de Cesário de Heisterbach, no *Dialogus Miraculorum* (início do século XIII). Um jovem nobre, converso cisterciense, está a guardar carneiros reunidos numa eira da abadia cisterciense a que pertence, quando vê aparecer diante de si um primo recentemente falecido. Com toda a tranquilidade, pergunta-lhe: «Que fazes aqui?» E o outro, em resposta: «Morri, vim para dizer que estou no Purgatório e é preciso que rezeis por mim.» «Faremos o que é necessário.» O defunto afasta-se assim no prado e desaparece no horizonte como se fizesse parte da paisagem natural, sem que o mundo se mostre minimamente perturbado por esta aparição. Nos *Otia Imperialia*, um texto um pouco anterior mas ainda do início do século XIII, entre as numerosíssimas anotações de *mirabilia*, o autor Gervásio de Tilbury conta que nas cidades do vale do Ródano (e ele pessoalmente mora nessa altura em Arles) há seres maléficos, os *dragões*, que agridem as crianças, mas não são, salvo excepções, os tradicionais papões. Introduzem-se de noite nas casas, com as portas fechadas, tiram as crianças dos berços e levam-nas para a rua ou para as praças, onde são encontradas no dia seguinte de manhã, tendo-se mantido as portas fechadas durante todo este tempo. Os vestígios da passagem dos dragões são quase imperceptíveis, o maravilhoso perturba o menos possível a regularidade quotidiana; e provavelmente é exactamente este o dado mais inquietante do maravilhoso medieval, ou seja, o facto de ninguém se interrogar sobre a sua presença, que não tem ligação com o quotidiano e está, no entanto, totalmente inserida nele.

Uma outra fronteira do maravilhoso é o maravilhoso político. Os chefes sociais e políticos da Idade Média utilizaram o maravilhoso para fins políticos. Trata-se de uma forma de recuperação do maravilhoso, mas de uma forma extrema. É sabido e quase normal, óbvio, que as dinastias reais procuraram forjar para si origens míticas. Famílias nobres e cidades imitaram-nas. Mas o mais surpreendente é que essas origens míticas estão radicadas por vezes, e não frequentemente, num maravilhoso inquietante e ambíguo. É muito conhecida a história de Mélusine, a maravilhosa mulher medieval – provavelmente avatar de uma deusa-mãe, de uma deusa da fecundidade –, reivindicada como antepassada, como uma espécie de totem, por diversas famílias nobres. Uma delas conseguiu-o, a dos Lusignani, que se apoderaram de Mélusine, deram-lhe o seu nome, vista que Mélusine não é nomeada antes da altura em que se une, ousaria dizer, com os Lusignani. Assim, o maravilhoso torna-se instrumento de política e de poder.

O exemplo mais belo deste maravilhoso político ambíguo encontramo-lo em Geraldo de Cambrai (Geraldo de Barri), no início do século XIII. Trata-se da ascendência «melusiana» dos Plantagenetas, que se tornaram reis de Inglaterra. A dinastia dos Plantagenetas, segundo Geraldo, teria tido como antepassada, no século XI, uma mulher-demónio, e por outros testemunhos sabemos que essa lenda era bem conhecida e que Ricardo, *Coração de Leão*, lhe fazia referência e se servia dela na sua acção política para explicar o modo, muitas vezes desconcertante, de se comportar, para justificar os aspectos por vezes extravagantes das suas opções e daquilo que acontecia naquela família bastante escandalosa, em que nomeadamente os filhos se armavam contra o pai e se combatiam incessantemente. Ricardo gostava de dizer: «Nós, filhos da mulher-demónio...» Uma coisa menos conhecida, em contrapartida, é o facto de Filipe Augusto ter procurado utilizar este mito das origens maravilhosas contra os Plantagenetas, sobretudo contra João Sem Terra; e em particular quando preparou o falhado desembarque do filho Luís em Inglaterra, montou uma autêntica campanha psicológica em que os emissários e os partidários dos Franceses diziam que era preciso acabar com os filhos da mulher-demónio ([4]).

Fronteiras do maravilhoso, enfim, que ameaçam o próprio maravilhoso, que assim corre o risco de dissolver-se: são as diferentes formas de recuperação. Reduzi-las-ia a três capítulos: a recuperação cristã em geral, a recuperação científica, a recuperação histórica.

A recuperação cristã canalizou o maravilhoso, por um lado, para o milagre, por outro, para uma recuperação simbólica e parenética. Entre muitos, escolhemos um exemplo belíssimo. Trata-se da evolução das versões latinas do *Physiologus*. Inicialmente, temos versões que nos contam maravilhas sem que delas nos sejam apontados significados e explicações simbólicas. A seguir, e cada vez mais, as explicações simbólicas e parenéticas devoram, por assim dizer, a substância do *Physiologus*, enfraquecendo-o.

Uma segunda forma de recuperação, muito interessante, é a recuperação científica de um certo número de intelectuais, de estudiosos, que possuíam verdadeiramente aquilo a que hoje chamaríamos o espírito científico. Estes tendem a fazer dos *mirabilia* fenómenos marginais, casos-limite, excepcionais mas não fora da ordem da natureza e verdadeiros, embora não tenham o aval da Bíblia. O melhor exemplo desta mentalidade é-nos proporcionado, parece-me, pelo próprio Gervásio de Tilbury, que, no prefácio a *Otia Imperialia*, desenvolveu longamente, em textos apaixonantes para a história do espírito científico, esta tendência para ligar os *mirabilia* com o mundo natural e, por conseguinte, científico. *Mirabilia vero dicimus quae nostrae cognitioni non subjacent etiam cum sint naturalia* ([5]).

A *pari passu* com esta recuperação científica vai também a recuperação histórica. Trata-se do desejo de ligar os *mirabilia* a acontecimentos e datas. E, com este estratagema, os *mirabilia*, que só se tornam manifestos numa paragem do tempo e da história, são também levados ao esvaziamento.

Tenho a impressão de que em tudo isto se manifestam tendências que, embora comuns a religiões como, por exemplo, o islamismo e o cristianismo, parecem mais próprias do cristianismo: tendência para o simbolismo e para a fixação ética, tendência para a racionalização científica e histórica. Poder-se-ão identificar aqui e ali correntes de fundo, inimigas ocultas do maravilhoso? Poderia ser essa uma linha de ulterior pesquisa.

APÊNDICE

Introdução

Definições

a) *actual:* segundo T. Todorov (*La letteratura fantastica*, Garzanti, Milão, 1977), o maravilhoso opõe-se ao estranho na medida em que o primeiro «permanece sem explicação» e supõe «a existência do sobrenatural».
Contudo, esta definição não pode ser aplicada ao maravilhaso medieval. Cf. P. Zumthor, *Essai de poétique méáiévade*, 1972, pp. 137 e ss.; de facto, quer se trate do estranho quer do maravilhoso, a definição de Todorov requer um «leitor implícito» que tende para uma explicação natural ou sobrenatural. O maravilhoso medieval pelo contrário, exclui um leitor implícito; é apresentado como objectivo, através de textos «impessoais».
NB – Todos os textos em que Todorov fundamenta as suas reflexões são textos dos séculos xix e xx, à excepção dos *Contos* de Perrault e das *Mil e Uma Noites*.

b) *medieval:* o termo maravilhoso pertence ao vocabulário medieval. Tanto em latim (*mirabilia*, baixo latim *miribilia*) como nas línguas vulgares românicas e em inglês – mas não em alemão (*Wunder, wunderlich*), e em particular em francês (século XI – *Chanson d'Alexis* –, adj. *merveillos* da *Chanson de Roland, merveiller* = admirer) (Wace v. 1155).
Mas:
 1. o adjectivo *merveillos* não é empregado como substantivo, como no actual o maravilhoso.
 2. o termo que melhor corresponde ao significado actual do maravilhoso é o plural *mirabilia*.
c) obras *medievais* que trazem no título a referência ao maravilhoso e tentativa de definição da área medieval dos *mirabilia*:
 1. o maravilhoso antigo e urbano: *Mirabilia Romae* (meados do século XII). Cf. A. Graf, *Roma nella memoria del Medio Evo*, 1915 (cf. *Mirabilia Neapolis* de Gervásio de Tilbury).
 2. o maravilhoso geográfico e monstruoso: Gervásio de Tilbury, *Otia Imperialia* (c. 1210): tertia decisio: *Mirabilia uniuscuiusque provinciae*; Marco Polo, *Libro delle meraviglie del mondo* (c. 1305).
 3. o maravilhoso e a ideologia cristã: Raimundo Lúlio, *Libro delle meraviglie* (c. 1288).
d) *um ponto de referência:* a literatura popular. *O Conto Maravilhoso*, cf. M. L. Tenèze, *Du conte merveilleux comme genre,* in *Approches de nos traditions orales*, Paris, 1970.
O maravilhoso na encruzilhada entre popular e erudito.

I. Maravilhoso, mágico, miraculoso

O maravilhoso e o cristianismo

O sistema cristão enquadra o maravilhoso como *sobrenatural*, mas o maravilhoso cristão cristaliza-se *no milagre* que na realidade restringe *o maravilhoso:*
 a) *porque o refere a um só autor:* Deus;
 b) *porque o regulamenta:* controlo e crítica do milagre;
 c) *porque o racionaliza:* à imprevisibilidade, função essencial do maravilhoso, substitui uma ortodoxia do sobrenatural.

Em relação ao milagre, o mágico (embora se faça distinção entre magia *negra* e magia *branca)* tende para o aspecto sobrenatural ilícito ou enganador, de origem satânica, diabólica.

Entre um e outro, desenvolve-se um maravilhoso que poderíamos dizer *neutro*, tolerável para o cristianismo, mas que na realidade provém de um sistema pré-cristão, tradicional: reporta-se ao folclore, ainda que já recuperado pela cultura erudita.

O elemento surpreendente do maravilhoso vem, para os homens da Idade Média, da tolerância do cristianismo que lhe permite existir e manifestar-se.

A cristianização do maravilhoso:
– *Deus autor do maravilhoso* (cf. Oberon).
– As *milícias cristãs do maravilhoso: santos, anjos, demónios.*
– *Deformação e mudança de função: o Graal.*

O cristianismo medieval integra em si próprio uma parte do maravilhoso (cf. Keit Thomas, *Religion and the Decline of Magic*, 1971).

A resistência do maravilhoso.

II. Inventário do maravilhoso medieval

a) *As terras e os lugares*
– Terras e lugares «naturais»: montanha (e sobretudo a montanha com grutas) e penhascos (Gargântua), fontes e nascentes, árvores («árvore das fadas» de Joana d'Arc), as ilhas (As ilhas felizes – As ilhas na cartografia medieval).
– Terras e lugares devidos à acção humana: cidades, castelos, torres, túmulos. Cf. A. Graf, *Le meraviglie del paradiso terrestre,* in *Mitti, leggende e superstizioni del Medio Evo*, Forni, Bolonha, 1965.

b) *Os seres humanos e antropomórficos*
– Os gigantes e os anões (Oberon),
– As fadas, cf. A. Maury, *Les fées du Moyen Age*, 1847.
– Os homens e as mulheres com particularidades físicas (Berta dos grandes pés, Henno dos grandes dentes, os filhos de Mélusine, etc.).
– Os monstros humanos.

c) *Os animais*
- Animais «naturais» (o leão de Yvan, o cavalo Baiardo, os quatro filhos Aymon, o pelicano).
- Animais imaginários (unicórnio, grifo, dragão, etc.), cf. os animais nos sonhos de Carlos Magno na *Canção de Rolando*.

d) *«Mischwesen»*
- Os seres metade homens metade animais: Mélusines e sereias, Yonec (cf. *Oiseau bleu*) em Marie de France, lobisomens (mas cf. em baixo, metamorfoses), etc.
- O grifo.
- Os autómatos.
- Termo da evolução: os seres metade vivos metade objectos (cf. J. Bosch).

e) Os *objectos*
- Os objectos protectores: o anel que torna invisíveis as pessoas.
- Os objectos produtores: a taça. (cf. Oberon e o Graal), do corno da abundância à corneta (cf. *Canção de Rolando*, Oberon).
- Os objectos fortalecedores: a espada, o cinturão.
- A cama como «espaço sagrado» (cf. o jardim).

f) Cf. C. Settis Frugoni, *Historia Alexandri Elevati per Griphos ad aerem. Origine, iconografia e fortuna di un tema*, Roma, 1973.

III. Fontes e reservatórios do maravilhoso medieval

Cf. E. Faral, *Le merveilleux et ses sources dans les descriptions des romans français du XIIe siècle*.

A. *Fontes*

a) *O maravilhoso bíblico*
Cf. o folclore no Antigo Testamento.
- O *Génesis:* o Paraíso, a arca de Noé, a torre de Babel, a passagem do Mar Vermelho.
- O *Apocalipse*.

b) *O maravilhoso antigo*
- As personagens mitológicas: Vulcano, Minerva, as Parcas, Vénus, Alexandre, Virgílio: as sete maravilhas.

c) *As maravilhas barbáricas:* Plínio, Solino.
- A mitologia germânica.
  Cf. A. - H. Krappe, *Études de Mythologie et de folklore germaniques*, 1928.
- O material de Bretanha, cf. os estudos de J. Marx. O exemplo de Myrdlin-Merlim.

d) *O maravilhoso oriental*
Cf. *As Mil e Uma Noites.*
- *O Pancatantra*, cf. o estudo recente de J. Batany.
- *Disciplina Clericalis* de Pierre Alphonsi.
- *Kalila e Dimma.*

e) *O folclore*
Cf. Introdução a P. Delarue, *Le conte populaire français*, vol. I, 1957; cf. a pesquisa sobre os *exempla* dirigida por Jacques Le Goff.

B. *Reservatórios*

a) *O reservatório céltico*
- Material bretão e de corte.
- A *aventura* como *maravilha* (E. Köhler).

b) *O reservatório oriental*
- O Oriente, e em particular a Índia, como horizonte maravilhoso.
  Cf. J. Le Goff, *L'Occident médiéval et l'océan Indien: un horizon onirique,* in *Mediterraneo e Oceano Indiano,* Florença, 1970, pp. 243-63.
- O exemplo das localizações primitivas do Purgatório (fim do século XII - inicio do século XIII): a Irlanda e a Sicília.

IV. As técnicas: «Vias e instrumentos do maravilhoso medieval»

a) *Sonhos, aparições, visões*
- A destruição do sistema onomântico antigo (Macróbio).

- As incertezas da interpretação dos sonhos, cf. J. Le Goff.
- Os sonhos na cultura e na psicologia colectiva do Ocidente medieval in «Scolies», I, 1970.

b) *Metamorfoses*
- Mélusine.
- Os lobisomens.

c) *O maravilhoso mágico*
- A bruxaria, cf. *Malleus maleficarum (Le Marteau des Sorcières*, Introd. e trad. de A. Danet, Paris, 1973).
- Bruxaria e heresia (Reims, 1176-1180).
- A bruxa segundo Michelet.

d) *O maravilhoso literário*
- A hagiografia.
- As viagens ao Além (o *imran* irlandês – A *Navigatio Sancti Brendani*).
- Os bestiários (o *Physiologus*: cf. *El Fisiologo, Bestiario Medieval*, sob a responsabilidade de M. Ayerra Redin e N. Guglielmi, Buenos Aires, 1971).
- A *imago mundi*.

e) *O maravilhoso artístico*
Cf. J. Baltrusaitis, *Le Moyen Age fantastique – Antiquités et Erotismes dans l'art gothique*, Paris, 1955; *Réveils et Prodiges – Le Moyen Age fantastique*, Paris, 1960.

V. Avanços e limites do maravilhoso medieval

O maravilhoso invade campos inesperados em que se deforma:

a) *O maravilhoso quotidiano*
- A irrupção do maravilhoso no quotidiano realiza-se sem fricções, sem suturas – O reconhecimento do maravilhoso no quotidiano é natural.
- Ex.: os dragões e a sociedade provençal (Gervásio de Tilbury, *Otia Imperialia*, tertia decisio, cap. LXXXVI), o defunto no prado (Cesário de Heisterbach, *Dialogus Miraculorum*, decisio doudecima, cap. XXXIII).

b) *O maravilhoso simbólico e parenético*, cf. o *Physiologus*.

c) O *maravilhoso político*
- É sobretudo a nível das origens míticas que se coloca a utilização política do maravilhoso.
- Linhagem e maravilhoso: os Lusignan e Mélusine.
- Monarquia e maravilhoso: Ricardo, *Coração de Leão*, e os Plantagenetas filhos de uma mulher-demónio (cf. Geraldo de Barri, *De Instructione Principis*).

d) *O maravilhoso científico*
- O exemplo de Gervásio de Tilbury: a tendência para fazer dos *mirabilia* fenómenos raros, não sobrenaturais, uma realidade não explicada e não já não explicável.
- O maravilhoso, mundo da marginalidade, não do Além: «*Mirabilia vero dicimus, quae nostrae cognitioni non subjacent, etiam cum sint naturalia*» (Gervásio de Tilbury, *Otia Imperialia*).

e) *Maravilhoso e história:* o «*exemplum*»
«A partir do momento em que o conto assume os traços da história... perde uma parte da sua força. Localização histórica e data histórica aproximam-se da realidade imoral e quebram o poder do maravilhoso natural e necessário» (A. Jolles, *Formes simples*, trad. francesa, 1972, p. 193).

VI. Funções do maravilhoso medieval

a) *A compensação*
- O mundo às avessas – A terra da Cocanha.
- A abundância alimentar.
- A nudez.
- A liberdade sexual.
- O ócio.
- O mundo ao contrário – Paraíso terrestre – A idade de ouro.

b) A *contestação da ideologia cristã*
- O anti-humanismo.
  O homem selvagem.
  Os monstros.
  Os «*Mischwesen*» ou seres mistos.
  Contra a ideia do homem «*ad imaginem Dei*».

- A recusa do maniqueísmo
  Um maravilhoso que pode ser domesticado com ou sem êxito mas que permanece ambíguo, que não é inteiramente nem do lado do bem (Deus), nem do lado do mal (Satanás). Ex. do dragão de S. Marcel de Paris (cf. J. Le Goff, in *Mélanges Corrado Barbagallo*).
- O optimismo.
  Maravilhoso e *happy end*.

c) O *seu realizar-se*
- Mirari, Miroir (espelho), Maravilha.
- O tema medieval do *miroir-espelho*.
- Cf. D. Poiron, *Étude sur le Roman de la* Rose, 1974, cap. II.
- O conto maravilhoso.
- O maravilhoso não como evasão mas como realização: «Para além do prazer, da curiosidade, de todas as emoções que as narrativas nos proporcionam, os contos e as lendas, para além da necessidade de distrair-se, de esquecer, de desfrutar de sensações agradáveis e aterradoras, o fim real da viagem maravilhosa é... a exploração mais completa da realidade universal» (Pierre Mabille, *Le Miroir du merveilleux*).

Conclusão

Uma articulação do maravilhoso medieval?

1. A alta Idade Média e a repressão do maravilhoso.
2. A irrupção do maravilhoso: séculos XII-XIII.
3. A estetização do maravilhoso: séculos XIV-XV.

NOTAS

(¹) *Volk, Herrscher und Heiliger im Reich der Merowinger. Studien zur Hagiographie der Merowingerzeit*, Praga, 1965.
(²) E. Köhler, *Ideal und Wirklichkeit in der höfischen Epik*, 1.ª ed. 1956, 2.ª ed. 1970. Observações históricas e sociológicas sobre a poesia dos trovadores em *Cahiers de Civilisation médiévale*, 1964, tema retomado em *Esprit und arkadische Freiheit – Aufsätze aus der Welt der Romania*, Francoforte do Meno, 1966.
(³) Cf. Apêndice.
(⁴) Bradford B. B. Broughton, *The Legends of King Richard I, Coeur de Lion: A Study of Sources and Variations to the Year 1600*, Haia-Paris, 1966.
(⁵) Devo ao amigo Franco Alessio a indicação de uma belíssima passagem sobre as «maravilhas tecnológicas» no *De Secretis* de Rogério Bacon.

O Deserto-Floresta
no Ocidente Medieval

Pretendeu-se por vezes pôr em relação ambiente desértico e fenómeno religioso. Perguntou-se se haverá uma religião no deserto, se o deserto predisporá para um determinado tipo de experiência religiosa de preferência a outro. De um modo particular, pensou-se que o deserto favorece o misticismo. Há cerca de cem anos, em 1887, na sua *Histoire du peuple d'Israël*, Ernest Renan afirmava, não sem audácia: «O deserto é monoteísta.» Estas teses, que, em última análise, se fundam num determinismo geográfico um tanto simplista, não podem hoje ser aceites como boas ([1]).

Mas o deserto – autêntico ou imaginário – desempenhou um papel importante nas grandes religiões euro-asiáticas: judaísmo, islamismo, cristianismo. Habitualmente, representou os valores opostos aos da cidade e, por isso mesmo, deve interessar a história da sociedade e da cultura. No cristianismo medieval, a ideologia do deserto apresentou-se de uma forma inédita: o deserto foi a floresta.

Os modelos culturais do Ocidente medieval derivam primeiro que tudo da Bíblia, isto é, do Oriente. O deserto é lá uma realidade ao mesmo tempo geográfico-histórica e simbólica. Uma realidade ambivalente, portanto. Assassinado Abel, da descendência dos dois outros filhos de Adão e Eva nasceram, da parte de Set, a religião, pois que Enós, filho de Set, foi o primeiro que «começou a a invocar o nome de Iavé» (*Génesis* 4, 26), e da parte de Caim, a cultura, sobretudo a cultura material nas suas quatro formas principais ([2]): a vida citadina com o próprio Caim, que construiu a primeira cidade; a civilização pastoril do deserto com Jabal, descendente de Henoc, filho de Caim, que foi «o iniciador daqueles que moram em tendas junto dos rebanhos»; a arte sob a forma de música com Jubal, irmão de Jabal, que foi «progenitor de todos os tocadores de cítara e de flauta»; o artesanato, por fim, com Tubal-Caim, meio-irmão de Jubal e Jabal, que foi «forjador de toda a espécie de cobre e de ferro» (*Génesis* 4, 17-22).

Perante a cidade, criação de Caim, o deserto conserva ao longo de muito tempo a sua boa reputação no antigo Israel. Apesar das dificuldades da travessia do deserto por ocasião do Êxodo, a recordação do mundo do deserto deveria permanecer na memória dos Hebreus. É Iavé quem o diz, quando é instituída a festa das tendas (*Levítico* 23, 42-43).

De igual modo, no episódio de Agar, Iavé mantivera um certo equilíbrio entre a vida no meio dos homens, onde habitavam Sara e Isaac, e o exílio no deserto, para onde Abraão se resignou a enviar Agar e Ismael, depois de Iavé lhe ter dito: «Não te preocupes com a criança e com a tua escrava. Faz tudo quanto Sara te pedir, pois de Isaac há-de nascer a posteridade que usará o teu nome. Contudo, farei sair também uma nação do filho da escrava, porque também ele é teu filho» (*Génesis* 21, 12-13). Depois de a vida sedentária ter feito dos judeus um povo de citadinos e as imagens de Jerusalém e de Sião terem substituído por uma simbólica urbana as antigas prerrogativas do deserto, a ambivalência dos valores conexos com o deserto persistiu ainda. Nos Salmos, se se louva Iavé pela construção de Jerusalém («Aedificans Ierusalem Dominus», *Salmos* 142, 2), a recordação agridoce do deserto está sempre presente («Guiou o seu povo no deserto, / porque é eterna a sua misericórdia», *Salmos:* 136, 16). Mas o deserto valorizado no Antigo Testamento não é um lugar de solidão, é um lugar de provas, é sobretudo um lugar onde se vagueia, um lugar de não-fixação.

Não me deterei mais na imagem complexa e evolutiva do deserto no Antigo Testamento. Contrapôs-se, por exemplo, o deserto do *Génesis* – deserto do caos originário, depois antijardim imposto como castigo a Adão e por fim lugar de provas individuais para os patriarcas – ao deserto do *Êxodo*, o Sinai de Moisés e do povo hebreu, deserto colectivo onde se verifica a revelação decisiva de Iavé ([3]). Foram também sublinhadas as estreitas ligações existentes entre o deserto, o oceano, a morte, o *sheol*, morada quase-infernal dos defuntos ([4]). Estas associações características do antigo judaísmo não se encontram no cristianismo, embora possamos perguntar-nos se por exemplo, os eremitas celtas, que, durante a Idade Média, procuravam o deserto no oceano, não teriam sido encorajados na sua procura pela leitura do Antigo Testamento.

Com o Novo Testamento a imagem do deserto bíblico muda. Além de um lugar, o deserto no Antigo Testamento era uma época, «um período da história santa, durante o qual Deus educou o seu povo» ([5]).

Para Jesus, *o Galileu*, o deserto da Judeia em que vivia João Baptista – região quase vazia, constituída não de areia mas de montanhas áridas – é um lugar perigoso, lugar de tentações mais ainda do que de provas ([6]). É a morada dos espíritos malignos (*Mateus* 12, 43), o lugar em que Satanás procura subitamente tentar Jesus: «Então Jesus foi conduzido pelo Espírito ao deserto para ser tentado pelo Diabo» (*Mateus* 4, 1). Mas é também o lugar onde Jesus se refugia e procura a solidão (*Marcos* 1, 35-45). No *Apocalipse* (12, 6-14), o deserto é o refúgio da Mulher, quer dizer, de Sião, do povo santo da idade messiânica, da Igreja dos crentes.

Com o cristianismo tem início, no Oriente, no século IV, a «epopeia do deserto» ([7]). Ela bem depressa transmitirá ao cristianismo latino ocidental alguns textos fundamentais que estão na base da hagiografia e da espiritualidade do deserto.

O texto mais antigo é a *Vida de Santo Antão*, do grego Atanásio, bispo de Alexandria por volta de 360, cujo sucesso se estende quase de imediato ao Ocidente, mediante traduções latinas.

A primazia de Santo Antão no eremitismo é pouco depois contestada por S. Jerónimo, que, por volta de 347/79, no deserto de Cálcide na Síria, a leste de Antioquia, escreve a *Vida de Paulo de Tebas, Primeiro Eremita*. Mas que importância tem a historicidade dos dois santos, a precedência de um ou do outro? O Ocidente medieval viu neles os grandes modelos do ideal desértico e Jerónimo, num golpe de génio, imaginou que Antão, com a idade de noventa anos, foi visitar Paulo, ultracentenário, no seu ermo. Numa atmosfera mais delirante que o romantismo mais desenfreado de um Victor Hugo, o velho presta homenagem ao mais velho que ele, compete em cumprimentos e volta para sepultá-lo num sudário que vai buscar ao seu próprio eremitério.

O deserto de Paulo, Primeiro Eremita, é «uma montanha, uma caverna, uma palmeira e uma fonte». Ele vive aí, revestido de folhas de palmeira e alimentado, todos os dias, de um meio pão que lhe é trazido por um corvo. Quando morre, «dois leões saem correndo do fundo do deserto, com as suas longas jubas que lhes esvoaçam no pescoço». Depois de terem acariciado o corpo do velho com as suas caudas, enquanto emitem altos rugidos à maneira de oração fúnebre, escavam-lhe uma sepultura com as suas garras e nela o sepultam.

Depois, «abanando as orelhas e com a cabeça baixa», vão lamber os pés e as mãos de Antão, que assiste estupefacto à cena e os abençoa. O modelo eremítico de Antão é muito semelhante ao de Paulo. Também ele, na última parte da sua vida, depois dos sessenta anos, vive na montanha, numa gruta, num lugar que os viajantes modernos descrevem como particularmente árido e austero, e que a *Vida* de Atanásio apresenta como um paraíso terrestre. Também ele vive dos frutos de uma palmeira e dos pães que lhe trazem sarracenos-homens negros, como negra era a ave de Paulo. Mas a primeira parte da vida eremítica de Antão consistiu num longo combate contra as visões de monstros e de demónios aterradores que o assaltam. É o «teatro da sombra» das tentações.

Estes temas são inesgotavelmente retornados, multiplicados, embelezados em duas grandes recolhas hagiográficas: *Consulationes,* redigidas no início do século v por João Cassiano, que viveu entre os eremitas orientais, e *Vidas dos Padres,* um complexo conjunto de histórias traduzidas em grego, que começa a circular no Ocidente no mesmo período. Como se disse, «o deserto dos monges egípcios apresenta-se como o lugar do maravilhoso, por excelência; o monge encontra lá o demónio de um modo que pode dizer-se inevitável, porque o demónio, no deserto, está em sua casa; mas o monge encontra também no deserto, de certo modo, o Deus que lá veio procurar» ([8]).

O eremitismo ocidental, à procura de desertos geográficos e espirituais, parece ter preferido, num primeiro momento, as ilhas. É o caso no Mediterrâneo, de Lérins, onde a noção de deserto oscila entre uma concepção paradisíaca e uma concepção de prova ([9]). É um lugar de libertação para os que correm «para a liberdade da solidão» *(ad solitudinum libertatem),* o «porto da salvação, «como um canto do paraíso» *(quasi in parte aliqua paradisi),* segundo Cesário de Arles. Na visão «paradisíaca» do deserto há que não esquecer a familiaridade dos que lá vivem, ou para lá se retiram, com os animais selvagens. É o modelo de Antão e de Paulo, que, à falta de leões no Ocidente, faz do urso, do veado, do esquilo, os amigos e os interlocutores dos eremitas. De S. Columbano pôde dizer-se: «Quer em Luxeuil quer em Bobbio, manifestou sempre para com os animais uma simpatia quase franciscana.» S. Godrico, que morreu em 1170, tendo-se retirado para viver na solidão de Finchdale, perto de Durham, acolhe na sua cela os coelhos e as lebres perseguidos pelos caçadores. É o deserto asilo, o refúgio no refúgio. O imaginário romanesco prescindirá da zoologia e fará de um leão o companheiro de Yvain, um S. Jerónimo cortês, no romance de Chrétien de Troyes. No seu *Elogio do Deserto* (*De lande eremi*), o aristocrático Euquério de Lião, que se retira para Lérins entre 412 e 420, depois de ter evocado todos os episódios famosos do Antigo e do Novo Testamento que tiveram lugar no deserto (*eremus* = *desertum*, precisa ele), declara que o deserto monástico é o lugar de todos os carismas e de todas as teofanias. O ingresso no deserto é encarado, segundo uma expressão de S. Jerónimo, como um segundo baptismo.

Nestes inícios do monaquismo cristão não haverá que contrapor demasiado rigidamente deserto e cidade. É verdade que os monges que procuravam a solidão fugiam da cidade. Mas o afluxo de monges, a valorização dos oásis e das zonas subdesérticas transformaram com frequência o deserto em cidade. Uma expressão da *Vida de Santo Antão*, na sua tradução latina, tornou-se um *topos* da literatura monástica: *desertum civitas*, o deserto-cidade ([10]).

Como mostrou Paul-Albert Février, no Ocidente latino da alta Idade Média os modelos urbanos da antiguidade tardia, ainda tão vivos, impuseram-se aos monges. O mosteiro tornou-se uma microcidade e, sobretudo, os grandes mestres do monaquismo latino realizaram na sua vida e no seu ensinamento uma espécie de equilíbrio pendular entre a cidade e o deserto. Foi esse o caso de S. Martinho, que dividiu a sua vida entre a solidão do mosteiro de Marmoutier e a sede episcopal de Tours; de João Cassiano, vindo dos desertos egípcios próximos da solidão insular de Lérins, em frente da cidade de Marselha; de Paulino, que veio estabelecer-se ao lado das relíquias de S. Félix, nas proximidades de Nola, e que teve de aceitar ir residir como bispo da cidade ([11]). Esta respiração alternada entre o retiro nos eremitérios e o apostolado urbano encontrá-la-emos também no franciscanismo.

Mas o deserto é também o lugar de encontro com Satanás e os demónios, se bem que este tema da espiritualidade oriental do deserto não tenha tido no Ocidente da alta Idade Média o mesmo sucesso que no Oriente. Euquério refere-se apenas de passagem às tentações do Inimigo que vagueia em vão em torno do eremitério como o lobo à volta do rebanho. O perigo que atacará o eremita ocidental no deserto é o tédio existencial e metafísico: *accedia*.

O deserto insular foi ainda mais procurado pelos monges célticos e nórdicos ([12]). Eles escreveram um grande capítulo da antropologia histórica do deserto marítimo, dos desertos do mar e do frio. «O mar substituiu para estes monges o deserto egípcio» ([13]). S. Brendano, cujas peregrinações marítimas foram narradas por um livro de sucesso na Idade Média, *Navigatio sancti Brendani* (¹⁴), vai de ilha em ilha, encontrando monstros e coisas maravilhosas, evita a ilha do Inferno e aporta finalmente à ilha do Paraíso. Na vida de um destes monges errantes pelo Oceano, escrita nos derradeiros anos do século VI por um deles, Columba, diz-se que eles «esperavam encontrar o deserto no mar inultrapassável» (*desertum in pelago intransmeabili invenire optantes*).

Mas estes eremitas insulares e marítimos não serão mais do que a franja extrema e efémera dos marginais do deserto no Ocidente. Neste mundo temperado, sem grandes extensões desérticas e áridas, o deserto – o mesmo é dizer, a solidão – assumirá um aspecto absolutamente diferente, quase exactamente o contrário do deserto sob o aspecto da geografia física: será a *floresta*.

O itinerário do mais célebre desses monges irlandeses, Columbano (540-615), é exemplar. Em 575 faz-se ao mar, mas em direcção ao continente. Da Armórica passa à Gália. O rei da Borgonha, Gontrano, propõe-lhe que se estabeleça em Annegray, nos Vosgos. O sítio agrada-lhe – escreverá o seu biógrafo, Giona di Bobbio, por volta de 640 –, porque estava no meio de uma floresta: é «um vasto deserto, uma áspera solidão, uma terra pedregosa». De Annegray e do mosteiro próximo de Luxeuil Columbano terá de afastar-se, escorraçado pelo rei Teodorico II, a pedido da sua terrível avó, Brunilde. Após uma longa peregrinação, o velho chega à Itália Setentrional e escolhe aí, em 613, um lugar isolado numa floresta: Bobbio. Para construir o mosteiro, o velho abade faz-se uma vez mais monge lenhador.

A história, a lenda, de um outro santo irlandês, Rónan, que veio estabelecer-se na Bretanha continental, retoma os temas do deserto-floresta. «Entra-se pelo... *deserto* dentro e chega-se à floresta de Nemet (ou Nevet) na Cornualha.» À força de milagres protege a vizinhança dos lobos. Mas suscita a cólera de Satanás, que, servindo-se de uma camponesa, a diabólica Kéban, acaba por expulsá-lo de lá (¹⁵).

A história do deserto, aqui e além, agora e logo, foi sempre feita de realidades espirituais e materiais misturadas entre si, de um vaivém constante entre o geográfico e o simbólico, o imaginário e o económico, o social e o ideológico.

Qual foi a «realidade» da floresta no Ocidente medieval?

Para Gaston Roupnel, na sua célebre *Histoire de la campagne française* (¹⁶), a floresta foi para o homem, do Neolítico até ao fim da Idade Média, ao mesmo tempo o espaço indispensável que «prolongava e completava os seus campos» e o lugar dos seus «temores lendários»: «neste limiar sagrado que tudo protegia, o desbravador primitivo suspendeu uma vez por todas as suas campanhas profanas».

Charles Higounet redigiu o inventário e o mapa das florestas da alta Idade Média ([17]), época que conheceu, de 500 a 1200, mais ou menos, uma fase climática quente e, por conseguinte, «um retorno ofensivo da floresta». Entre estas florestas europeias, Higounet distingue a floresta das Ardenas, que desde o tempo dos Celtas era a floresta por excelência. Regista o aparecimento, ao lado do italiano, do castelhano [e do português] «selva», que continua o termo latino *silva*, e do germânico *Wald*, do termo *forestis ou foresta,* que dará *forêt* em francês, [«floresta», em português], *Forst* em alemão, *forest* em inglês. A mais antiga atestação conhecida do termo associa por outro lado a ideia de floresta à ideia de solidão. Trata-se de um diploma de Sigeberto III, de 648, para a abadia de Stavelot-Malmédy: «na nossa floresta chamada Ardenas, vasta solidão onde se reproduzem os animais selvagens» ([18]). A palavra deriva sem dúvida da expressão *silva forestis,* uma selva que depende do tribunal, *forum,* do rei. Designa na sua origem uma «reserva de caça»; tem um significado jurídico. Assim, os homens da segunda função indo-europeia, os guerreiros, os *bellatores,* os homens da força física, tentaram apropriar-se da floresta durante a Idade Média e fazer dela o seu terreno de caça. Mas tiveram de dividi-la com os homens da primeira função, os *oratores,* os quais, por via da apanha, da lenha, do carvão, do mel., etc., fizeram dela um território suplementar da actividade económica. Mas todos, na realidade, foram para lá sobretudo para se marginalizarem, para se comportarem como homens da «natureza», fugindo ao mundo da «cultura» em todos os significados da palavra.

Para voltarmos à floresta «material» do Ocidente medieval, sublinhemos com Charles Higounet que ela serviu de fronteira, de refúgio para os cultos pagãos, para os eremitas «que vieram procurar lá, o deserto *(eremum)*», para os vencidos e os marginalizados: servos fugitivos, assassinos, aventureiros, malfeitores; mas também que ela foi «útil», «preciosa», reserva de caça, terreno de apanha, inclusivamente para o mel, com o qual se produzia «a bebida mais espalhada em toda a Europa», e a cera para iluminar as igrejas, lugar de extracção da madeira, da indústria vidreira e da metalurgia, campo de pastagem para os animais domésticos, em particular para os porcos.

Marc Bloch tinha já assinalado a dupla face da floresta medieval, que «cobria espaços muito maiores que hoje, com manchas muito salpicadas de clareiras». Ela era ao mesmo tempo repulsiva e desejável: «sob tantos aspectos tão pouco hospitaleira, a floresta não era contudo de modo algum inútil» ([19]). Mas evocava os textos antigos que falam da «opacidade», da «densidade» das florestas.

Em *Les caractères originaux de l'Histoire rurale française*, ainda Bloch, depois de ter sublinhado que a floresta medieval «estava longe de estar não aproveitada e vazia de homens», evoca a chusma pouco tranquilizadora dos trabalhadores da floresta: «todo um mundo de *boisilleurs* muitas vezes suspeito aos sedentários percorria-a ou nela construía as suas cabanas: caçadores, carvoeiros, artífices, pesquisadores de mel e de cera selvagens (os *bigres* dos textos antigos), fabricantes de cinzas que eram empregadas na indústria do vidro ou do sabão, tiradores de cascas de árvores que serviam para curtir os couros ou também para entrançar cordas» ([20]). Eis os habitantes deste deserto, vagabundos «muitas vezes suspeitos aos sedentários»!

Entre os inúmeros documentos sobre a floresta medieval, fixemo-nos num grupo de três publicado recentemente ([21]). O primeiro é de um beneditino, Lambert de Hersfeld, que, nos seus *Anais*, com referência a Agosto de 1073, conta um episódio da luta do imperador Henrique IV contra os Saxões. Evoca a densa floresta germânica, imensa e vazia *(vastissima)*, dificilmente penetrável, não hospitaleira, porquanto Henrique e os seus companheiros por pouco não morreram de fome lá dentro, assustadora, menos para um caçador habituado a «orientar-se no segredo das florestas». O segundo documento é um texto hagiográfico tirado da *Vida de S. Bernardo de Tiron*, escrita por Gaufredus Grossus no início do século XII: ele descreve «as vastas solidões *(vastae solitudines)* que se encontram nos confins do Maine e da Bretanha», como «um segundo Egipto» *(quasi altera Aegyptus)* povoado de uma «multidão de eremitas». Entre estes encontra-se Pedro, que se alimenta de «rebentos novos das plantas» e construiu para si uma «casinha» com cascas de árvore. Quando Bernardo e alguns outros vão ter com ele, ele vai com os seus cestos «para a floresta que rodeava por todos os lados a área da sua morada, apanha rapidamente vergônteas de espinhos e de silvas, colhe os frutos das aveleiras e outras árvores selvagens». Por fim, «encontra na cavidade de um tronco um enxame de abelhas com cera e mel em tal quantidade que se julgaria terem estas riquezas saído do próprio corno da abundância». Aqui sente-se o eco da concepção paradisíaca do deserto, herdada da literatura monástica da alta Idade Média. O terceiro texto é célebre: Sugero conta nele como, para construir a armação da basílica de Saint-Denis, foi percorrer, contra a opinião geral, a floresta de Yveline e, «através dos cortes, das manchas de sombra, das florestas de silvas», encontrou árvores suficientemente grossas e grandes para fazer doze traves. Vemos aqui em acção os utilizadores da floresta, que a reduzem ao estado de bosque para cortar madeira e nela vêem apenas uma fonte de matérias-primas.

Antes de passar a considerar a floresta-deserto em alguns grandes testemunhos literários do imaginário medieval, desejaria ainda sublinhar a frequência das atestações medievais sobre a assimilação floresta-deserto. Por exemplo, no cartulário de Sainte-Foy de Conques há um documento de 1065 que indica que uma comunidade monástica veio estabelecer-se num lugar em que «não havia nenhuma habitação humana, a não ser malfeitores das florestas»([22]).

O vocabulário atesta, com as línguas vulgares nascentes, a força desta associação mental. O epíteto quase natural para a floresta é «gaste», vazia, árida, e, próximos da floresta, estão os substantivos «gast» e «gastine», lugares incultos, charnecas arborizadas. *«Forez i a granz e gastines»*, escreve no século XII o trovador anglo-normando Benoît de Sainte-Maure. Todas estas palavras derivam de *vastum*, «vazio». Neste rico vocabulário aparecem ainda, ao lado do triunfante «floresta», termos designando os bosques, com a mesma raiz do germânico «Wald»: «galt», «gant», «gandine». Dom Louis Gougaut chamou a atenção para nomes de lugares formados das palavras «désert», «ermitage» em França, «desert» na Irlanda, «peniti» na Bretanha, que designam antigas sedes de eremitas([23]). O termo bretão recorda que o deserto é também a «penitência», em particular durante a grande época dos movimentos de penitência do século XI ao século XIII.

Na sua autobiografia, Guibert de Nogent, no início do século XII, conta a história de Evrard de Breteuil, visconde de Chartres, que em 1073 abandona a vida mundana, procura a solidão e se refugia numa floresta, onde vive fazendo carvão de lenha([24]). Há uma articulação da fuga para o deserto no Ocidente medieval. Embora se trate de um fenómeno permanente, as vagas de partidas para a solidão engrossam em certos períodos, do século IV ao VII, em conexão com o abandono geral das cidades, mas também durante os séculos XI-XII, em conexão, pelo contrário, com o desenvolvimento urbano: «Nós deixámos tudo, eis as palavras que encheram as florestas de anacoretas», exclama num sermão S. Pedro Damião, falecido em 1072; e quase um século depois faz-lhe eco S. Bernardo. Aos jovens tentados pelas novas escolas urbanas diz ele: «As florestas ensinar-te-ão mais que os livros. As árvores e os rochedos ensinar-te-ão coisas que não aprenderias dos mestres da ciência.» A bibliografia sobre o eremitismo ocidental é interminável. Limitar-me-ei a recordar apenas as Actas da semana de estudo de Mendola em 1962 *(L'eremitismo in Occidente nei secoli XI e XII,* Milão, 1965).

Mas o sentido simbólico profundo da floresta manifestou-se na produção do imaginário, como provam alguns dos maiores testemunhos da literatura em francês antigo: o *Tristan* de *Béroul,* os romances de Chrétien de Troyes, em particular *Yvain e Perceval,* e *Aucassin et Nicolette.* A estes juntarei um testemunho occitânico, o do trovador Bernard Marti.

A floresta-deserto não estava ausente das canções de gesta, especialmente do ciclo de Guilherme de Orange, onde, depois de ter sido sobretudo um terreno de caça para os guerreiros nobres, se torna (em *Moniage Guillaume)* um lugar povoado de eremitas, ocultos «dedans le hault bocage», «aud fond du bois ramé». Ela está sobretudo presente em *Renaud de Montauban (Les quatre fils Aymon)* e em *Girard de Roussillon,* obras do fim do século XII, que decorrem em parte na floresta das Ardenas e exprimem talvez a fuga para fora do mundo de uma aristocracia guerreira ameaçada por uma nova sociedade. Em *Girard de Roussillon,* por exemplo, o herói errante na floresta pergunta a um eremita se conhece um padre nas proximidades. «Não», responde-lhe o homem dos bosques, «nem sequer um clérigo». A floresta é o deserto institucional.

À tradição judaica e oriental do deserto veio assim juntar-se uma tradição «barbárica», céltica – como se viu –, mas também germânica e escandinava, da floresta-deserto. Um eficaz testemunho sobre este último é nos oferecido pela saga de Harald Sigurdarson, escrita no início do século XIII pelo islandês Snorri Sturluson. Desde o início, o herói, Harald, futuro rei da Noruega, esconde-se «em casa de um camponês que habitava isolado numa floresta». O filho do camponês leva-o entretanto «através das florestas» e, «enquanto cavalgam de uma floresta selvagem para outra», Harald assim dizia: «Eis-me sem glória, passando / de floresta em floresta. / Quem sabe se não serei / largamente famoso mais tarde» ([25]). Temos aqui o tema da floresta-prova.

Mas é sobretudo na literatura palaciana que à floresta será atribuído um papel material (no enredo) e simbólico de importância capital. Ela está no centro da aventura cavalheiresca ([26]) ou, antes, esta encontra nela o seu lugar de eleição.

No *Tristan* de Béroul aparece sobretudo a floresta-refúgio. Tristão e Isolda, que fogem da cólera do rei Marcos, refugiam-se na floresta de Morois. Tristão sente-se lá «tão seguro como se estivesse num castelo protegido por muralhas». Tristão, «excellent archer», procura o alimento para si e para Isolda caçando, e constrói uma cabana. Permanecem assim «longuement, dans la forêt profondément, ils restent longuement dans ce désert». Encontramos aqui todos os temas: a floresta-refúgio, a floresta-deserto, a associação, que nos será também apresentada no *Yvain* de Chrétien de Troyes, da floresta-deserto com o arco, que faz já o seu aparecimento no *Génesis* com Ismael, a vida «selvagem», mas quase paradisíaca, embora levem uma vida «âpre et dure». Encontram um eremita, frei Ongrin, que lhes faz uma prédica, mas sem resultado. Vivem ainda longamente na floresta. Ninguém os vem procurar, porque os comuns mortais têm medo da floresta, «qui est si effrayante que nul n'ose y enter». Tristão pregara um «arco-que-não-falha», que nunca erra o alvo, e, não tendo pão (alimento «cultural»), têm de comer «sauvagine». Mas um dos homens maus da floresta, um «forestier», o agente que faz respeitar os direitos do rei (do senhor) sobre a floresta, descobre-os e denuncia-os a Marcos. Este encontra-os, mas renuncia a vingar-se. Porém, sabendo-se descobertos, Tristão e Isolda abandonam a floresta de Morois. A floresta-deserto deixa de poder desempenhar a sua função de refúgio e de esconderijo([27]). É um episódio complexo, no qual se misturam o medo da floresta, a valorização da vida selvagem do deserto, o significado da floresta-deserto como penitência e asilo.

Num longo escrito dedicado a Claude Lévi-Strauss, procurei, juntamente com Pierre Vidal-Naquet, clarificar o episódio central de *Yvain ou Le Chevalier au lion* de Chrétien de Troyes (*c*. 1180). Yvain, que não manteve uma proposta feita a sua mulher, rejeitado por esta, torna-se louco, abandona a corte de Artur e vai para a floresta. Não retomarei aqui a análise para a qual me permito remeter ([28]). Limitar-me-ei a reter, brevemente, apenas o que se refere ao tema da floresta-deserto. Yvain leva a cabo uma regressão integral ao estado da natureza: faz-se arqueiro, selvagem e anda nu, come alimentos crus. Mas a sua reintegração começa porque encontra um homem que não é de modo nenhum um selvagem: um eremita. Este, de facto, tem uma «casa», uma cabana, queima as ervas secas que enchem o terreno (o que quer dizer que pratica uma agricultura elementar numa terra assim desbravada), compra e come pão, tem contactos com indivíduos «normais», cozinha os seus alimentos. Yvain encontra também na floresta um «homem selvagem», um camponês, sujo, cabeludo e peludo, vestido com peles de animais, mas que domina touros bravos. Um homem selvagem que não é um simples hóspede da floresta, mas que é o seu senhor, em particular porque exerce o seu domínio sobre os animais selvagens (²⁹).

Vemos assim que nem a floresta nem o deserto são zonas absolutamente selvagens, nem solidões absolutas. São os lugares do extremo limite em que o homem pode aventurar-se e encontrar outros homens, homens selvagens, que primeiro toma por animais, até lhes comunicarem – como faz o camponês com Yvain – que eles «sont des hommes». Também na vida eremítica, na experiência do deserto, há graus. O eremita permanece em contacto com a cultura e é isso, de resto, que permite à Igreja admitir que ele seja considerado um «santo homem». O homem selvagem é um homem «primitivo», mas já senhor da natureza. Era preciso ser-se louco para arriscar-se nas imediatas proximidades da solidão e do estado selvagem. Em última análise, «o que é *selvagem* não é o que está fora do alcance do homem, mas o que fica à margem da actividade humana. A floresta *(silva)* é selvagem *(silvatica)* porque é lá que estão os animais que se caçam, mas também os carvoeiros e os porqueiros. Entre os papéis assimétricos do estado selvagem e da cultura, o caçador selvagem e louco é um mediador ambíguo. A mesma coisa é, à sua maneira, o eremita» (³⁰).

Os especialistas do eremitismo reclamaram com frequência quatro características do eremita. A primeira é o seu parentesco com o homem selvagem. Ela manifesta-se principalmente no facto de ele usar como vestuário uma pele de carneiro ou de cabra. O protótipo cristão é João Baptista, o pregador do deserto.

A segunda é a popularidade do eremita. As pessoas vêm junto dele confessar-se, pedir conselho nos casos difíceis, procurar bênção e cura. Esta popularidade é entendida em sentido forte. De todos os religiosos, o eremita é o que está mais próximo da cultura popular autêntica, do folclore. O deserto é o ponto mais distante da cultura dos eruditos (³¹).

Entre os que vêm pedir conselho aos eremitas há os reis. Um poema irlandês do século x tem como tema «a visita de um rei a um eremita, motivo explorado várias vezes na literatura medieval» (³²). É uma variante do tema do rei que consulta um mago, um adivinho, um profeta. Mas há que ver também aí o diálogo entre dois homens da floresta. A sacralidade deve ser procurada na floresta, e no deserto. O rei – tal como o leão- está na sua casa. «A floresta é terra do rei não apenas pelos recursos que fornece, mas sim ainda, provavelmente, porque ela é um *deserto»* ([33]).

Na floresta-deserto, por fim, o eremita vive lado a lado com marginais. A lenda e o folclore fizeram-no muitas vezes juntar-se a bandos de malfeitores silvestres – com Robin Hood, por exemplo. Um «fabliau» inglês, *The eremyte and the outelawe*, apresenta um eremita com ciúmes de um ladrão que, segundo ele, ganha o céu demasiado facilmente.

Voltando a Chrétien de Troyes, a floresta-deserto, lugar de provas e de aventuras, ocupa um grande espaço no seu último romance, *Perceval ou le Conte du Graal*. É verdade que Perceval, embora filho da «Dame de la Gaste Fôret solitaire», e apresentado como «valet sauvage», não é propriamente um «homem selvagem» ([34]). Mas o seu itinerário de iniciação e de provas está marcado por passagens pela floresta, que constituem outros tantos momentos de recolhimento e de peregrinação na solidão ou na aventura. Com uma genial metonímia, Chrétien de Troyes chama à própria floresta onde se encontra a solidão, «solitária»: floresta «soutaine». Mas também floresta «félone», floresta traiçoeira, porque, em termos de moral feudal, é o lugar das alucinações, das tentações e das insídias características do simbolismo do deserto. Finalmente, numa altura crucial ([35]), Perceval encontra, no âmago da floresta, um eremita que revela ser seu tio e lhe desvenda a causa e o sentido das suas provas. Penitência e revolução é, em última análise, o sentido profundo, apocalíptico, do simbolismo cristão da floresta-deserto.

Num registo menor e encantador, os temas da floresta como prova e refúgio encontram-se em *Aucassin et Nicolette*. Nicolette foge para a floresta, uma floresta imensa e aterradora: «estendendo-se por mais de trinta léguas em comprimento e largura, ela abrigava animais selvagens e uma quantidade de serpentes». Nicolette teve medo de ser devorada, se nela penetrasse. Uma floresta na qual se refugia apesar do seu medo e onde constrói ela própria «uma bela cabana». Aucassin corre a procurá-la, apesar das silvas e dos espinhos, encontra também ele uma espécie de homem selvagem, um jovem camponês de aspecto horrendo, que não é um domador de animais selvagens, mas que anda simplesmente à procura de um boi que lhe fugiu. Por fim, saem do «bosque profundo», encontram o mar, depois reencontram o mundo das cidades, dos homens e da cultura.

Nos trovadores, o tema da fuga dos amantes para a floresta torna-se uma visão idílica, uma fuga voluntária para a utopia silvestre do deserto do amor. Assim, Bernard Marti: «Quero fazer-me eremita no bosque, desde que a minha senhora venha comigo. Lá cobrir-nos-emos de folhas. Aí quero viver e morrer: abandono e esqueço toda e qualquer outra preocupação» ([36]).

Fica por estabelecer a que é que se contrapõe, no sistema de valores dos homens do Ocidente medieval, esta floresta-deserto. Ao «mundo», isto é, à sociedade organizada; por exemplo, no romance cortês, à corte, à corte do rei Artur. Contraposição mais complexa do que o que poderia parecer à primeira vista, porque o rei, como se disse, é também ele um homem da floresta que, de tempos a tempos, por causa da caça ou das suas relações com os eremitas, vai lá confirmar a sua sacralidade e legitimidade. Na literatura, expressão privilegiada, juntamente com as artes figurativas, do simbolismo de uma sociedade, capta-se sobretudo a contraposição floresta-castelo. Mas o castelo, nestas obras, é também a cidade. Foi assim desde o início, apesar do persistente prestígio da cidade e da alternância cidade-deserto que evoquei. No seu *Commonitorium*, redigido em Lérins em 434, Vicente contrapõe a vida solitária dos monges da ilha ao tropel das turbas urbanas *(urbium frequentiam turbasque vivante)*.

No Ocidente medieval a contraposição não é, na realidade, entre cidade e campo, como na antiguidade *(urbs-rus*, para os Romanos, com os desenvolvimentos semânticos «urbanidade» – «rusticidade»), mas «o dualismo fundamental cultura-natureza exprime-se de preferência mediante a contraposição entre o que é construído, cultivado e habitado (cidade-castelo-aldeia, indiferenciadamente) e o que é propriamente selvagem (mar, floresta, equivalentes ocidentais do deserto oriental), entre o universo dos homens que vivem em comunidade e universo da solidão» ([37]). Na sua *Summa,* escrita no segundo quartel do século XIII, o teólogo escolástico Guilherme d'Auvergne, bispo de Paris, falando da cidade Meal, afirma que, perante ela, «o resto da humanidade é como que uma floresta selvagem *(quasi silva)* e todos os outros homens são como que lenha selvática *(quasi ligna silvatica)»* ([38]).

O ideal «desértico» durará até ao fim da Idade Média e terá ainda uma retoma na segunda metade do século XIV e no século XV. Os eremitas estão na moda na pintura, como o demonstra entre outros a célebre *Tebaida* do florentino Gherardo Starnina (1354-1409/ /1413) ([39]). O movimento franciscano da Observância, no século XV, procura inverter a tendência que no século XIII empurrou as ordens mendicantes para as cidades e funda conventos «no deserto», nas florestas e nas ilhas ([40]).

Será ainda o deserto que os jansenistas, no século XVII, irão procurar em Port-Royal, nas solidões boscosas do vale de Chevreuse, onde cinco séculos antes Sugero encontrara as traves para a basílica de Saint-Denis. Nos séculos XVII e XVIII, as perseguições da igreja católica e do rei obrigarão os protestantes a juntar-se no *Deserto*, nos barrancos solitários das Cevenas. Os ecologistas de hoje reencontram nas montanhas a ideologia do deserto.

NOTAS

(¹) Cf. X. de Planhol, *Le désert, cadre géographique de l'experience religieuse*, in *Les mystiques du désert dans l'Islame, le judaisme et le christianisme*, Publication de l'Association des Amis de Sénanque, 1974.

(²) Cf. P. Gibert, *La Bible et la naissance de l'histoire*, Paris, 1975.

(³) Cf. A. Abecassis, «L'expérience du désert dans la mentalité hébraique», in *Les mystiques du désert*, cit., pp. 107-29.

(⁴) Cf. em particular J. Pedersen, *Israel, Its Life and Culture*, Londres – Copenhaga, 1926, p. 470; N. J. Tromp, *Primitive Conceptions of Death and the Netherworld in the Old Testament*, Roma, 1969, p. 132.

(⁵) Cf. X. – L. Dufour, *Dictionnaire du Nouveau Testament*, Paris, 1975, art. «Désert», p. 202.

(⁶) Para S. Paulo, qualquer lugar pode ser lugar de tentação («...perigos da cidade, perigos do deserto, perigos do mar...», *II Coríntios*, 11, 26).

(⁷) J. Decarreaux, *Les moines et la civilisation*, Paris, 1962, pp. 64-109, e J. Lacarrière, *Les hommes ivres de Dieu*, Paris, 1975 (nova edição).

(⁸) A. Gutilaumont, «La conception du désert chez les moines d'Egypte», in Les *mystiques du désert*, cit., p. 38.

(⁹) S. Pricoco, *L'isola dei santi. Il cenobio di Lerino e le origini del monachesimo gallico*, Roma, 1978.

(¹⁰) D. H. Chitty, *The Desert a City*, Oxford, 1961; G.J.M. Bartelink, «Les oxymores desertum civitas et desertum floribus vernans», *Studia monastica*, XV, 1973, pp. 7-15.

(¹¹) P. A. Février, «La ville et le désert. A propos de la vie religieuse aux IVe et Ve siècles», in *Les mystiques du désert*, cit., pp. 39-61.

(¹²) Cf. J. M. Maekinlay, «In Oceano desertum: Celtic Anchorites and Their Island Retreats», *Proceedings of the Society of Antiquaries of Scotland*, XXXIII, 1899, e L. Gaugaud, *Les Chrétientés celtiques*, Paris, 1911.

(¹³) O. Loyer, *Les Chrétientés celtiques*, Paris, 1965, p. 37.

(¹⁴) C. Selmer, *Navigatio Sancti Brendani abbatis*, «Publications in Medieval Studies», XVI, Notre Dame (Indiana), 1959.

(¹⁵) B. Merignac, in M. Dilasser, *Un pays de Cornouaille, Locronan et sa région*, Paris. 1979, p. 110. A *Vida de São Rónan* chegada até nós é do século XIII. Sobre o lobo, grande personagem da realidade e da lenda medievais, e o animal da floresta-deserto por excelência, cf. G. Ortalii, «Natura, storia e mitografia del lupo nel Medioevo, *La Cultura,* XI, 1973, pp. 257-311.

([16]) G. Roupnel, *Histoire de la campagne française,* Paris, 1932, nova ed. 1974, cap. III, *La forêt,* pp. 91-116. Gaston Bachelard, em *Poética do Espaço,* faz-se eco de Roupnel ao evocar a «floresta ancestral», a floresta que é um «antes de mim», um «antes de nós». A floresta é lugar em que nos perdemos, em que também nos encontramos, como sucede nas esperanças dos aventureiros da floresta-deserto quando nela se embrenham para nela se perderem.

([17]) Ch. Higounet, «Les forêts de l'Europe occidentale du Ve au Xe siècle», in *Agricoltura e mondo rurale in Occidente nell'alto Medioevo,* XIII Settimana di studio del centro italiano di studi sull'alto Medioevo, 1965, Spoleto, 1966, pp. 343-98.

([18]) «*In foresta nostra nuncupata Arduenna, in locis vastae solitudinis in quibus caterua bestiarum geminat.*»

([19]) M. Bloch, «Une mise au point: les invasions», *Annales d'Histoire Sociale,* 1945, retomado em *Mélanges Historiques,* Paris, 1963, p. 128.

([20]) M. Bloch, *Les caractères originaux de l'Histoire rurale française,* 1931, nova ed., Paris, 1951, p. 6.

([21]) Ch. M. de la Roncière, Ph. Contamine, R. Delort, M. Rouche, *L'Europe au Moyen Age,* vol. II, Paris, 1969, pp. 71-5.

([22]) «*Nulla erat habitatio hominum excepta latronorum in silvis.*»

([23]) L. Gougaud, *Ermites et reclus,* Ligugé, 1928, p. *16.*

([24]) Guibert de Nogent, *De Vita sua,* vol. I, p. 9. Esta história fez de Evrard, no século XIX, o pretenso fundador dos Carbonários.

([25]) *La saga de Harald l'impitoyable,* traduzida e apresentada por R. Boyer, Paris, 1979, pp. 35-36.

([26]) Cf. E. Köhler, *Ideal und Wirklichkeit in der höfischen Epik,* 1.ª ed., 1956, 2.ª ed., 1970.

([27]) Cf. H. Braet, «Les amants dans la forêt à propos d'un passage du 'Tristan' de Béroul», in *Mélanges Terno Sato,* Centro di Studi medievali e romanzi, Nagoya, 1973, pp. 1-8.

([28]) Le Goff-P. Vidal-Naquet, *Lévi-Strauss en Brocéliande:* neste volume com o título «Esboço de análise de um romance palaciano», pp. 103 e ss. Sobre a floresta medieval e o seu simbolismo, cf. em particular M. Stauffer, *Der Wald. Zur Darstellung und Deutung der Natur in Mittelalter,* Zurique, 1958, e a tese de doutoramento de Roberto Ruis Capellan de que se pode ler a síntese *Bosque y Individuo. Negación y destierro de la sociedad en la epopeya y novela francesas de los siglos XII y XIII,* Universidade de Salamanca, Faculdade de Filosofia e Letras, Departamento de Filosofia Francesa, 1978.

([29]) Sobre o grande tema medieval do homem selvagem, cf. R. Bernheimer, *Wild Men in the Middle Age. A Study in Art, Sentiment and Demonology,* Nova Iorque, 1970^2.

([30]) J. Le Goff-P. Vidal-Naquet, *Lévi-Strauss en Brocéliande,* cit., neste vol. pp. 116-7.

([31]) «O homem que vive, como eremita, uma vida santa torna-se, portanto, na opinião popular, o verdadeiro tipo do asceta. Nos contos e nas lendas, o eremitão é sempre apresentado como um 'homem de vida santa'. É por isso que, de preferência a qualquer outro religioso, ele foi escolhido para representar o papel de atleta, de campeão, na luta contra o Diabo» (L. Gougaud, p. 52).

(³²) L. Gougaud, *Ermites et reclus*, cit., p. 19. O poema irlandês foi redigido em versão inglesa por Kuno Meyer, *King and Hermit*, Londres, 1901.
(³³) J. Le Goff-P. Vidal-Naquet, *Levi-Strauss en Brocéliande*, cit., neste volume p. 117.
(³⁴) Compreendeu-o bem Paul Le Rider no seu belo livro *Le Chevalier dans le Conte du Graal de Chrétien de Troyes*, Paris, 1978, pp. 160-4.
(³⁵) Tanto mais crucial quanto é a última cena em que o herói se apresenta na obra inacabada de Chrétien. Mas fosse qual fosse a conclusão do romance, o episódio permaneceria sempre e em todo o caso essencial.
(³⁶) «En boscermita m. vol faire, / Per zo qe ma domma ab mes n'an / Lai de fueill' aurem cobertor, / Aqi vol viurë e murir / Tot autre afar guerpis e lais» (Bernard Marti, pièce IX, vv. 38 e ss., Paris, ed. E. Hoepffner, 1929. Citado por J. Ch. Payen, *L'espace et le temps de la chanson courtoise occitane*, p. 155).
(³⁷) J. Le Goff, «Guerriers et bourgeois conquérants: l'image de la ville dans la littérature française du XIIe siècle», in *Culture, science et développement, Mélanges Charles Morazé*, Toulouse, 1979, p. 127.
(³⁸) Cf. J. Le Goff, «Ville et théologie au XIIe siècle: une metaphore urbaine de Guillaume d'Auvergne», *Razo* (Cahiers du Centre d'Études Médiévales de Nice, Junho de 1979, p. 33. Na oposição entre homens da cidade e homens da floresta na Itália, terra superurbanizada mas ao mesmo tempo de grande moda eremítica durante a Idade Média, cf. W. M. Bowsky, *Cives silvestres: Sylvan Citizenship and the sienese commune (1287-1355)*, «Bullettino senese di storia Patria», 1965.
(³⁹) F. Anutal *(Florentine Painting and Its Social Background*, Londres, 1948), atribui-lhe um significado ideológico e político antiburguês. Sobre a lógica que impulsiona Francisco de Assis e os primeiros franciscanos do eremitismo para as cidades, cf. J. Paul, *L'eremitisme et la survivance de la spiritualité du désert chez les framciscains*, in *Les mystiques du désert*, cit., pp. 133-46.
(⁴⁰) Cf. o artigo de Hervé Martin, *L'implantation des franciscains bretons en milieu marrin du XVe au début du XVIIIe siècle*.

Observações sobre Corpo
e Ideologia no Ocidente Medieval

> Uma história verdadeiramente digna desse nome,
> mais do que as tímidas tentativas a que nos obrigam
> hoje os meios postos à nossa disposição, dará às
> questões do corpo o espaço que elas merecem.
>
> (Marc Bloch, *A Sociedade Feudal*)

A revolução do corpo

Entre as grandes revoluções culturais ligadas ao triunfo do cristianismo no Ocidente, uma das mais importantes é a que se refere ao *corpo*. Mesmo as doutrinas antigas que privilegiavam a alma não concebiam virtude ao bem que não fosse exercido através da mediação do corpo. O grande revolvimento da vida quotidiana dos homens, que, na cidade – para a Antiguidade centro da vida social e cultural por excelência –, elimina o teatro, o circo, o estádio e as termas, ou seja, os espaços de socialidade e de cultura que a vários títulos exaltam ou utilizam o corpo, representa a derrota doutrinal do corporal.

Corpo e alma

A encarnação é humilhação de Deus. O corpo é a prisão (*ergastulum* – prisão para escravos) da alma: e esta, mais ainda que a sua imagem habitual, é a sua definição. O horror pelo corpo atinge o auge nos seus aspectos sexuais. O pecado original, pecado de orgulho intelectual, de desafio intelectual a Deus, é transformado pelo cristianismo medieval em pecado sexual. O desprezo polo corpo e pelo sexo toca assim o seu ponto máximo no corpo feminino. Desde Eva até à bruxa dos fins da Idade Média, o corpo da mulher é o lugar de eleição do diabo. De modo semelhante aos tempos litúrgicos que implicam uma proibição sexual (quaresma, vigílias e festividades), o período do fluxo menstrual é atingido por tabus: os leprosos são filhos de pais que tiveram relações sexuais durante as menstruações da mulher. O inevitável encontro do momento fisiológico com o sagrado leva a um esforço de negação do homem biológico: vigília e jejum são um desafio para o sono e para a alimentação. O pecado manifesta-se na tara física ou na doença. A doença simbólica e ideológica por excelência da Idade Média, a lepra (que assume as mesmas funções que o cancro na nossa sociedade), é primeiro que tudo lepra da alma. O caminho da perfeição espiritual passa através da aplicação do corpo: o pobre é identificado com o enfermo e o doente; o tipo social eminente, o monge, afirma-se atormentando o seu próprio corpo com as práticas ascéticas; o tipo espiritual supremo, o santo, só atinge esse cume de maneira absolutamente indiscutível quando faz o sacrifício do seu próprio corpo no martírio. Quanto às principais camadas sociais dos leigos, não encontram melhor instrumento para se identificarem que recorrendo a oposições corporais: o nobre é belo e bem feito, o plebeu feio e disforme (*Aucassin et Nicolette*, *Yvain* de Chrétien de Troyes, etc.). Mais ainda que pó, o corpo do homem é podridão. O destino de toda a carne é a putrefacção e a corrupção. E na medida em que o corpo é uma das metáforas privilegiadas da sociedade e do mundo, também estes estão envolvidos na mesma inelutável decadência. O mundo do cristianismo medieval, segundo a teoria das seis idades, entrou na velhice, *Mundus senescit*.

Um poema famoso, dos últimos anos do século XII, celebra esta omnipresença do carpo que corre para a sua consumpção: *Vermes da Morte* do cisterciense Elinando de Froimont:

«Um corpo bem nutrido, uma carne delicada» / não é mais que uma «veste de vermes e de fogo» [os vermes do cemitério e o fogo do Inferno] / «Vil, fedorento e murcho» é o corpo, / Envenenada é a alegria da carne que corrompe a nossa natureza.

A salvação do cristão passa, por conseguinte, pela salvação do corpo e da alma, ao mesmo tempo.

O monge inglês que por volta de 1180 escreveu o *Purgatorium Sancti Patricii*, no qual conta uma viagem ao Além, pede desculpa pelo facto de para falar das torturas dos condenados e das alegrias dos justos, não poder falar senão de coisas corporais ou semelhantes aos corpos. Santo Agostinho e São Gregório são chamados a ajudar a explicar como é que penas corporais podem atingir espíritos incorpóreos. «No homem corporal e mortal as coisas espirituais só aparecem sob uma aparência e uma forma corporal» («quasi in specie et forma corporali»).

Que depois a própria alma se apresente aos homens da Idade Média sob uma forma corporal é um outro não pequeno paradoxo do sistema do cristianismo medieval. A sua representação habitual é a de uma figura humana diminuta ou de uma criança, podendo assumir formas materiais ainda mais desconcertantes. No *Dialogus Miraculorum* de Cesário de Heisterbach (início do século XIII) fala-se de demónios que jogam com uma alma como com uma bola.

O sacro revela-se muitas vezes para os homens da Idade Média no inquietante contacto entre o espiritual e o corporal. Os reis taumaturgos manifestam a sua sacralidade curando os escrofulosos que tocam. Os cadáveres dos santos mostram a sua santidade espalhando um suave odor, o odor da santidade. As revelações divinas, tal como as tentações diabólicas, exprimem-se nos corpos adormecidos com os sonhos e as visões que durante tanto tempo impressionaram os homens da Idade Média. No século XII, um dos espíritos mais originais da Idade Média, Santa Ildegarda de Bingen, na qual se julgou poder reconhecer uma epiléptica (mas a questão não nos interessa neste contexto), no seu estranho tratado *Causae et curae* lança os fundamentos de uma biologia e de uma medicina intimamente ligadas à teologia mística.

Corpo e espaço ([1])

O homem que gesticula, tão suspeito aos eclesiásticos da Idade Média, não evocará acaso o actor teatral pagão? E também o possesso do demónio inscreve os seus movimentos no espaço. Não existe lugar de encontro mais importante, entre o homem biológico e o homem social, que o espaço. E o espaço é objecto eminentemente cultural, variável ao sabor das sociedades, das culturas e das épocas, espaço orientado, impregnado de ideologia e de valores.

Ora, dir-se-ia que, dentro dos sistemas de valorização do espaço oferecidos pela tradição indo-europeia, o homem medieval, mais do que a oposição esquerda/direita (sempre existente, de resto: no juízo final, não é certo que Deus colocará os bons à sua direita e os maus à sua esquerda?), terá privilegiado a oposição alto/baixo e a oposição interior/exterior. Impressionou-me, numa conversa com o psiquiatra belga Jacques Schotte, constatar que ele considerava este sistema de dupla oposição como fundamental para explicar o sistema das doenças mentais. Talvez tenhamos aqui uma pista para encontrar as relações profundas entre o homem biológico e o homem social na sua ancoragem histórica.

NOTAS

(¹) Estas breves observações são simplesmente notas à margem das importantes pesquisas de Marie-Christine Pouchelle, *Savoir médical et symbolique du corps dans la seconde moitié du Moyen Age: La «Chirurgie» d'Henri de Mondeville (1306-1320)* (tese inédita defendida na Universidade de Paris X em 1980), e de Jean-Claude Schmitt sobre os sistemas de gestos da Idade Média, no âmbito do grupo de Antropologia Histórica do Ocidente Medieval da École des Hautes Études en Sciences Sociales.

Os Gestos do Purgatório

No cruzamento de umas investigações recentes no campo da antropologia histórica do Ocidente medieval, esbocei um estudo dos gestos do purgatório.

Por um lado, terminei há pouco uma pesquisa que durou vários anos sobre o nascimento do purgatório([1]). Logo desde as origens os cristãos, ao rezarem pelos seus defuntos, manifestam a convicção de que seja possível uma remissão dos pecados após a morte. Mas o tempo, o lugar e as modalidades dessa purificação permanecem durante muito tempo no vago, apesar dos germes de solução propostos por Clemente de Alexandria e Orígenes na Igreja grega (onde não há afirmação clara do purgatório), por Agostinho e Gregório Magno na Igreja latina (onde o processo de localização do purgatório só no século XII sofre uma aceleração). O substantivo *purgatorium* aparece nos últimos trinta anos deste século. Este autêntico «nascimento» do purgatório insere-se numa grande mudança das mentalidades e das sensibilidades ocorrida entre os séculos XII e XIII, em particular numa nova e profunda sistematização da geografia do Além e das relações entre a sociedade dos vivos e a sociedade dos defuntos.

Por outro lado, com Jean-Claude Schmitt e um pequeno grupo do centro de investigações históricas da École des Hautes Études en Sciences Sociales, temos vindo a efectuar desde há algum tempo uma pesquisa sobre os sistemas de gestos na Idade Média, procurando recuperar para a documentação histórica, para além do escrito e da palavra, este terceiro dado fundamental que na maioria das vezes é, aliás, o seu complemento. Tivemos já oportunidade de sublinhar uma certa ligação entre a atenção aos gestos no Ocidente medieval e a constituição, nos séculos XII e XIII, de um sistema de controlo ideológico dos gestos por parte da Igreja. O primeiro texto teórico importante a este propósito é o *De eruditione novitiorum* do grande teólogo Hugo de S. Victor de c. 1130 (²). As nossas pesquisas levam-nos a pensar que o cristianismo da alta Idade Média considerou a gestualidade como suspeita e a própria palavra *gestus* sofreu um eclipse do século X ao século XII (³). O «gesto» faz pensar sobretudo em dois sectores detestados pelos cristãos que mantinham uma luta rigorosa contra as sobrevivências pagãs: o do teatro e o da possessão diabólica. Os especialistas do gesto, mimos ou possessos do demónio, eram vítimas ou servos de Satanás. A milícia de Cristo era discreta, sóbria nos seus gestos. O exército do diabo apreciava a grosseria dos gestos.

Por volta de 1190 um cisterciense inglês escreveu um tratado que teve um papel importante no nascimento e na difusão do purgatório, *O Purgatório de S. Patrício* (⁴). Trata-se da narração de uma aventura, de uma crença, de uma prática, que se situam numa ilha, Station Island, no meio de um lago, o Lough Derg (o Lago Vermelho), no norte do actual Eire, muito próximo da fronteira com a Irlanda do Norte britânica. Este tratado – que apresenta uma longa série de visões, de viagens imaginárias no Além inspiradas pela literatura apocalíptica judaico-cristã e fortemente influenciadas por Beda, *o Venerável* (início do século VIII) – é o primeiro em que se fala explicitamente de purgatório para indicar um lugar específico, separado, no Além. Redigido em latim, o *Purgatorium Sancti Patricii* será bem depressa traduzido em francês pela célebre poetisa Maria de França *(L'Espurgatoire Saint Patriz)* e conhecerá no século XIII numerosas versões em latim e nas línguas vulgares.

Perguntei-lhe o que é que o *Purgatório de S. Patrício* nos poderia revelar em relação à concepção dos gestos do purgatório da parte de um monge de fins do século XII. Constituíam os gestos um elemento de relevo no novo lugar do Além? Se lá eram notados, apareciam como puramente casuais e desordenados, ou estavam ligados num sistema? Poderiam dizer-nos algo acerca do papel do corpo na concepção cristã do destino humano?

O tratado do monge de Saltrey relata a aventura cantada por um cavaleiro irlandês, Owein, uma aventura que está na origem de uma peregrinação, ainda hoje efectuada (⁵), ao lugar chamado «Purgatório de S. Patrício» na ilha do Lough Derg.

Segundo esta narrativa, São Patrício, para convencer os Irlandeses incrédulos, obtivera de Deus a abertura de um acesso ao Além numa cavidade que se encontrava na ilha. Quem lá descia e lá passava uma noite sofria as penas do purgatório. Se resistia aos demónios que o atormentavam e o tentavam, voltava à terra certo de ir para o céu purificado dos seus pecados, pois que, convencido e aterrorizado pela sua experiência, tinha o cuidado de fazer penitência e de levar a partir daquele momento uma vida sem pecado. Se, pelo contrário, se deixava seduzir pelos demónios, já não regressava à terra, pois era levado para o inferno. Esta prova era um ordálio sobre a salvação eterna.

A Owein adverte-se que resista o mais possível às ameaças e lisonjas dos demónios, e se alguma vez não se sentisse capaz de aguentar até ao fim, nada mais deveria fazer do que invocar – mas só *in extremis* – o nome de Jesus. Arrastado por uma coorte de demónios, ele atravessa uma série de lugares em que há homens e mulheres que sofrem torturas horrorosas da parte dos diabos. No fim da viagem, durante a qual em cada etapa ele escapou aos demónios graças à invocação do nome de Deus, consegue evitar ser arrastado para o fundo do poço do inferno para onde os demónios o tinham lançado, pronunciando o nome de Jesus; e é isso que lhe permite sair novamente do poço, atravessar vitoriosamente uma ponte de causar vertigens, estreita e escorregadia, até que chega ao paraíso terrestre, donde lhe é apontada a porta do paraíso celeste. Nesta altura nada mais lhe resta do que empreender o caminho do regresso, que desta vez percorre sem encontrar obatáculos, e, uma vez saído da caverna em que descera, arrepende-se dos pecados e converte-se a uma vida piedosa.

O *Purgatório* descrito pelo tratado do monge de Saltey está muito próximo do inferno. É um inferno temporário, ao qual, no fim, as almas, e as que lá caem dentro, escapam. Tudo o que lá se passa, incluindo os gestos que lá são feitos, vale também para o inferno([6]), embora com modalidades relativamente atenuadas e sobretudo com duas diferenças não privadas de influência sobre os gestos. O purgatório é uma sucessão de lugares que se encontram no mesmo plano, percorre-se por meio de um caminho plano, sem subidas ou descidas. E trata-se de um lugar aberto, cujos limites se não vêem, do qual se pode sair e fugir. Mas neste texto, muito influenciado pela sua fonte principal – o *Apocalipse* de Paulo – e cronologicamente situado em fins do século XII, numa altura em que o sistema do purgatório não está ainda bem constituído, não aparecem ainda alguns gestos que seguidamente serão típicos do purgatório: trata-se das súplicas dos defuntos que estão lá a purificar-se dirigidas aos visitantes, para que, uma vez regressados à terra, avisem os parentes para que façam sufrágios de modo a poderem abreviar o tempo da sua permanência no purgatório, súplicas dirigidas a Deus na esperança de alcançá-lo no paraíso a que teoricamente estariam destinados após um certo período. Quando tardiamente – não antes do século XIV, ao que parece – se desenvolver uma iconografia do purgatório, será este gesto da oração que permitirá distinguir os torturados do purgatório dos condenados do inferno, as chamas do fogo temporário das do fogo eterno.

Os seres que se movimentam no *Purgatorium Sancti Patricii* pertencem a duas categorias: homens e demónios. Entre os homens há que distinguir os mortos dos dois sexos – que são almas, mas dotadas de uma espécie de corpo que faz com que sintam os sofrimentos materiais – torturados no purgatório e o visitante que mantém a sua condição de homem, terrestre. Entre os demónios há os que acompanham e tentam Owein e os que torturam os condenados às penas do purgatório. O seu *status* é idêntico, muda apenas a sua missão, a sua função.

Note-se que as provas suportadas pelos que estão no purgatório e por Owein consistem num conjunto estreitamente ligado de torturas do corpo, de gritos, berros, vociferações insuportáveis, de odores fétidos, de maus cheiros insuportáveis, e ao mesmo tempo de espectáculos aterradores. Trata-se portanto de um sistema que atinge todo o corpo e suas faculdades. Quatro dos cinco sentidos se acham nele envolvidos: a vista, o olfacto, o ouvido e o tacto. Só o gosto parece ausente (porquê?), mas não inteiramente, pois que, por exemplo, um dos suplícios consiste em ser imerso em recipientes cheios de metais em fusão até às sobrancelhas, ou aos lábios, ou ao pescoço, ou ao peito, ou ao umbigo, ou aos joelhos, ou com um pé ou uma mão. Em outros casos a língua será trespassada e torturada. Não me detenho neste aspecto do sistema do purgatório (ou do inferno), mas não se deve esquecer que os gestos do Além estão habitualmente inseridos num conjunto mais amplo que envolve o corpo humano.

O traço fundamental no sistema dos gestos deste purgatório é que há, por um lado, personagens que manipulam os outros, que impõem os seus próprios gestos, e, por outro, indivíduos cujos gestos dependem dessa acção a que estão submetidos. Há gesticulantes, no sentido activo da palavra, e, em sentido passivo, gesticulados. Os primeiros são os demónios, os segundos os homens.

Do ponto de vista dos gestos, Owein passa por três fases. No início e no fim da sua aventura, quando é livre, ou, antes, quando apenas obedece à natureza humana, entre pecado original, livre-arbítrio e graça, ele desce – nesta concepção de um purgatório subterrâneo – e depois sobe de novo. Durante toda a fase central, e, mais longa, atravessa lugares situados ao mesmo nível.

Ao longo de toda esta prova Owein é essencialmente o isco dos demónios que o escoltam e o atacam. É empurrado, arrastado, puxado, agredido. Mas dado que ele conserva a sua condição de terrestre e resiste vitoriosamente aos demónios, raramente os seus gestos são expressos com um verbo na passiva *(missus in ignem, introductus autem domum)*. Na maioria das vezes é apenas o complemento directo dos gestos dos demónios *(militem... proiecerunt, eum... torerent, contraxerunt militem... eum traxerunt, te... ducentes, militem trahentes, etc.)*. Durante os intervalos, pelo contrário, nos quais, tendo invocado o nome de Jesus, readquire uma relativa independência, ele prossegue o seu caminho com uma certa autonomia, sai, volta, entra, chega a um dos lugares seguintes do purgatório *(pervenit, intravit, exivit, etc.)*. Por outro lado, quando os demónios insistem para que volte para trás, evocam o seu eventual retorno com verbos que exprimem a liberdade de gestos e de movimentos que ele teria então *(revertacis, reverti volueris, etc.)*. Quando na narrativa se diz que ele permanece de pé, imóvel – a posição *de pé* é o mais ambíguo, o mais polissémico dos gestos corporais – é a altura em que para Owein a situação é mais problemática. Assim, quando se encontra ao lado da entrada do inferno, depois de ter sido dele repelido: fica sozinho por um momento ao lado do poço *(iuxta puteum solus aliquandiu stetit)*, afasta-se dele mas não sabe para onde ir *(cumque se ab ore putei subtrahens stetisset ignoransque quo se verteret)*, e demónios desconhecidos, saídos do poço, perguntam-lhe o que é que está ali a fazer *(quid ibi stas?)*. Expressão evidentemente simbólica da sua situação (e da sua opção) entre condenação e salvação. Em contrapartida, perante a última prova, a da ponte a atravessar, ele retoma a iniciativa. Forte pelo facto de se ter tornado livre graças à intervenção de Jesus, que invocou (cogitans... de quantis eum *liberavit* advocatus eius piissimus), põe-se a caminhar (com circunspecção), avança, sobe para a ponte, vai em frente... *(coepit pedetentim... incedere, incedebat, ascendit, incedebat, securus... procedens)*. E aqui são de facto os demónios que têm de deter-se *(quid hucusque perduxerant, ulterius progredi non valentes, ad pedem pontis steterunt)*, e são doravante impotentes para manipulá-lo *(videntes eum libere transire)*.

Owein atravessa sucessivamente um prado negro, quatro campos, um lugar ocupado por uma imensa roda de fogo, um balneário público, uma montanha envolvida numa grande ventania e atravessada por um rio glacial, um lugar para onde ele desce e onde se encontra o poço através do qual se cai no inferno, a ponte suspensa sobre um rio de fogo debaixo do qual se encontra o inferno. Todos estes lugares estão cheios de homens e mulheres sujeitos à tortura. Não tem importância aqui o facto de *todos* estes lugares diversos que constituem o purgatório não serem mais do que a soma dos tipos de lugares infernais imaginados desde a mais alta antiguidade. Basta-me sublinhar a ausência de disparidade de altura, à parte os acessos do poço do inferno para os quais é preciso descer a ponte que é elevada e para a qual é preciso subir. O aspecto mais interessante, a meu ver, é a imensidão dos lugares atravessados. A primeira região é «vasta». Owein abandona-a através de um vale larguíssimo *(per vallem latissimam)*. O primeiro campo é muito largo e comprido *(latissimum et longissimum)* e dado o seu enorme comprimento o cavaleiro não pode ver o seu limite *(finis autem illius campi prae nimia longitudine non potuit a milite videri)*. O segundo campo estende-se também até ao infinito e o cavaleiro atravessa-o, tal como o anterior, em diagonal *(in transversum enim campos pertransivit)*. Se nada se diz acerca das dimensões dos dois campos sucessivos, a casa tem tal largura e comprimento que Owein nem sequer consegue ver as suas extremidades *(ut illius non potuisset ultima videre)*, o fogo do inferno pelo contrário vai-se alargando apenas à medida que Owein nele vai caindo, tal como a ponte só se vê que é grande à medida que ele por ela avança. A imensidão dos elementos do purgatório pode certamente provir da vontade de impressionar o protagonista e o leitor (ou o ouvinte), mas eu veria nela sobretudo as incertezas do autor acerca da geografia do purgatório e o seu desejo de deixar ao viajante uma certa amplitude de gestos e de movimentos nos seus espaços sem fronteira visível.

Os que são submetidos às torturas não têm nenhuma iniciativa do ponto de vista dos gestos. Ou se encontram em posição e situação de passividade, ou então são objecto dos gestos agressivos dos demónios.

No primeiro caso são estendidos por terra (in terra *jacentibus, ventre* ad terram *verso* illorum ventres, istorum dorsa *terrae haerebant,* in terra *extendebantur,* in terram *iacebant,* etc.) ou suspensos *(suspendebantur, pendebant, pendentes,* etc.) ou fixados, em geral com cruzes e cravos *(defixis, fixis, fixi, trasfixi, infixi,* etc.), ou ainda imersos em líquidos diversos *(imersi,* utriusque sexus et aetatis *mergebatur* hominum multitudo, etc).

No segundo caso eles gesticulam em sentido passivo, ou então são os complementos directos das acções empreendidas contra eles pelos demónios ou pelos monstros do purgatório (dragões, serpentes, sapos): *inter eos et super eos discurere et caedere, super alios sedebant et quasi comedentes eos dentibus ignitis lacerabant, capita sua pectoribus miserorum imprimentes flagris eos cruciabant, flagris daemonum cruciabantur, cremabantur, urebantur, assabantur, eos immerserunt*, etc.).

Quanto aos demónios, por um lado são livres nos seus movimentos, e, por outro, agridem o cavaleiro e os condenados às penas do purgatório. Para exprimir a sua liberdade, por exemplo: *irruere, egredientes, euntes venissent, discurrere, transcurrentes, transeuntes, pervenerunt, vertunt discurrentes, recedentes, currentes, approximantes*, etc. Como se vê, há uma maioria de termos que indicam um excesso de agitação, característico do gesticular diabólico.

Para mostrar a sua agressividade: *proiecerunt, traxerunt, torrerent, contraxerunt, proiicere, praecipitaverunt se trahentes secum militem*, etc., com uma maioria de gestos relacionados com o arrastar e o atirar.

Seria caso para registar, classificar, contar, analisar de maneira exaustiva, estes termos que exprimem gestos. Aqui tenho de contentar-me com assinalar que nos capítulos VI-XV do *Purgatarium Sancti Patricii*, que ocupam as páginas 160-177 ([7]) da edição Mall, registei 166 verbos ou expressões verbais que exprimem gestos, movimentos ou posições: 76 têm por objecto os demónios, 58 o cavaleiro Owein, 32 os torturados do purgatório. Já estes números, só por si, indicam imediatamente uma hierarquia da gesticulação: à frente os que fazem os gestos; em posição intermédia o que é vítima dos gestos, mantendo no entanto uma certa independência; na cauda os que sofrem os gestos e são totalmente passivos. Para estes últimos os 32 verbos de gestos e movimentos que lhes dizem respeito dividem-se em 16 passivos, 9 quase-passivos (iacere, pendere, etc.), 4 negativos, 3 «conativos» que exprimem um esforço que falha.

Concluindo, proporia duas hipóteses provisórias ([8]). A primeira é a importância das notações de movimento em relação a um espaço orientado. Os sistemas de oposição espacial privilegiados pelo cristianismo medieval – mas não apenas medieval ([9]) – são, por um lado, o par alto-baixo que era o par subir-descer, e, por outro, o par interior-exterior que produz o par entrar-sair que pode transformar-se no trio entrar-atravessar-sair. Na ideologia cristã medieval as linhas valorizadas são as do alto e do interior. O ideal, o programa proposto ao cristão, é o da subida e da interiorização. Aqui o espaço da narrativa é o do Além, de um novo Além que se coloca numa perspectiva de esperança e de reforço das possibilidades de salvação através da prova do purgatório, punitiva e purificadora. Os gestos são os da descida, do itinerário horizontal e da subida ([10]). Aliás, o movimento recomendado deve ser aqui inverso ao movimento realizado, pois que se trata de escapar a esse interior mau. O processo bom é portanto entrar-atravessar-sair.

Toda a análise de um conjunto gestual medieval deve portanto situar-se neste contexto de um espaço orientado pela atracção do alto e do interior.

A segunda hipótese diz respeito à generalização de um sistema de personagens interessadas pelos gestos e neles envolvidas: gesticulantes e gesticulados, pois que já não há personagem gesticulante isolada de parceiros reais ou imaginários, tal como não há gesto separado de uma estrutura, gestual de conjunto. O homem tem de deixar de ser um gesticulado do demónio para tornar-se ou vir a ser de novo um gesticulante humano que saberá orientar o seu próprio gesticular na tríplice boa direcção do alto, do interior e do moderado (terceiro termo de ordem da moral cristã do gesto). Assim, o homem poderá levar a cabo os gestos do grande retorno, o *redditus* a Deus ([11]).

É verdade que, num texto como o *Purgatorium Sancti Patricii*, a referência ao dominante sistema cristão de gestos está sobredeterminada – dado que é a própria salvação do homem que está efectivamente em jogo. Mas os gestos do purgatório não são mais do que o espelho de aumentar dos gestos terrestres. O cavaleiro Owein – tal como o homem do Ocidente cristão medieval – não é mais que um pecador *in via*, um *viator*, que efectua gestos num sistema gestual em que o que se põe em jogo no gesto é a vida (ou a morte) eterna.

NOTAS

(¹) *La naissance du purgatoire*, Paris, 1981.
(²) J.-Cl. Schmitt, «Le geste, la cathédrale et le roi», *L'ARC*, número especial sobre Georges Duby, n.º 72, 1978.
(³) J.-Cl. Schmitt, «'Gestus', 'gesticulatio'. Contribution à une étude du vocabulaire latin médiéval des gestes», in *La lexicagraphic du Latin médiéval et ses rapports avec Les recherches actuelles sur la civilisation du Moyen Age* (Paris, 1978), CNRS, Paris, 1981, pp. 377-90.
(⁴) Cf. *La naissance du purgatoire*, cit..., cap. VI, onde se encontrará a bibliografia relativa ao *Purgatorium Sancti Patricii*. Segui a edição preparada por Ed. Mall, «Zur Geschichte der Legende vom Purgatorium des heil. Patricius», in *Romanische Forschungen*, ed. K. Volmöller, 1891, pp. 137-97.
(⁵) V. Turner e E. Turner, *Image and Pilgrimage in Christian Culture*, Oxford, 1978, cap. III, «St. Patrick's Purgatory: Religion and Nationalism in an Archaic Pilgrimage», pp. 104-139.
(⁶) Cf. a tese do III ciclo, ainda inédita, de Gérard Le Don sobre *Imagerie des enfere* (Centre d'Études sur l'Imaginaire, Chambéry).
(⁷) Mall publicou, um perante o outro, dois manuscritos do *Purgatorium*. As referências valem naturalmente para um só dos manuscritos. Por isso o texto cobre apenas cerca de metade das páginas indicadas.
(⁸) Confirmadas, aliás, por ulteriores pesquisas do nosso grupo de Antropologia Histórica do Ocidente Medieval da École des Hautes Études en Sciences Sociales.
(⁹) Cf. C. Ginzburg, «High and Low: The Theme of Forbidden Knowledge in the XVIth and XVIIth Centuries», in *Past and Present*, n.º 73, Nov., 1976, pp. 28-41.
(¹⁰) É sabido que Dante escolheu uma outra solução do itinerário do purgatório. O purgatório da *Divina Comédia* é uma montanha e o itinerário é uma subida, cf. *La naissance du purgatoire*, cit., cap. X.
(¹¹) Como exemplo de um pensamento teológico da Idade Média, construído sobre o tema do *redditus*, cf. M. Corbin, *Le chemin de la théologie chez Thomas d'Aquin*, Paris, 1974.

Os Gestos de São Luís:
Encontro com um Modelo
e uma Personalidade

Este estudo sobre os gestos de São Luís insere-se em duas linhas de pesquisas: uma delas sobre os sistemas de gestos no Ocidente medieval, levada a cabo há alguns anos por Jean-Claude Schmitt, por Jean-Claude Bonne e por mim próprio, no âmbito do grupo de Antropologia Histórica do Ocidente Medieval da École des Hautes Études en Sciences Sociales[1], e outra que acabo de iniciar sobre a figura e imagem de São Luís[2].

Sabemos que os gestos, numa sociedade, constituem uma linguagem e, como todas as linguagens, a gestualidade é codificada e controlada pelas instâncias ideológicas e políticas da sociedade[3]. No estado actual das nossas pesquisas, parece-nos que a Igreja cristã se preocupou em primeiro lugar em fazer desaparecer os sistemas de gestos pagãos, sobretudo num campo particularmente odioso para o cristianismo, o do teatro, e circunscrevê-los na mais perturbadora das manifestações do gesticular, a da possessão diabólica. O gesto – meio expressivo privilegiado do paganismo e de Satanás, sempre pronto a desequilibrar-se para o lado do mal, demasiado ligado ao corpo, «o horrendo revestimento da alma» – apresentou-se, tal como o sonho, perigoso e suspeito aos olhos da Igreja dos primeiros séculos da Idade Média. O próprio termo *gestus*, tão comum nos textos antigos, e por maioria de razão o de *gesticulatio*, tornam-se raros nos textos da alta Idade Média. Somente num campo o *gestus* é acolhido com valências técnicas e em parte novas, um campo em que o cristianismo utiliza o corpo para submetê-lo à alma e com a possibilidade de plasmar o homem novo, a música[4].

A partir do século XII a repressão cede pouco a pouco lugar ao controlo. Temos os primeiros indícios disso nas regras monásticas.

Os gestos estavam ausentes das regras e dos usos monásticos da alta Idade Média. Em contrapartida ocupam um lugar importante num texto que constitui um pouco uma cabeça de série, o *De institution novitiorum*, que Hugo de S. Victor compila na primeira metade do século XII. Fazem parte da *disciplina* imposta aos noviços e – para além do ambiente monástico, modelo da sociedade humana – também aos clérigos e aos leigos, com as oportunas modificações ([5]).

Entre meados do século XII e meados do século XIII, a normalidade dos gestos, a fronteira entre os gestos lícitos e os gestos ilícitos, é definida pelos códigos que regulamentam a nova sociedade saída das vicissitudes e das transformações do ano Mil: o ordenamento eclesiástico implantado pelas novas ordens religiosas e pelo direito canónico, a legislação monárquica que enquadra o conjunto da sociedade, os códigos de cortesia e de «cavalaria» que se impõem à elite do mundo leigo. É de notar o facto de que, embora continuando a vigorar uma atitude de censura e de confiança em relação ao corpo, o humanismo cristão, que se constituiu substancialmente no século XII, exige que o cristão se realize ao mesmo tempo na sua condição terrestre e na perspectiva da sua salvação eterna, «corpo e alma». Tem-se assim uma dimensão não apenas ética mas escatológica da gestualidade.

São Luís, no século XIII, encontra-se no âmago, no ponto central da rede destes preceitos. As novas ordens mendicantes, na linha aberta por Hugo de S. Victor, definem o sistema aceitável dos gestos: em particular São Boaventura, na sua *Regula novitiorum*, Humberto de Romans no *De officiis ordinis*, Gilberto de Tournai nos seus *Sermones status* ([6]). É sabido quanta influência tiveram sobre São Luís os Mendicantes, de que se rodeou. O rei, que aceitara os regulares como seu modelo, decalcou os seus gestos sobre os deles. Os seus hagiógrafos, como veremos, nunca são tão precisos na descrição da sua gestualidade como quando o apresentam nas práticas de devoção. O seu capelão dominicano, Guilherme de Chartres, sublinha que o seu comportamento – hábitos, acções e *gestos* – era não apenas o de um rei, mas também o de um religioso regular: «mores enim eius, actus et gestus, non solum regales, sed etiam regulares...» ([7]).

Gestos de rei. Os gestos de São Luís colocam-se na linha dos «specula principium» ([8]), culminam nos gestos do sagrado ([9]) e nos das curas levadas a cabo pelos reis taumaturgos ([10]).

Gestos do maior dentre os leigos, enfim. Aqui São Luís é o modelo da forma assumida no século XIII pela cortesia. O valente tornou-se cavalheiro. Ele manifesta assim no seu comportamento quotidiano a

normalidade do gesto definida por Hugo de S. Victor e que se tornou o
critério da gestualidade: a medida. Um advérbio que aparece frequentemente nas suas biografias para caracterizar os seus gestos exprime essa
mistura de espiritualidade quase-monástica, do real domínio e bondade,
de moderação cortês e de fidalgo-cavalheiro: *suavemente* ([11]).

Antes de avançarmos, temos de nos pôr o problema da possibilidade
de captar os «verdadeiros gestos dos homens do passado. Já captar as
suas palavras é difícil; mas, embora não possamos alcançar os tons e
as cadências, o seu conteúdo é-nos em parte conservado pelos textos
que incluem os discursos directos ([12]). Pelo contrário, duvidou-se da
possibilidade de encontrar a realidade dos gestos até à invenção da
fotografia, e mais ainda do cinema ([13]). Pensou-se dar à iconografia
um papel privilegiado como documentação do gesto. Mas isso significa esquecer que a arte ou a simples representação obedecem a
códigos particulares, e aquilo que nesses códigos foi designado como
realismo só bastante tarde aparece na Idade Média. E além disso,
quando se trata dos gestos de uma personagem histórica como São
Luís, convém recordar que não chegou até nós nenhuma imagem
contemporânea do rei. Os frescos das clarissas da rua de Lourcine e
os da Sainte Chapelle, executados nos primeiros anos do século XIV,
que poderiam ter conservado algo dos traços e das atitudes de São
Luís com base na recordação das pessoas que o tinham conhecido
em vida, perderam-se ([14]). Temos de contentar-nos com deduzir os
gestos reais a partir das representações que deles possam ter sido
feitas em obras de arte contemporânea de São Luís, em particular
das miniaturas. Esta atenção levou Henry Martin a escrever no seu
tempo um interessante artigo sobre a *Attitude royale* nas miniaturas
medievais e mais especificamente sobre um gesto que parece ter
sido característico da gestualidade real na Idade Média: a posição
sentada com as pernas cruzadas, gesto de real superioridade e cólera.
Esta atitude é em particular representada de maneira esquemática
num documento contemporâneo de São Luís e, no seu conjunto, de
valor inestimável, o álbum de Villard de Honnecourt ([15]). Um outro
documento excepcional mostra-nos gestos provavelmente «reais»,
certamente não efectuados por São Luís, coroado, ainda criança, em
1226, mas pelo filho Filipe III, em 1271, segundo modelos realizados nos últimos anos do reino do pai: as miniaturas do manuscrito
latino 1246 na Biblioteca Nacional de Paris que ilustram o *Ordo* de
Reims escrito e decorado entre 1246 e 1274, e mais provavelmente
não muito antes da morte de São Luís em 1270 ([16]). Trata-se, contudo,

de gestos feitos uma só vez pelo rei, aquando da sua consagração, e representam uma cerimónia real decerto significativa mas única.

Temos portanto de nos resignar a procurar os gestos de São Luís essencialmente nos textos. O problema que se põe nesta altura é o da escolha dos gestos por parte dos biógrafos e das modalidades da sua evocação, que vão desde a simples alusão à descrição pormenorizada de um gesto ou de um conjunto de gestos.

Impõem-se duas observações preliminares.

A primeira é a de que os biógrafos de São Luís são todos, uns mais outros menos, não só panegiristas, mas propriamente hagiógrafos. Mesmo aqueles que, como Godofredo de Beaulieu, escreveram antes da canonização de 1297, fizeram-no em vista dessa canonização, para demonstrar a santidade do rei. A gestualidade de São Luís, por conseguinte, não é aí apenas evocada como fundamentalmente exemplar e conforme aos modelos cristãos mais elevados, mas é de facto desequilibrada em favor dos gestos religiosos. Este propósito hagiográfico permitiu, contudo, sublinhar por vezes – ao nível da gestualidade – certas tensões entre os diversos modelos encarnados por São Luís, o do leigo que ele era (a maioria dos hagiógrafos insiste de facto no seu mérito de ter sido santo apesar de ser leigo([17])), o do clérigo, do regular que talvez tivesse desejado ser([18]), o do rei que ele devia e queria ser – exposto, pela sua função, se não a cair no orgulho *(a superbia)*, pelo menos a mostrar-se com maior ou menor frequência «na sua majestade» – e o do santo que ele igualmente queria ser, e por acréscimo, de um santo fortemente marcado pelos ideais de santidade do século XIII, primeiro que tudo pela humildade. Limitar-me-ei a citar apenas uma passagem de Godofredo de Beaulieu para mostrar como a humildade de São Luís o levava a ter gostos incompatíveis com a dignidade real. Num sábado, encontrando-se na abadia de Claraval dos Cistercienses, o rei «quis assistir ao lava-pés...; por humildade e por várias vezes ele esteve para tirar o manto e, de joelhos, levar as mãos aos pés dos servos de Deus para lavá-los humildemente; mas estavam lá presentes personalidades *(magnates)* que não faziam parte do seu séquito, e a seu conselho absteve-se desse dever de humildade»([19]).

Joinville, sendo leigo, tem a vantagem de não se deixar absorver por uma visão demasiado eclesiástica do seu herói, e dado que escreve memórias pessoais – das quais uma primeira redacção foi certamente ditada pouco depois da morte do rei e muito antes da sua canonização –, não se limita a descrever da figura de São Luís apenas o santo mas apresenta também outros seus aspectos dele conhecidos directamente, o do rei – rei feudal nas suas funções essenciais de cavaleiro, de senhor e de soberano que se apresenta como legislador no seu conselho, de administrador da justiça e de pacificador – e também o do amigo. Aqui Joinville é testemunha da tensão entre duas gestualidades, a do cavaleiro, do valente, homem de ímpeto e de violência, e a do fidalgo, homem de reflexão e de medida. No momento em que desembarca no Egipto, por exemplo, São Luís cede à tentação da valentia e esquece a sabedoria e a prudência; totalmente equipado salta do navio para o mar, e quando vê sarracenos na costa «põe a espada debaixo do braço e o escudo para a frente, e ter-se-ia precipitado contra os sarracenos se os fidalgos que estavam com ele o tivessem permitido» ([20]).

A segunda observação diz respeito aos limites do campo dos gestos, em função da natureza das fontes e dos códigos normativos da época. Julgo oportuno limitar-me a escolher três tipos de gestos cuja definição como «gestos» – e gestos de São Luís – não seria, por si, evidente *a priori*.

O primeiro é constituído por gestos *implícitos*, isto é, os relativos a acções das quais os biógrafos não descrevem, nem sequer indicam, os gestos correspondentes. Por exemplo comer, dormir, mandar, cavalgar. Os conjuntos gestuais contidos nestas acções são no entanto importantes. Em primeiro lugar, o facto de tais acções serem mencionadas muitas vezes pelos biógrafos demonstra que se trata de uma gestualidade quantitativa e qualitativamente relevante. Com efeito, todas estas acções puseram problemas a São Luís, na medida em que comportavam a realização de gestos impostos pela sua função real ou exigidos – muitas vezes contraditoriamente – pelo seu ideal religioso. O comer e o dormir implicam uma disciplina do corpo em que o seu ideal ascético vinha confrontar-se com o luxo alimentar próprio do de um leigo, e de um leigo coroado ainda por cima ([21]). Mandar torna-se particularmente delicado quando os destinatários das ordens são eclesiásticos em relação aos quais São Luís tem uma reverência especial ([22]). Cavalgar cria dificuldades porque obriga a tirar tempo às devoções de um rei cuja prática religiosa parece requerer a sedentariedade e a regularidade de uma vida de convento ([23]).

O segundo tipo de gestos que escolhi é o dos gestos *passivos*. Num mundo fortemente hierarquizado como o do Ocidente medieval, o lugar social e a qualidade ética de uma pessoa reconhecem-se em particular pelo equilíbrio entre os gestos com os quais ela se afirma, impõe a sua vontade, e os que ela suporta ([24]). Ora, São Luís apresenta-se, ousaria dizer, positivamente passivo em dois aspectos, em duas faixas da sua vida. Primeiro que tudo na sua juventude, quando – como exigia a imagem da criança no sistema de valores da Idade Média, uma espécie de não-ser que só se tornará alguém saindo o mais depressa da infância – ele se afirma apenas na sua submissão, na sua obediência, na qual exactamente ele é exímio, com a sua disponibilidade para fazer-se modelar pela mãe e pelo preceptor, apesar de a primeira não ser de modo algum meiga [25] e o segundo não hesitar em infligir-lhe castigos corporais [26]. Em relação a Deus, por fim, nas práticas de devoção e na procura do martírio [27].

A terceira categoria de gestos que considero útil sublinhar em São Luís é a dos gestos *negativos*. Um cristão da Idade Média, mesmo neste século XIII que parece mais convencido a deixar aos homens a possibilidade de libertar e manifestar as suas potencialidades – um oásis entre o cristianismo do desprezo do mundo da alta Idade Média e o cristianismo do meio dos últimos séculos medievais –, consegue a sua salvação tanto por aquilo de que se abstém, por aquilo que não faz, pela sua resistência (talvez passiva) a Satanás, como pelos seus actos e pelos seus gestos positivos. Uma parte dos gestos evocados pelos biógrafos a propósito de São Luís são os que ele não efectua. Guilherme de Saint-Pathus, por exemplo, escreve: «Ele evitava todas as brincadeiras inconvenientes e mantinha-se afastado de todo o tipo de desonestidade e de torpeza, não ofendia ninguém nem nos factos nem nas palavras, e não desprezava ou censurava ninguém fosse de que modo fosse, mas repreendia com muita suavidade aqueles a quem sucedia fazerem coisas que podiam desagradar-lhe... não cantava as canções do mundo, nem suportava que as cantassem os que faziam parte da sua companhia...» [28].

Entre as biografias, as mais ricas de indicações sobre os gestos de São Luís são a *Vida de Joinville* [29] e a de Guilherme de Saint-Pathus. Esta última carece de quadros concretos, das recordações vivas presentes aos outros biógrafos que tiveram contactos directos com o rei, que foram, a diversos títulos, seus familiares. Mas, composta com base nas informações fornecidas pelos que rodeavam São Luís, por um lado, e pelo dossier do processo de canonização, por outro, ela continua a ser sem dúvida o texto normativo mais completo, o melhor «espelho do rei santo».

O confessor da rainha Margarida anuncia na introdução que não seguiu na sua obra a ordem de deposição dos testemunhos no processo, a «sucessão do tempo», ou seja, a ordem cronológica, mas a «sucessão da dignidade» dos factos narrados, a «sucessão ditada pelas ligações mais apropriadas», quer dizer, depois de dois capítulos sobre a «infância» e o «crescimento» – tempos débeis da vida que contam apenas enquanto preparação para a vida adulta –, uma exposição das virtudes segundo a hierarquia de uma ordem temática. Aí se podem encontrar, do mais importante ao mais anódino, os gestos de um rei santo. Começa-se com os relativos às virtudes teologais (capítulos 3-5): «sólida fé» *(ferme créance)*, «segura esperança» *(droite espérance)*, «amor ardente» *(amour ardent)*, que definem os gestos da fé, da esperança e da caridade. Vêm depois as práticas de piedade: «devoção fervorosa», «estudo das sagradas escrituras», «rezar a Deus devotamente» (capítulos 6-8), que dão lugar à evocação dos gestos de devoção, da leitura bíblica e da oração. Vêm depois as virtudes: «amor fervoroso dos seus próximos» – que, no caso de São Luís, à parte a sua ligação edípica à mãe, Branca de Castela, e aquele pouco de atenção para além da simples preocupação de procriar que parece ter demonstrado para com a mulher, Margarida de Provença, significa em substância gestos do pai e do irmão mais velho –, «compaixão», «obras de piedade» = misericórdia, «profunda humildade», «vigor de paciência», «rigor de penitência», «pureza de consciência», «santidade de continência» (capítulos 9-16); e depois as virtudes reais: «recta justiça», «simples honestidade», «benévola clemência» (capítulos 17-19); e finalmente, no termo daquilo que constitui o maior valor da sua vida – a continuidade na santidade –, o ponto culminante de tal vida, a morte no decurso da cruzada, equivalente ao martírio: «a sua longa perseverança e o seu feliz falecimento» (capítulo 20 e último).

Limitar-me-ei aqui a recordar apenas os gestos do mais longo dos vinte capítulos desta *Vida*, o sexto, consagrado à «fervorosa devoção» de Luís IX (20 páginas das 143 que a edição Delaborde conta, à parte as 12 páginas de introdução).

No sistema cristão os gestos devem ser a expressão, o prolongamento dos movimentos do coração, das virtudes do homem interior. Ora, São Luís não podia «manter a sua devoção apenas no coração», mas «demonstrou-a com muitos sinais certos». Os gestos são sinais, ou seja, *signa* no sentido agostiniano do termo, símbolos. Eles são elementos essenciais do grande sistema simbólico medieval.

Os gestos definem-se antes de mais em relação ao espaço em que o rei se move. Aqui apresentam-se duas grandes divisões: quando o rei estava no seu palácio ou paragem de percurso, «na hospedaria», ou quando ia pelas estradas, quando «cavalgava». No primeiro caso o rei decalca as suas práticas de piedade sobre as dos religosos regulares e os seus movimentos são os que o levam dos seus aposentos para a capela ou para o seu oratório para cantar as horas, e os que o trazem de novo para os seus aposentos («entrava na sua capela», «quando estava no seu oratório», «voltava para os seus aposentos», «quando chegava a altura de o rei bendito ir para a cama»); o seu gesto mais significativo durante as devoções é o de ajoelhar-se («ajoelhava-se muitas vezes»), mas principalmente, durante tais práticas, característico do seu comportamento é o nunca estar sentado (a não ser por terra) («quando estava na igreja ou na capela, estava constantemente de pé, em posição levantada, ou ajoelhado em terra ou sobre o pavimento, ou então apoiado num dos lados ao banco que estava à sua frente e sentado por terra sem nenhuma almofada por baixo, mas tinha apenas um tapete estendido no solo debaixo dele»). Nestas circunstâncias – uma vez que o gesto depende também do ambiente humano, dos interlocutores e dos espectadores – o rei nunca está sozinho. À sua volta, «diante dele», estão os seus capelães, nas suas devoções ele está sempre acompanhado de um eclesiástico que está constantemente a seu lado, e efectua cada um dos seus gestos de devoção «com um dos seus capelães». Quando vai a cavalo, procura recuperar a sua condição de sedentário, onde tem a possibilidade de cumprir da melhor maneira os seus gestos de devoção, cavalga só de manhã para poder estar «a l'hostel» nas horas de oração, e se não há uma capela, «fazia do seu quarto uma capela». Rigorosamente, se de facto tem necessidade de cavalgar nas horas do ofício divino, canta-se a cavalo, e então o gesto reduz-se à palavra ou ao canto.

A estes dois grandes tipos de circunstância (a sua residência e a cavalgada) acrescente-se um terceiro caso. Luís IX é de saúde débil e as práticas ascéticas não são muito apropriadas para a sua condição física. Havia assim dias em que «o rei estava doente» e tinha de «ficar na sua cama». Os seus aposentos tornam-se então também a sua capela, os seus gestos são reduzidos, como nas cavalgadas, à palavra, e «quando estava tão débil que não podia falar» o seu eclesiástico de companhia substituía-o: «tinha a seu lado um outro clérigo que recitava os salmos por ele» ([30]).

As outras práticas religiosas envolvem a pregação, a comunhão, a devoção à cruz e às relíquias, os actos de homenagem para com os eclesiásticos.

O prazer de ouvir sermões levou-o a dois tipos de gestos: «sentar-se por terra» para ouvi-los humildemente, e, neste mesmo espírito de humildade, por vezes «fazia duas vezes num dia um quarto de légua *a pé* para ouvir o sermão» (³¹). Os gestos da comunhão (pouco frequentes para o rei, que por norma comungava apenas seis vezes no ano: Páscoa, Pentecostes, Assunção da Virgem, Todos os Santos, Natal e Purificação de Nossa Senhora) são gestos de «grandíssima devoção»: «primeiro lavava as mãos e a boca e tirava o chapéu e a touca», depois, tendo chegado ao coro da igreja, «não se dirigia ao altar a pé mas de joelhos», e uma vez diante do altar «recitava o *Confiteor* por si próprio, com as mãos juntas e com muitos suspiros e gemidos» (³²).

A sua devoção à Cruz, especialmente na Sexta-Feira Santa, tem como momento forte a visita das igrejas «próximas do lugar em que se encontrava»: ia lá «descalço», e depois, para a adoração da cruz, tirava o chapéu e a touca e avançava, de cabeça descoberta, de joelhos, até à cruz, «beijava-a», e por fim «punha-se inclinado para o chão com os braços abertos, como na cruz, durante todo o tempo em que a beijava, e diz-se que enquanto fazia isto chorava» (³³).

Com a devoção às relíquias aparecem outros gestos, o da procissão e o do transporte das relíquias aos ombros: «e nesta procissão o rei bendito levava aos seus ombros, juntamente com os bispos, as ditas relíquias». Nestas ocasiões o rei não faz as suas devoções apenas diante dos seus capelães ou de qualquer eclesiástico, mas diante do «clero de Paris e do povo» (³⁴). São gestos de devoção pública. Finalmente, perante os clérigos, e em particular os monges, os gestos de São Luís põem em evidência certos aspectos dos comportamentos gestuais: a hierarquia em relação à colocação no espaço, à observação admirativa, à imitação.

O rei punha os seus capelães a comer a uma mesa «mais alta que a mesa do rei bendito, ou de altura igural», e, diante dos «gentis-homens», «o dito santo rei punha-se de pé» (³⁵).

Luís IX «visitava com muita frequência e muito familiarmente as igrejas e os lugares religiosos», isto é, os conventos e os mosteiros. Aqui observa com paixão os actos e os gestos dos monges, em particular os cistercienses de Chaals. Quando havia o lava-pés, no sábado depois das vésperas, «ficava a olhar com grande devoção o que os ditos monges faziam». Acompanhava o abade à porta do dormitório, para vê-lo enquanto dava a água benta a cada um dos monges prestes a ir para a cama: «observava com grande devoção o que se fazia» (³⁶).

Por fim, ele imita os gestos dos monges: «e recebia a água benta do abade como um dos monges e, de cabeça inclinada, saía do mosteiro e voltava para a sua hospedaria» (³⁷).

A abundância dos pormenores gestuais aqui oferecidos por Guilherme de Saint-Pathus tende a apontar em São Luís um homem que se tinha aproximado, tanto quanto era possível a um leigo, do comportamento dos monges e dos clérigos regulares. Os gestos são o código de identificação do *status*, da condição, do valor do cristão. Tal como são os gestos que permitem identificar o herege ([38]), assim é pelos gestos que se reconhece também o leigo pio, o santo.

No fim do século XIII permitirão os gestos exprimir, juntamente com um modelo, também uma personalidade? Os gestos de que nos dão notícia os biógrafos dir-nos-ão algo, para além do modelo da condição real e da santidade, também sobre o homem São Luís como indivíduo?

A este respeito, a escolha de São Luís pode talvez ser contestada. Com efeito, não apenas os biógrafos, ao falarem dele, se adequam a modelos, mas principalmente, o que os contemporâneos parecem ter visto nele – para nos exprimirmos com as palavras provavelmente não tão excepcionais, como alguém disse, mas apesar de tudo surpreendentes, de Bonifácio VIII – foi mais que um homem, um super-homem ([39]).

Não queria isto dizer talvez que a sua personalidade verdadeira, humana, lhes escapava?

Para já, não poderei pronunciar-me. É curioso, mas parece-me que quando Guilherme de Saint-Pathus descreve os infelizes que obtêm milagres pela invocação de São Luís após a sua morte, consegue tornar-nos mais sensivelmente perceptíveis na sua individualidade esses estropiados, esses doentes, esses enfermos, esse povo de esfarrapados e de purulentos com as suas misérias, as suas fadigas, os seus esforços, os seus gestos de sofrimento ([40]). Quando fala de Emmelot de Chaumont, que, tendo-se dirigido em 1277 a Saint Denis, onde foi hospedada por Emmeline la Charonne, vai buscar água ao poço ou à fonte, bastante longe da casa, leva para casa pão e lume, faz as camas e outras actividades domésticas e durante a noite, entre uma terça e uma quarta-feira, por volta da meia-noite, sente uma dor na coxa, na perna e no pé direito, e de manhã a encontram a chorar e a dizer que perdeu o uso da coxa, da perna e do pé, pelo que as mulheres tocam nos membros paralisados, espetam-lhe uma agulha, põem o seu pé no lume sem que ela sinta nada, e faz-se transportar numa padiola até junto do túmulo de São Luís, e volta lá todos os dias «com duas muletas sob as axilas, arrastando-se com o pé virado de modo que a planta estava voltada para cima e dorso para baixo», e no domingo da Paixão sente os seus ossos «chocar-se entre si e ranger e friccionar-se um contra o outro», e começa a levantar-se «segurando-se com as mãos nas argolas pendentes da tampa do túmulo», põe-se de pé e vai, sem muletas, subindo os degraus que levam às relíquias e beija-as, oferecendo uma moeda, parece-me que através de todos estes gestos o autor me dá a conhecer muito melhor esta pobre mulher que não o rei cuja invocação a curou miraculosamente ([41]).

Creio, no entanto, que os gestos evocados ou descritos pelos seus biógrafos nos permitem abordar São Luís não apenas na sua conformidade com modelos e na sua exemplaridade, mas na sua personalidade histórica. Pelo menos por três razões.

A primeira é que aqueles dentre os seus biógrafos que o conheceram e com ele trataram procuraram convencer os leitores e os ouvintes da sua biografia de que eles tiveram de facto familiaridade e por vezes foram mesmo amigos desse grande rei, desse homem extraordinário, desse santo: e o orgulho e a felicidade – ou ambas as coisas ao mesmo tempo – que tal privilégio lhes proporciona, querem justificá-los evocando uma vivência que, no declinar do século XIII, quando se difunde na arte o «realismo» e está para nascer o retrato, constitui a desejada prova. Um Joinville, sobretudo, tem essa ambição. Quando apresenta São Luís que se aproxima dele, vindo de trás, e se apoia nos seus ombros e põe as duas mãos na sua testa quando ele está debruçado a uma janela do palácio real, e, supondo tratar-se de Filipe Nemours, exclama: «Deixe-me em paz, meu senhor Filipe», e depois, quando uma mão do rei desliza pelo seu rosto e ele se dá conta, através de uma esmeralda que tinha no dedo, que o autor do gesto familiar era de facto o rei, nós vemos São Luís na simplicidade e familiaridade da sua gestualidade ([42]).

Quando os biógrafos nos descrevem com tanta frequência o rei que se senta no chão, para conversar com os seus familiares aos pés da cama, para administrar a justiça no Jardim do Palácio de Paris, ou debaixo de uma árvore no seu castelo de Vincennes, para ouvir um sermão, parece-me que não captamos aqui apenas os gestos conformes com as normas da humildade, como sublinha Bonifácio III ([43]), mas o gosto do homem São Luís por uma certa posição do corpo.

Finalmente, e sobretudo, a personalidade de São Luís não se terá de facto expresso essencialmente na sua vontade de conformar todos os seus gestos com o modelo cristão? No Egipto, na Palestina, em todo o lado, ele declara que é preciso pregar com o exemplo. A adequação dos gestos de São Luís referidos pelos seus biógrafos ao modelo da gestualidade cristã não traduzirá acaso o facto de a personalidade de São Luís se ter identificado com o esforço de traduzir em gestos os seus ideais? O rei e o retrato do rei não estarão porventura historicamente unidos?

NOTAS

(¹) Cf. J.-Cl. Schmitt, «Le geste, la cathédrale et le roi» in *L'ARC*, n.º especial sobre Georges Duby, 72, 1978, pp. 9-12. «'Gestus', 'gesticulatio'. Contribution à une étude du vocabulaire latin médiéval des gestes», in *La lexicographie du latin médiéval et ses rapports avec recherches actuelles sur la civilisation du Moyen Age* (Paris 1978), CNRS, Paris, 1981, pp. 377-90.

(²) Cfr «Saint Louis a-t-il existé?», entrevista a J. Le Goff in *L'Histoire*, n.º 40, Dez. 1981, pp. 90-9. Para o período clássico, uma sugestiva abordagem ao «retrato real» é dada par Louis Marin. *Le portrait du roi*, Paris, 1981; Jean-Marie Apostolides, *Le roi-machine. Spectacle et politique au temps de Louis XIV*, Paris, 1981.

(³) Cf. o número especial de *Langages*, 10, Junho de 1968, «Pratiques et Langages gestuels».

(⁴) Cf. J.-Cl. Schmitt, «'Gestus'...», cit., p. 379. Veja-se em particular Santo Agostinho, *De Musica Libri sex*, PL 32, 1082-1149; Marciano Capella, *De nuptiis Philologiae et Mercuri*, ed. A. Dick e J. Preaux, Leipzig, 1969, cap. IX: «De musica»; Remi d'Auxerre, *De musica*, PL 131, 949-951; J. Duns Scoto, *Adnotationes in Marcianum*, ed. Cora E. Lutz, Cambridge (Mass.), 1939, p. 218, 5; R. Bacon, *Opus Tertium*, cap. LIX e LXXV, ed. J. S. Brewer, Londres, 1859, pp. 232 e ss., 308-9.

(⁵) Hugo de S. Victor, *De institutione novitiorum*, PL 176, 925-952, cap. XII: «De disciplina servanda in gestu», cap. XVIII: «De disciplina in mensa, at primo in habitu et gestu».

(⁶) S. Boaventura, «Regula novitiorum», in *Opera Omnia*, vol. XII, Paris, 1868, pp. 313-25; Humberto de Romans, *De officiis ordinis*, cap. V: «De officio magistri noviciorum», ed. J. J. Berthier, in *B. Humberti de Romanis Opera*, Roma, 1888, vol. II, pp. 213 e ss.; Gilberto de Tournai, *Sermones ad status*, Lião, 1511: *Ad virgines et puellas sermo primus*, f. CXLVI.

(⁷) «De vita at actibus... regis Francorum Ludovici... auctore fratre Guillelmo Carnotensi», in *Recueil des Historiens des Gaules el de la France*, XX, p. 29.

(⁸) W. Berges, *Die Fürstenspiegel des hohen nud späten Mittelalters*, Leipzig, 1938.

(⁹) Um *ordo* dito «Ordo de Reims», redigido entre 1260 e 1274 e mais provavelmente pouco antes de 1270, e portanto nos últimos anos do reino de São Luís, descreve os gestos da sagração e da coroação do rei de França. Texto latino publicado por U. Chevalier em *Sacramentair et martyrologe de l'abbaye de Saint Rémy. Martyrologe, calendrier, ordinaire et prosaire de la métropole de Reims (VIII-XIIIᵉ siècle)*, Paris, 1900, pp. 222-6. Tradução francesa, feita por volta de 1300, publicada por D. Codefroy, *Le Cérémonial françois*, Paris, 1649, vol. I, pp. 26-30. Cf. P. E. Schramm, *Ordines-Studien*, vol. II: *Die Krönung bei den Westfranken und den Franzosen*, «Archiv für Urkundenforschung», 15, 1938, pp. 24-8.

(¹⁰) Sobre os gestos da cura das escrófulas por parte do rei de França, cf. M. Bloch, *Les rois thaumaturges*, Paris, 1924², 1961, *passim* e em particular pp. 90 e ss. As palavras essenciais são aqui *signar* (porque o rei faz um sinal da cruz sobre os doentes) e sobretudo *tocar*. É o que muito bem diz Godofredo de Beaulieu no cap. XXXV da sua *Vita Sancti Ludovici*: «quod in tangendo infirmos sanctae crucis super addidit» (*Recueil des Historiens des Gaules et de la France*, cit., vol. XX, p. 20). Cf. Guilherme de Saint-Pathus, *Vie de Saint Louis*, ed. H. F. Delaborde,

Paris, 1899, p. 99 («mandava chamar os seus doentes de escrófulas e tocava-os»)
e 142 («quis tocar os seus doentes do mal das escrófulas»).

(¹¹) Por exemplo: «não desprezava nem censurava ninguém fosse de que modo fosse, mas repreendia *com muita suavidade* os que sucedia fazerem algo que pudesse desagradar-lhe...» (Guilherme de Saint-Pathus, *Vie de Saint Louis*, cit., pp. 18-9); «... e pondo essa cruz sobre o peito *muito suavemente*» (*ibid.*, p. 22).

(¹²) Para as *palavras* de São Luís – o *corpus* de frases do rei que chegaram até nós sob forma de discurso directo –, cf. David O'Connel, *Les propos de Saint Louis,* Paris, 1974, com pref. de J. Le Goff.

(¹³) É o que pensa Henry Martin, «Les Enseignements des Miniatures. Attitudes royales», *Gazette des Beaux-Arts*, Mar. 1913, p. 174. O artigo é aliás notável para o tempo em que foi escrito, é pioneiro.

(¹⁴) Para estes frescos, cf. A. Longnon, *Documents parisiens sur l'iconographie de Saint Louis*, Paris, 1882. É sabido que o erudito provençal Peiresc mandou executar no século XVII desenhos com base nestes frescos: quatro deles estão guardados na Bibliothèque Inguimbertine de Carpentras.

(¹⁵) Cf. Henry Martin, *Les Enseignements des Miniatures*, cit., pp. 183-4.

(¹⁶) Cf. nota 9. O manuscrito latino 1246 apresenta um texto próximo do do «Ordo de Reims», mas um estudo comparado dos dois textos é desejável. Por outro lado, Schramm engana-se ao datar este manuscrito do século xv com base num catálogo do século XVIII e num artigo de um erudito alemão de fins do século XIX. Pelo contrário, é muito claro que ele remonta à segunda metade, ou antes, quase certamente ao terceiro quartel do século XIII. A questão do «Ordo de Reims» deve pois ser retomada.

(¹⁷) Joinville, também ele leigo, insiste nisso particularmente («pelas coisas supramencionadas percebe-se muito claramente que não há homem no nosso tempo nem ninguém no seu tempo que tenha vivido tão santamente»: *La vie de Saint Louis*, ed. N. L. Corbert, pp. 83-4). Sobre o lugar dos leigos na santidade, cf. A. Vauchez, *La sainteté en Occident aux derniers siècles du Moyen Age*, Roma, 1981, pp. 310-15.

(¹⁸) Godofredo de Beaulieu (*Vita Sancti Ludavici,* cap. XII: «Quod regno abjecto voluit intrane religionem», in *Recueil des Historiens des Gaules et de la France*, cit., vol. XX, p. 7) e Guilherme de Saint-Pathus, *Vie de Saint Louis*, cit., pp. 129-30, afirmam que Luís IX teria querido fazer-se dominicano ou franciscano, mas que não soube decidir-se entre as duas ordens, e a rainha Margarida, à qual teria manifestado a sua intenção de deixá-la para entrar num convento na altura em que lhe fosse possível transmitir a coroa ao filho maior, tê-lo-ia dissuadido de tal propósito. Cf. L. K. Little, «Saint Louis' Involvement with the Friars», in *Church History*, vol. XXXIII, 1964, p. 24.

(¹⁹) Godofredo de Beaulieu, «Vita Sancti Ludovici», in *Recueil des Historiens des Gaules et de ia France*, cit., vol. XX, p. 6.

(²⁰) Joinville, *La vie de Saint Louis*, cit., pp, 115-6. Joinville dá como exemplo de cavaleiro que foi valente mas não gentil-homem o duque Hugo de Borgonha (ao duque de Borgonha, de que vos falei, foi um óptimo cavaleiro [no uso das armas], mas nunca foi considerado prudente nem diante de Deus nem diante do mundo») e faz expressar este juízo por Filipe Augusto («pois que há uma grande diferença entre 'bravo' [*preuhomme*] e 'gentil-homem' [*preudomme*]...») (*La vie de Saint Louis*, cit., p. 200).

(²¹) Quanto aos hábitos alimentares de São Luís, os biógrafos sublinharam o contraste entre o seu comportamento antes da sua primeira cruzada – o rei condescende, quando é necessário, com a ostentação alimentar das grandes, como por exemplo na festa dada em Daumur, em 1241, pela fidalguia do irmão Afonso de Poitiers (Joinville, *La vie de Saint Louis*, cit., p. 102) – e no seu regresso, quando multiplica os jejuns («....post primum potissime de ultramarinis partibus reditum... districtis etenim corpus attendebat jejuniis...» (sermão de Bonifácio VIII, *Recueil des Historiens des Gaules et de la France*, vol. XXIII, p. 158).

(²²) Sobre as manifestações de reverência de Sao Luís em relação ao clero, cf. Guilherme de Saint-Pathus, *Vie de Saint Louis*, cit., pp. 50-1 e 53-4.

(²³) Sobre as perturbações nas práticas devocionais de São Luís provocadas pela necessidade de ter de cavalgar, cf. Guilherme de Saint-Pathus, *Vie de Saint Louis*, cit., pp. 34-5.

(²⁴) Sobre um caso extremo, o representado pelos defuntos que foram para o purgatório, que já, não podem adquirir méritos e estão abandonados às penas expiatórias e purificadoras e cujos gestos são passivos, cf. de J. Le Goff, *Os Gestos do Purgatório*, neste vol., pp. 63 e ss.

(²⁵) Os biógrafos referem variadíssimas vezes que Branca de Castela, a fazermos fé no que ela declarava, teria preferido ver o filho morto do que culpado de pecado mortal (Guilherme de Saint-Pathus, *Vie de Saint Louis*, cit., p. 13) ou o reino de França governado por um escocês e não pelo seu filho, se este viesse a revelar-se um mau rei (Joinville, *La vie de Saint Louis*, cit., pp. 86-7).

(²⁶) «O citado preceptor batia-lhe por vezes com fins disciplinares» (Guilherme de Saint-Pathus, *Vie de Saint Louis*, cit., p. 18.

(²⁷) Por exemplo, Guilherme de Saint-Pathus, *Vie de Saint Louis*, cit., p. 39, «De sa dévocion au cors Nostre Seigneur recevoir». Quanto à morte, por exemplo, Joinville pensa que já o comportamento de São Luís na altura da sua primeira cruzada era o equivalente do martírio («e a este respeito parece-me que fez o suficiente para que fosse incluído entre os mártires, pelos grandes sofrimentos que teve de suportar na peregrinação da cruz, durante as seis semanas em que estive ao seu lado», ed. cit., p. 84). Ou Guilherme de Chartres: «... post finem certaminis, cursus metam, curam regiminis gloriosam (gloriosus) Rex transire debuit ad supernum regnum, incomparabilem coronam accepturus pro mercede laboris» *(Recueil des Historiens des Gaules et de la France*, cit., vol. XX, p. 36).

(²⁸) Guilherme de Saint-Pathus, *Vie de Saint Louis*, cit., pp. 18-9.

(²⁹) Ocupar-me-ei noutro sítio da imagem que Joinville apresenta de São Luís. Cf. Maureen Durlay Slattery, *Joinville's Portrait of a King*, tese de doutoramento do Institut d'études médiévales, Universidade de Montreal, 1971.

(³⁰) Guilherme de Saint-Pathus, *Vie de Saint Louis*, cit., pp. 32-52.

(³¹) *Ibidem*, pp. 38-9.

(³²) *Ibidem*, p. 39.

(³³) *Ibidem*, p. 40.

(³⁴) *Ibidem*, p. 42.

(³⁵) *Ibidem*, p. 50.

(³⁶) *Ibidem*, p. 51.

(³⁷) *Ibidem*.

(³⁸) Para os gestos do herege, cf. J-Cl. Schmitt, *«Gestus»*, cit., p. 386 e n. 45; E. Le Roy Ladurie, *Montaillau, village occitain de 1294 a 1324*, Paris, 1975 [*Montaillou,*

Cátaros e Católicos numa Aldeia Occitana (1294-1324), col. «Lugar da História», Edições 70, Lisboa, 1984], cap. «Le geste et le sexe», pp. 200-19. J. Le Goff, *Comment devenait-on hérétique dans l'occident médiéval aux XIe-XIIIe siècles? Les processos d'exclusion,* no Colóquio de Haifa (Maio de 1978), «Modernité et non conformisme en France du Moyen Age à nos jours».

([39]) «Et sicut nos in parte vidimus et per probata audivimus et scimus, vita ejus non fuit solum vita hominis, sed *super hominem*» (*Recueil des Historiens des Gaules et de la France,* cit., vol. XXIII, p. 149). «Et hoc possumus secure asserere quod facies sua benigna et plena gratiarum docebat eum esse *supra hominem* (*ibid.,* p. 153). Até hoje considerou-se que semelhantes expressões fossem únicas na literatura medieval. Mas J.-Cl. Schmitt faz-me sublinhar que Giacomo della Voragine emprega na *Legenda Aurea* (ed. Graesse, p. 449), a propósito de Germano de Auxerre, a seguinte frase: «super hominem siquidem fuit omne, quod gessit». Esta expressão não aparece na vida original de São Germano de Auxerre escrita por Costanzo di Leone no século v. A expressão *super hominem* parece portanto pertencer, a propósito de santos que fazem uma certa categoria de milagres, ao vocabulário da hagiografia da média Idade Média. Seria desejável fazer-se uma pesquisa científica sobre este assunto.

([40]) Cf. J. Le Goff, «Les miracles de Saint Louis», in *Mélanges offerts à Jacques Stiennon.*

([41]) Guilherme de Saint-Pathus, *Les Miracles de Saint Louis,* ed. Fay, pp. 7-12. Quando São Luís está com os pobres, os seus gestos parecem pôr-se ao seu nível e apresentam-se como mais «verdadeiros». Assim, quando dá de comer a cegos: «E se entre esses pobres havia um cego ou alguém que via mal, o rei bendito colocava-lhe o pedaço de pão directamente na mão com as suas próprias mãos, ou então guiava a mão do pobre até à tigela e ensinava-lhe como devia pôr a mão na tigela; e ainda mais, quando havia um que via mal ou estava impedido, e havia peixe diante dele, o rei bendito pegava no pedaço de peixe, tirava-lhe cuidadosamente as espinhas com as suas mãos, depois molhava-o no molho e punha-o na boca do doente» (Guilherme de Saint-Pathus, *Vie de Saint* Louis, cit., pp. 79-80).

([42]) Joinville, *La vie de Saint Louis,* cit., p. 172. Sobre este episódio veja-se a interpretação de Michel Zink, «Joinville ne pleure pas, mais it rêve» in *Poétique,* 33, Fevereiro de 1978, pp. 28-45.

([43]) «Sedebat enim quasi continue in terra super lectum...» (*Recueil des Historiens des Gaules et de la France,* cit., vol. XXIII, p. 149).

Observações sobre os Códigos de Vestuário e Alimentar em *Erec et Enide*

É conhecida a importância dos códigos alimentar e de vestuário na cultura das sociedades. Não podemos todavia contentar-nos com estudar o seu papel nas práticas sociais. A sua presença, nos produtos do imaginário permite compreender melhor a sua função, para além das suas aplicações propriamente literárias ou artísticas.

Na sociedade feudal estes códigos funcionaram com uma particular eficácia, pois tinham um lugar essencial no estatuto social e no sistema de valores. Através deles exprimia-se, de facto, com força, a sua figura pública.

Nas obras literárias o vestuário e a alimentação indicam o *status* social das personagens, simbolizam situações da trama, sublinham os momentos significativos da narração.

Chrétien de Troyes fez uso disso com a costumada habilidade.

Neste breve estudo não posso deixar de limitar-me a fazer o inventário e a identificar as funções dos códigos alimentar e de vestuário em *Erec et Enide* (sigo a edição de Mario Roques).

Nas passagens que fazem alusão ao vestuário não me deterei – e sei bem que assim não tenho em conta um elemento essencial no jogo dos papéis masculino e feminino – nas vestes guerreiras dos homens. Um estudo mais completo e aprofundado deveria incluir também este aspecto.

O primeiro aparecimento do vestuário no romance diz respeito ao protagonista masculino, Erec. Erec, que indubitavelmente partilha das resistências do cavaleiros em relação à decisão do rei Artur de restaurar o fato do veado branco, resistências essas expressas por Gawain, adoptou uma atitude que concilia a obediência a Artur, o código de cortesia e a sua posição pessoal. Torna parte nas batidas de caça, mas de longe, enquanto cavaleiro às ordens da rainha Genebra. Escolheu um fato intermédio entre a veste de cerimónia e a farda militar, mas suficientemente precioso para denotar a sua classe: filho de rei, cavaleiro da Távola Redonda de grande prestígio.

*Sor un destrier stoit montez,
afublez d'un mantel hermin...
S'ot cote d'un diapre noble
qui fu fez an Costantinoble;
chauces de paile avoit chauciees,
molt bien fetes et bien tailliees;
et fu es estriées afichiez,
uns esperons a or chauciez;
n'ot avoec lui arme aportée
fors que tant seulemant s'espée* (vv. 94-103).

A veste aqui é código de *status* e de situação.

O episódio seguinte em que a veste volta à cena é o do aparecimento da protagonista feminina, Enide. É muito conhecido e levanta vários problemas.

Erec, quando vai na peugada do cavaleiro, da donzela e do anão que ofenderam a rainha, é hospedado por um velho vassalo de vassalo. O objectivo de Chrétien neste episódio é mostrar ao mesmo tempo a nobreza de classe e de espírito e a pobreza do vassalo e da sua família: mulher e filha. Erec quer desposar Enide: não pode casar-se com pessoa de categoria inferior, será uma liberalidade da sua parte elevar a condição da família da noiva.

Aparece Enide. Está vestida de maneira esbelta mas pobre: veste apenas uma camisa e uma blusa com mangas (*chainse*), mas, se todo o fato é branco, se a camisa é fina, as mangas estão rotas nos cotovelos.

*La dame s'an est hors issue
et sa fille, qui fu vestue
d'une chemise par pauze lee
deliee, blanche et ridee;
un blanc, chainse ot vestu desus,
n'avoit robe ne mains ne plus,
et tant estoit li chainses viez
que as costez estoit perciez
povre estoit la robe dehors,
mes desoz estoit biax li cors* (vv. 401-410).

Erec leva depois Enide a assistir à luta pelo gavião, que é também a luta da vingança contra o cavaleiro malvado. Enide segue-o sempre pobremente vestida, pobremente apresentada. Não tem cinto nem capa.

La sele fu mise et li frains;
desliee et desafublee
est la pucelle sus montee (vv. 738-740).

Após a sua vitória na luta pelo gavião, Erec, que pediu e obteve a mão de Enide, prepara-se para levá-la à corte de Artur, para desposá-la. Descreve aos futuros sogros o dote (*Morgengabe*) que ele dará à mulher e de que eles são beneficiários, já que devem ser elevados a uma condição digna da sua categoria e daquela em que a sua filha será investida. Essas ofertas consistirão em castelos e vestuário.

Einz que trai jor soient passez
vos avrai anvoié assez
or et argent et veir et gris
et dras de soie et de chier pris
por vos vestir et vostre fame... (vv. 1325-1329).

Erec anuncia depois a decisão de levar consigo Enide tal como está vestida: a rainha providenciará no sentido de dar-lhe roupa digna dela.

Demain droit à l'aube del jor,
ant tel robe et an tel ator,
an manrai vostre fille a cort:
je voel que ma dame l'atort
de la soe robe demainne,
qui est de soie tainte an grainne (vv. 1331-1336).

Esta decisão choca não tanto o pai e a mãe de Enide, preocupados em não contradizer o futuro genro, como sobretudo a prima germana e um tio, que é conde e rico. Eles querem dar roupa de primeira qualidade a Enide.

> *«Sire, fet ele, molt grant hont*
> *sera a vos, plus qu'a autrui*
> *se cist sires an mainne a lui*
> *vostre niece, si povrement*
> *atornee de vestemant».*
> *Et li cuens respont: «Je vos pri,*
> *ma dolce niece, donez li*
> *de voz robes que vos avez*
> *la mellor que vos i savez»* (vv. 1344-1352).

Erec irrita-se: será a rainha a vestir Enide.

> *«Sire, n'an parlez mie.*
> *Une chose sachiez vos bien:*
> *ne voldroie por nule rien*
> *qu'ele eüst d'autre robe point*
> *taut que la reine li doint»* (vv. 1354-1358).

Enide vai pois à corte

> *el blanc chainse et an la chemise* (v. 1362).

Os comentadores ficaram muitas vezes desconcertados perante a insistência de Erec em querer levar Enide à corte tão pobremente vestida. As explicações de natureza psicológica várias vezes avançadas parecem-me insuficientes e até deslocadas. A decisão de Erec parece-me derivar de dois sistemas, que neste caso se combinam entre si. O primeiro é o do matrimónio, que é rito de passagem. Estamos aqui na primeira fase do rito, a da separação. A futura esposa deixa a casa dos pais, mas quanto ao resto a sua condição deve permanecer inalterada. E isso é ainda mais necessário neste caso em que o matrimónio não será apenas passagem do celibato ao casamento, de uma família para outra, de uma casa para outra, mas elevação do *status* social, passagem da pobreza para a riqueza. A materialização da passagem através do código de vestuário só se verificará na fase sucessiva, como um dos ritos que Van Gennep denominava «ritos de margem». Mas há mais. Creio que um tema essencial do romance é exactamente o *status* do casal. Para Chrétien deve haver igualdade entre marido e mulher, mas ao mesmo tempo tal igualdade deve ser compatível com uma certa superioridade do homem sobre a mulher. Ficam assim salvaguardadas as concepções cristãs medievais do casamento e do casal. Por várias vezes Chrétien insiste na igualdade de Erec e Enide. Antes de ser sancionada com o matrimónio e, no fim do romance, com a coroação conjunta de Erec e Enide, ela exprime-se na paridade dos valores eminentes do sistema aristocrático cortês: beleza, *débonnaireté* (bondade ou sabedoria), coragem.

> *Molt estoient igal et per*
> *de corteisie et de biauté*
> *et de grant deboneret é.*
> *Si estoient d'une meniere,*
> *d'unes mors et d'une matière,*
> *que nus qui le voir volsist dire*
> *n'an poist le meillor eslire*
> *ne le plus bel ne le plus sage.*
> *Molt estoient d'igal corage*
> *et molt avenoient ansamble* (vv. 1484-1493).

A superioridade principal de Erec sobre Enide consiste no facto de ele ser um guerreiro, um cavaleiro de alto gabarito, filho de rei. Para tornar-se cavaleiro teve de receber, pouco antes (ele tem vinte e cinco anos), a vestidura. Também Enide deve ser educada para uma dignidade superior. Ao passo que Artur, por ocasião das núpcias de Erec e Enide, fará cavaleiros cem jovens, Genebra ofertará a Enide novas e magníficas vestes. Será de algum modo uma forma de vestidura. Uma vestidura feminina com as vestes oferecidas pela rainha.

Também as pessoas do séquito que têm a função de acompanhar Erec e Enide à corte devem adoptar, enquanto esperam, um código de vestuário de gala.

> *N'iremaint chevalier ne dame*
> *qui ne s'atort por convoier*
> *la pucele et le chevalier* (vv. 1416-1418).

Chegados à corte, Erec explica cuidadosamente à rainha o que espera dela.

«*Povretez li a fet user
ce blanc chainse tant que as cotes
an sont andeus les manches rotes.
Et ne por quant, se moi pleust,
boenes robes asez eüst,
c'une pucele, sa cosine,
li volt doner robe d'ermine
de dras de soie, veire ou grise;
mes ne volsisse au nule guise
que d'autre robe fust vestue
tant que vos l'eüssiez veüe.
Ma douce dame, or an pansez,
car mestiera, bien le veez,
d'une belle robe avenant*» (vv. 1548-1561).

Genebra dá de pronto o seu consentimento e anuncia que vai oferecer-lhe um dos seus vestidos («boene et bele... fresche et novele», vv. 1563-1566). Conduz, pois, Enide ao seu aposento principal e fá-la vestir um *bliaut* novo e um manto a condizer com um vestido que tinha mandado talhar para si própria. Genebra, embora respeitando o código de cortesia, que lhe proíbe dar à donzela vestes usadas, trata Enide como a si própria, oferecendo-lhe vestes novas mas pessoais. Estamos perante um autêntico processo de identificação através da mediação das peças de vestuário.

Chrétien detém-se longamente e com grande riqueza de pormenores no facto de Enide se vestir com as novas vestes da rainha. É um dos trechos arrojados do romance – a cena desenrola-se ao longo de oitenta versos (1572-1652). É considerada pelos historiadores dos usos medievais como uma das mais precisas descrições de vestes de luxo femininas. Representa, em todo o caso, um amontoado de pormenores que constitui o *non plus ultra* de fausto e de beleza para um vestuário feminino: peles raras, seda, ouro, pedras preciosas, cores vivas, jóias e ornamentos diversos, tudo é posto em acção pars levar Enide ao cume do luxo.

Quando, pouco antes das núpcias, Erec mantém as promessas feitas aos futuros sogros, manda cinco bestas de carga carregadas de grande abundância de metais preciosos e de ricas vestes, com uma escolta de dez cavaleiros e dez criados.

> *Cinc somiers sejornez et grus,*
> *chargiez de robes et de dras,*
> *de boquerauz et d'escarlates*
> *de mars d'or et d'argent au plates,*
> *de veir, de gris, de sebelins,*
> *et de propres et d'osterins* (vv. 1805-1810).

Depois das vestes na sua função de dote e de oferta, as vestes como sinal obrigatório da festa, da cerimónia.

Estamos nas bodas de Erec e Enide, e chegam esplêndidos convidados, entre os quais muitos reis. Eis o primeiro deles, Ganas de Cork, um rei «de porte altivo», com quinhentos cavaleiros ricamente vestidos.

> *Gavraz, uns rois de Corques fiers,*
> *i vint a.vc. chevaliers*
> *vestuz de paisle, et le cendax,*
> *mantiax et chauces et bliax* (vv. 1913-1916).

Quando Artur, nesta ocasião, faz cavaleiros cem jovens, oferece a cada um deles uma bela veste, e dá a cada um a possibilidade de escolhê-la. Abundância de vestes e insígnias que gratifica um iniciado: o novo cavaleiro pode exercitar a sua escolha de guerreiro adulto. A oferta da veste é aqui rito de vestidura.

Aos jograis que divertem os convidados às bodas são oferecidos belos presentes, e primeiro que tudo preciosas peças de vestuário:

> *et molt bel don donné lor furent:*
> *robes de veir et d'erminetes,*
> *de conins et de violetes,*
> *d'escarlate, grise ou de soie* (vv. 2058-2061).

Também o séquito que acompanha Erec e Enide (e sobretudo Enide) à nova morada, e abre a última fase do rito de passagem do matrimónio, a da agregação, está, bem entendido, sumptuosamente vestido.

> *Erec ne volt plus sejorner*
> *se fame comande atorner*
> *des qu'il ot le congié del roi*
> *et si reçut a son conroi*
> *.LX. chevaliers de pris*
> *a cheva, a veir et a gris* (vv. 2237-2242).

Uma vez chegados à terra de Erec, Enide cumpre um certo número de ritos que encerram o rito do casamento. Neste ponto do romance – um texto em que Deus e a religião têm pouco espaço, intervindo, ser-se-ia tentado a dizer, apenas por conveniência, quando é mesmo necessário lembrar que a acção se desenrola num mundo de cristãos – vemos Enide cumprindo um certo número de gestos religiosos.

Assim, ela oferece no altar de Nossa Senhora, que invocou para ter um herdeiro que assegure a perenidade do matrimónio, uma magnífica casula. Mas, originariamente, esta casula era uma rica veste, de ouro e de seda, «de maravilhosa elegância», que a fada Morgana confeccionara para o seu amigo, e que com astúcia a rainha Genebra conseguira obter, graças à intervenção do imperador Gassa. Genebra tinha feito com ela uma casula, que conservara na sua capela, e que ofereceu a Enide na altura em que ela abandonou a corte de Artur.

Temos aqui o aparecimento do vestido mágico, «maravilhoso», cristianizado e transformado em tesouro, que prolonga a munificência de Genebra em relação a Enide e reforça os laços que unem ambas.

Finalmente, quando Erec, todo tomado de amores por Enide, descura os torneios, enviando a substituí-lo os seus cavaleiros, ele mantém a sua categoria vestindo-se com requinte:

> mes ainz por ce moins ne donoit
> de rien nule a ses chevaliers
> armes ne robes ne deniers
> nul leu n'avoit tornoiemant
> nes auveast, molt richemant
> apareillies et atornez (vv. 2446-2451).

Inicia-se aqui a segunda parte de *Erec et Enide*. Depois do casamento, a prova para o casal.

Erec, nos braços de Enide, esqueceu os deveres da cavalaria. Sensibilizada pelos murmúrios de crítica para com o seu esposo, Enide decide-se a adverti-lo. Erec desperta, mas comporta-se com dureza em relação à mulher. Ordena-lhe que o acompanhe nas aventuras que ele, como bom cavaleiro, terá de empreender e, além disso, impõe-lhe uma provação, uma proibição: nunca deverá dirigir-lhe a palavra em primeiro lugar. Passo aqui por cima do fundo folclórico presente em todo o romance e em toda a obra de Chrétien de Troyes. Em todo o caso, na atitude de Erec eu vejo a vontade de tornar mais consistente o casal que ele forma com Enide. Por um lado, ele eleva-a ainda mais ao seu nível, à igualdade com ele. A inferioridade da mulher consiste no facto de não estar sujeita a aventuras, de não levar a vida perigosa do cavaleiro. Pois bem, Enide partilhará a vida errante e os perigos de Erec e, dado que é incapaz de bater-se, terá uma provação que lhe é conforme: o silêncio. Ao mesmo tempo, como ensina a Igreja e como é da praxe na aristocracia – apesar dos fantasmas do amor cortês –, a mulher não pode ser absolutamente igual ao homem, de alguma maneira deve permanecer inferior, sujeita. Na lógica das mentalidades e das instituições medievais, os casos de desigualdade na igualdade funcionam muito bem, por exemplo no contrato feudal de vassalagem ([1]). Enide errou duas vezes ao pôr Erec em estado de inferioridade. Em primeiro lugar fazendo-lhe esquecer os seus deveres de cavaleiro, por tê-lo ocupado demasiado – embora contra a sua vontade – com o seu amor. Depois, fazendo-lhe – talvez de maneira velada e indirecta – uma censura. Erec tem necessidade de readquirir autoridade sobre a esposa e convida-a a avançar com ele, a seu lado, no caminho da realização do seu ser e do seu destino, que é a aventura cavalheiresca.

Nesta parte do romance o código de vestuário funcionará com menor frequência. Como poderia deixar de ser assim, dado que esta parte do romance terá na maioria das vezes como teatro aquele que é o lugar da aventura cavalheiresca por excelência, a floresta, onde o código de vestuário e a ostentação das vestes não têm qualquer ocasião de funcionar? Até porque aqui a veste que está em primeiro plano é a do guerreiro, do cavaleiro (que, como precisei no início, deixei fora desta minha pesquisa).

Algumas aparições do código de vestuário não deixam todavia de ter interesse.

Quando Erec decide partir de novo para as aventuras, ele ordena a Enide, que se lamenta, que vista o mais belo dos seus vestidos.

Levez de ci, si vos vestez
de vostre robe la plus bele
sor vostre meillor palefroi (vv. 2576-2578).

Uma ordem, cujo significado escapa a Enide. Na realidade, tendo Erec decidido levar consigo a sua senhora, quer que ela vista o seu mais belo vestido, exactamente como ele próprio leva as mais belas armas (vv. 2632-2657). É a igualdade no modo de apresentar-se e na preparação da aventura.

O primeiro resultado é que a visão de uma dama tão ricamente vestida excita a cupidez de um cavaleiro salteador, que sai do bosque:

mes molt est richement vestue (vv. 2805).

Nas aventuras sucessivas Enide vestir-se-á apenas com a sua beleza. Depois há que esperar a cura de Erec ferido, refugiado junto de Guivret, para que o código de vestuário funcione de novo para os esposos reconciliados e vencedores de todas as provações. A ambos Guivret oferece magníficas vestes.

Quant it pot aler et venir
Guivrez ot fet deus robes feire,
l'une d'ermine et l'autre veire,
de deus dras de soie divers.
L'une fu d'un osterin pers
et l'autre d'un bofu roié
qu'au presant li ot anvoié
d'Escoce une sol cousine
Enide ot la robe d'ermine
et l'osterin qui molt chiers fu,
Erec la veire o le bofu,
qui ne revaloit mie mains (vv. 5184-5195).

Junto de Guivret eles reencontraram os presentes em forma de vestes e o sinal da dupla cura: física e social. O retorno à vida social será interrompido pela terceira fase do romance, a da maior aventura, da prova suprema, a *Joie de la Cour.*

Erec sai vencedor, e o casal encaminha-se para a sua realização definitiva. Três episódios assinalam esta apoteose, em que novamente funciona em pleno o código de vestuário.

E primeiro que tudo o regresso à corte de Artur, centro de valores, símbolo da ordem e da civilização.

Erec, Enide e Guivret, antes de serem recebidos por Artur, mudam as suas vestes e põem os seus mais belos ornamentos:

As ostex vienent, si s'aeisent,
si se desvetent et atornent,
de l'or beles robes s'atornent;
et quant il furent atorné,
a la cort s'an sont retorné (vv. 6402-6406).

Concordância significativa do *atour* (ornamento) e do *retour* (retomo).

O segundo momento é o da morte do rei Lac, pai de Erec. Aqui encontramos a veste de luto, veste de uma outra passagem, para a morte, no caso do defunto, para a subida ao trono, no caso do casal herdeiro. Reaparecem nesta altura os clérigos, e com eles os pobres. São destinatários da abundância de vestes que caracteriza o acontecimento.

Molt fist bien ce que fere dut:
povres mes alisiez eslut
plus de cent et .LX.IX.
si les revesti tof de neuf;
as povres clers et as provoires
dona, que droiz fu, chapes noires
et chaudes pelices desoz (vv. 6475-6481).

Finalmente, a coroação de Erec e Enide, feita por Artur e Genebra, em Nantes, assiste ao triunfo do código de vestuário.

Entre as ofertas excepcionalmente generosas de Artur, que supera em liberalidade Alexandre e César, avulta a das vestes, que ocupam de novo um lugar privilegiado:

chevax dona a chascun trois,
et robes a chascun trois peire,
por ce que sa corz mialz apeire.
Molt fu li rois puissanz et larges:
ne donna pas mantiax de sarges,
ne de conins ne de brunetes,
mes de samiz et d'erminetes,
de veir antier et de diapres,
listez d'orfrois roides et aspres (vv. 6602-6610).

Uma vez mais, à profusão acrescenta-se a possibilidade que cada um tem de escolher:

Li mantel furent estandu
a bandon par totes les sales;
huit furent gitie hors des males,
s'an prist qui vost, sanz contrediz (vv. 6624-6627).

Nesta distribuição de funções consoante o sexo, é de novo Genebra que enfeita Enide:

*Quanque pot, d'Enide atillier
se fu la reine penee* (vv. 6762-6763).

Mas desta vez, por simetria inversa relativamente ao que acontecera para as bodas, é o vestuário de Erec que é objecto de uma longa descrição, dado que aqui é o jovem rei o protagonista da cerimónia. Peças de vestuário extraordinárias, maravilhosas, confeccionadas por quatro fadas, vestes históricas que Macróbio descreveu. Vestes que são todo um programa de sabedoria, pois que as fadas nelas representaram as quatro disciplinas do *quadrivium:* a Geometria, a Aritmética, a Música e a Astronomia. Vestes ornadas de peles fornecidas por animais monstruosos da Índia, as *berbioletas*.

*La pane qui i fu crosue
fu d'unes contrefetes bestes
qui ont totes blondes les testes
et les cors noirs com une more,
et les dos ont vermanz desore,
les vantres noirs et la coe inde;
itex bestes neissent en Inde,
si ont berbioletes non,
ne manjüent se poissons non,
que nede et girofle novel* (vv. 6732-6741).

A completar o vestuário, uma capa com broches de pedras preciosas encastradas em ouro.

Rei de poder quase sobrenatural, coroado por um outro rei, Artur, que alcançou pelo beijo do veado branco uma nova legitimidade proveniente da magia, Erec, que está para tornar-se, juntamente com Enide, o centro de uma outra sociedade-modelo comparável à corte de Artur, ostenta – juntamente com a coroa e o ceptro – um vestuário maravilhoso que lhe dá a investidura da magia ainda antes de o bispo lhe conferir, com a unção, a investidura cristã.

*

O código alimentar é menos rico no *Erec et Enide*. Ele opera umas vezes em concordância com o código de vestuário, outras vezes fora dele.

Junto do vassalo ele desempenha o seu papel no simbolismo da categoria e da situação. Com efeito, o velho oferece a Erec uma refeição que, sendo embora modesta, como convém à sua pobreza, nem por isso é menos representativa do esforço de largueza do pequeno nobre e digna da categoria do seu hóspede. O único criado da casa é um bom cozinheiro. À falta de caça grossa, ele prepara carne nas duas formas apropriadas, o cozido e o assado, e serve pequenas aves ([2]).

Cil atornoit an la cuisine
por le soper char e oisiax.
De l'atorner fut molt isniax,
bien sot aparellier et tost
char cuire et an eve et an rost (vv. 488-492).

Importante é o facto de estarem presentes os elementos decorativos do jantar palaciano: mesas, toalhas e lavabos:

Quant ot le mangier atorné
tel con l'an li ot comandé,
l'eve lor done an deus bacins;
tables, et nappes, et bacins,
fu tosta aparellié et mis,
et cil sont au mangier asis;
trestot quanque mestiers lor fu
ont a lor volanté eü (vv. 493-500).

Não falta a abundância de víveres nas bodas de Erec e Enide. Artur sabe mostrar a sua generosidade também no campo alimentar, mas Chrétien é mais avaro de pormenores aqui que para as vestes, os jogos, os cortejos e os torneios.

Li rois Artus ne fu pas chiches:
bien comanda as penetiers
et as queuz et aus botelliers
qu'il livrassent a grant planté,
chascun selonc sa volanté,
et pain et vin et veneison;
hus ne demanda livreison

de rien nule que que ce fust
qu'a sa volanté ne eüst (vv. 2006-2014).

Não faltam nem caça nem vinho, elementos indispensáveis para fazer um nobre banquete.

A parte central do romance, a das aventuras de Erec e Enide, vê aparecer em quatro ocasiões um diálogo alimentar.

A primeira ocasião é a da fome na floresta e do encontro cortês.

Depois de ter combatido contra os cinco cavaleiros, Erec e Enide, que não tinham comido nem bebido nada desde a véspera, encontram, por volta do meio-dia, um escudeiro, acompanhado de dois criados que levavam pão, vinho e cinco pedaços de queijo gordo.

Ele oferece estes alimentos aos dois famintos, pois compreende que está perante um cavaleiro e uma dama:

De cest blanc gastel vos revest,
s'il vos plest un po a mangier.
Nel di pas por vos losangiers;
li gastiax est de boen fromant
ne rien nule ne vos demant;
boen vin ai et fromage gras,
blanche toaille et biax henas (vv. 3140-3146).

Organiza-se assim uma espécie de piquenique e, respeitando o código nobiliário da mesa, o escudeiro serve Erec e Enide.

Puis a devant ax estandue
la toaille sor l'erbe drue;
le gastel et le vin for baille
un fromage for pere et taille;
cil mangièrent qui fain avoient,
et del vin volantiers bevoient;
li escuiers devant ax sert,
qui son servise pas ne pert (vv. 3165-3172).

Refeição de qualidade (bolo de trigo, vinho, queijo gordo, toalha branca, copos, serviço do escudeiro), mas neste mundo estranho em que Erec e Enide voltaram à natureza, a própria refeição é natural, sem no entanto ser selvagem.

O vaguear de Erec e Enide é interrompido por uma breve estada na corte de Artur, mas as aventuras não acabaram. Não se pode celebrar

um banquete de festa. Faz-se uma ceia de sábado à noite, véspera de
domingo magro. Artur e os seus hóspedes comem peixe e fruta, mas,
neste lugar de civilização, Chrétien precisa que há cru e cozido, peras
cruas e peras cozidas.

Ce fu un samedi a nuit
qu'il mangièrent poissons et fruit,
luz et perches, saumons a truites,
et puis poires crües et cuites.
Aprés souper ne tardent gaire;
comandent les napes a traire (vv. 4237-4242).

A terceira ocasião para falar de alimentação é muito particular.
Enide, que julga Erec morto, foi obrigada a casar com um conde, e agora
tenta-se também obrigá-la a comer. Os criados do conde «levaram a
mesa para diante dela» (v. 4750). Ela recusa-se no entanto a comer e a
beber, já que Erec, que vê estendido – morto, julga ela, mas na realidade
em estado de desmaio prolongado –, já não pode mais comer.

Sire, ja tant con je vivrai,
ne mangerai ne ne bevrai,
si je ne voi mangier einçois
mon seignor, qui gist sor ce dois (vv. 4677-4680).

Assim, quando o casal parece desfeito, o código alimentar deixa
de funcionar para o que fica.
Mas Erec volta de novo, mata o conde e vai restabelecer-se e retomar as forças junto do amigo Guivret. A alimentação recomeça com
a vida e a reconstituição do casal, mas trata-se de uma retoma parcial,
uma retoma de convalescente.
Guivret convida Erec e Enide a comerem empada fria e a beberem
vinho misturado com água.

Et puis li ont un cofre overt,
s'an fist hors traire trois pastez;
«Amis, fet il, or an tastez
un petit de ces pastez froiz
vivra eve meslé evroiz;
j'en ai de boen set barriez pleins
mes li purs ne vos est pas sains» (vv. 5104-5110).

Guivret insiste:

Biax dolz amis, or essaiez
a mangier, que bien vos fera;
et ma dame aussi mangera...
Eschapez estes, or mangiez,
et je mangerai, biax amis (vv. 5112-5119).

Enide deixa-se convencer, mas Erec come ainda pouco, como um doente, e corta o vinho com água.

Andui de mangier le sermonent;
vin et eve boivre li donent,
car li purs li estoit trop rudes (vv. 5123-5125).

As irmãs de Guivret tratam do ferido, lavam e ligam as feridas. Fazem-no também comer e beber, mas permitindo-lhe apenas uma alimentação de convalescente: nada de condimentos.

Chascun jor catre foir ou plus
le feisoient mangier et boivre,
sel gardoient d'ail et de poivre (vv. 5164-5166).

Na terceira e última fase do romance, reaparece o código alimentar, antes e depois da grande aventura da *Joie de la Cour.*
O rei Evrain, em cujo território tem lugar a aventura, inicialmente festeja Erec e Enide; e temos aqui o supra-sumo da alimentação aristocrática: aves, caça, fruta e vinho.

Li rois comanda apester
le souper, quant tans fu et ore...
quanque aiers et boche covoite
orent plenieremant la nuit,
oisiax et venison et fruit
et vin de diverse menière (vv. 5532-5539).

Mas Erec abrevia a refeição porque pensa na *Joie de la Cour*:

Molt furent servi lieemant,
tant qu'Erec estroisseemant
leissa le mangier et le boivre,

et comança a ramantoivre
ce que au cuer plus li tenoit (vv. 5543-5547).

A luta da *Joie de la Cour* é acabada entre duas breves alusões a alimentos. Em ambos os casos se trata de alimentação «maravilhosa». Tal como o código de vestuário, o código alimentar é aqui tocado pela magia.

Quando Erec penetra no vergel mágico onde tem de enfrentar a prova suprema, vem a saber que crescem lá frutos encantados, maduros durante todo o ano, mas que só podem ser comidos dentro do jardim.

Et tot esté et tot yver
y avoir flors et fruit maür;
et li fruiz avoit sel eür
que leauz se lessoit mangier
mes ceu porter hors fet dougier;
car qui point an volsist porter
ne s'an seüst ja mes rales
car a l'isque ne venist
tant qu'an son leu le remeist (vv. 5696-5704).

Quando, no fim do romance, Erec enverga para a sua coroação as vestes extraordinárias de que anteriormente falei, Chrétien precisa que os animais monstruosos, as *berbioletas* da Índia, cujas peles ornam aquelas vestes, «só se alimentam de peixe, de canela e de cravinho novo» (vv. 6740-6741).

Finalmente, na derradeira parte da coroação a apoteose do código alimentar vem completar a apoteose do código de vestuário. Para depois da missa da coroação foi preparado um banquete de mais de quinhentas mesas, que enchem cinco salas. Cada mesa é presidida por um rei, por um duque ou por um conde, e em cada uma delas tomam lugar cem cavaleiros. «Mil cavaleiros servem o pão, outros mil o vinho e outros mil ainda as iguarias, vestidos de peles de arminho completamente novas» (vv. 6872-6874). Mas, na altura de descrever os diversos pratos servidos, Chrétien abrevia e conclui o romance com uma pirueta, com um subterfúgio, deixando o ouvinte (ou o leitor) com a água na boca:

De mes divers don sont servi,
ne por quant se ge nel vos di,

vos savroie bien reison randre;
mes il m'estuet a el antendre (vv. 6875-6878).

Assim, o código de vestuário permitiu pôr em evidência certas estruturas e certos momentos essenciais da história de Erec e Enide: relações entre os esposos, ritos do matrimónio e da morte, função real, partida para a aventura e retorno à vida social. É uma referência simbólica fundamental.

O papel do código alimentar é mais discreto. Todavia, Chrétien de Troyes sabe explorá-lo plenamente noutros sítios, por exemplo, no episódio da loucura de Yvain. Na regressão de Yvain ao estado selvagem e nas relações entre Yvain e o eremita funciona perfeitamente o sistema do cru e do cozido ([3]). Para saber onde está a regra e a excepção, seria necessário alargar a pesquisa, que apenas esbocei, ao conjunto da obra de Chrétien. Ver-se-ia então se os códigos de vestuário e alimentar nela funcionam sobretudo em razão das obras e das situações ou segundo as fixações do poeta ([4]).

NOTAS

([1]) Procurei demonstrá-lo no meu estudo «Le rituel symbolique de la vassalité, in *Simboli e simbologia nell'Alto Medioeve* («Settimane di studio del Centro italiano di studi sull'alto Medioevo», XXIII), Spoleto, 1976, pp. 679-788, retomado em *Pour un autre Mayen Age*, Paris, 1977, pp. 349-420, em particular 365-84.

([2]) Prefiro aqui, excepcionalmente, conservar o *oisiax* (= oiseaux, aves) do texto de preferência a interpretá-lo com o termo «pássaros». Não se exclui que se trate de caça penuda, mais digna da nobreza, mas a pobreza do vassalo pode também, de facto, admitir simples «passarinhos». Cf. o verso 5538.

([3]) Cf. J. Le Goff e P. Vidal-Naquet, *Lévi-Strauss en Brocéliande*, neste volume nas páginas que se seguem.

([4]) Não foi suficientemente sublinhado, parece-me, que um poema medieval célebre, *I versa della morte*, do cisterciense Elinando di Froimont, tem curiosamente a alimentação como principal ponto de referência.

Esboço de Análise
de um Romance Cortês

O episódio que serve de ponto de partida para estas nossas considerações é tirado do romance de Chrétien de Troyes, *Yvain ou le Chevalier au lion* (c. 1180)([1]). Cavaleiro da corte de Artur, Yvain obteve da sua esposa Laudine, conquistada na sequência de uma série de aventuras de que voltaremos a falar, licença para deixá-la durante um ano, «para poder acompanhar o rei e fazer torneios» (vv. 2561-2). Se não cumprir o seu pacto, mesmo que por um só dia, ele perderá o amor da sua dona. E Yvain não consegue respeitar o prazo – não se estará acaso na lógica da narrativa maravilhosa, em que é posta uma condição exactamente para ser transgredida?([2]). A cavalo num simbólico palafrém negro, uma donzela do séquito da mulher vem avisá-lo de que tudo acabou entre eles e que não deve por isso procurar tornar a vê-la. Nesta altura Yvain, enlouquecido, abandona a corte e vai para a floresta.

Precisemos o momento em que a acção se coloca. O romance de Chrétien de Troyes, exactamente como outras obras do mesmo poeta (em particular *Perceval* e *Erec et Enide*) e muitos outros romances corteses, articula-se na realidade à volta de duas séries de episódios cujo significado (o *sen*, ter-se-ia dito no francês do século XII) é radicalmente diverso, se não mesmo contraditório([3]). A narração abre-se com a descrição de um fracasso, de uma «aventura» falhada. Um outro cavaleiro da corte de Artur, primo-irmão de Yvain, Calogrenant, não conseguiu, no interior de Brocéliande, vencer Esclados, *o Vermelho*, dono de uma fonte mágica. Yvain percorre o mesmo itinerário e é bem sucedido em todo o lado onde o outro fracassara: não apenas vence e mata o senhor da fonte, como casa com a sua viúva e, tal como o rei de

Nemi de que fala Frazer, assume a sua sucessão. Aventuras gratuitas, poder-se-ia objectar, as da cavalaria pela cavalaria, da proeza por mor da proeza, em que, ainda por cima, são as operações mágicas de Lunette, serva da senhora da fonte, que dão a Yvain um apoio decisivo.

Mes or est mes sire Yvain sire,
Et li motz est toz oblïez
Cil qui l'ocist est marïez;
Sa fame a, et ensanble gisent...

[Agora o senhor Yvain é senhor, e o defunto está completamente esquecido. O seu assassino, que se casou, possui agora a mulher que foi dele, e eles dormem juntos.]

O poeta, que não é um cavaleiro aventuroso mas, com toda a probabilidade, um clérigo, não nos esconde de modo algum o seu sentimento. Pelo contrário: depois do episódio da «loucura de Yvain», que é o que nos interessa, o cavaleiro não actuará mais para si próprio mas para os outros, como defensor da viúva e do órfão. Senhor finalmente legitimado, reconquistará o amor da sua dona.

Eis em síntese os elementos essenciais do episódio de que nos ocupamos (vv. 2783-2883):

«Yvain está abatido: tudo o que ouve o aborrece, tudo o que vê o atormenta; desejaria estar longe, numa terra tão selvática que não se soubesse onde procurá-lo, onde não houvesse ninguém, homem ou mulher, que soubesse algo de si, como se se encontrasse no fundo de um abismo. O seu tédio aumenta, agora nada odeia mais que a si próprio, e não sabe a quem dirigir-se para encontrar consolação. Sente que é ele próprio a causa da sua desgraça e do seu desvario. Teria preferido perder o tino a não estar em condições de vingar-se de si próprio, por ter deixado escapar a felicidade. Afasta-se pois sem dizer palavra, a tal ponto temia começar a disparatar no meio dos barões. E estes não lhe ligaram atenção; deixaram-no ir sozinho: estavam convencidos de que as suas intenções e os seus problemas deviam interessá-los muito pouco.

«Bem depressa se acha longe das tendas. O delírio apodera-se nesta altura da sua cabeça. Rasga as suas vestes e redu-las a tiras, vai pelos campos fora pisando terrenos cultivados. Os companheiros, preocupados, procuram-no por todos os cemitérios, por todas as tendas, por hortas e pomares, sem encontrá-lo.

«Yvain continua a correr como um louco, até que, junto de um parque, se lhe depara um moço que leva um arco com flechas dentadas, muito largas e cortantes; e, aqui, tem aquele assomo de lucidez que lhe permite roubar-lhas. Perdeu a memória de tudo aquilo que fez até ao momento. Põe-se a observar os animais do bosque, mata-os e come caça crua.

«Vagueia pela floresta delirante e selvagem, até que vê uma cabana muito baixa. Habitava nela um eremita, empenhado naquele momento em limpar o terreno dos cardos. Quando o eremita avista aquele homem nu, logo se dá conta de que ele estava fora de si, e vai esconder-se na sua cabana. Mas, movido pela caridade, o bom homem pega em pão e água e coloca-os cá fora, sobre uma estreita janela.

«O louco aproxima-se e, vencido pela fome, toma o pão e leva-o à boca. Nunca, creio eu, tinha provado pão tão ruim e duro. A farinha de que era feito de certeza que nem cinco soldos custara cada sextário, pois que estava misturada com cevada, e palha, e além disso era mais ácido que o fermento, e rançoso e seco como uma cortiça. Mas com a fome que o atormentava, o pão pareceu-lhe bom; a fome, de facto, é o melhor condimento para qualquer alimento, um condimento bem preparado e bem confeccionado. Yvain come todo o pão do eremita e bebe a água fresca do cântaro.

«Depois de ter comido, escapa-se de novo para o bosque, à procura de veados e corças. O bom homem, refugiado sob o seu tecto, quando o vê afastar-se, pede a Deus que proteja o desconhecido que ao mesmo tempo faça com que aquele perigoso sujeito nunca mais volte àquele local da floresta. Mas nada poderia impedir o louco, por pouco juízo que lhe tivesse restado, de voltar com prazer ao lugar onde lhe fora feito bem.

«Desde então não se passou um dia, enquanto permaneceu na sua loucura, que ele não trouxesse à porta do eremita algum animal selvagem. Ele passava o seu tempo a caçar; e o bom homem encarregava-se de esfolar e cozinhar a caça, e todos os dias pão e água na bilha estavam na janela para alimentar o homem louco. Assim ele tinha o que comer e beber, caça sem sal nem pimenta, e água fresca da nascente. E o bom homem tinha o cuidado de vender as peles e de comprar pão de cevada ou de aveia, de modo que também o louco tinha o suficiente. Tudo isto durou até ao dia em que uma dama, e duas donzelas do seu séquito, encontraram o louco que dormia na floresta....»

Será esta dama e uma das suas donzelas que curarão Yvain da loucura, graças a um unguento mágico, a seu tempo fornecido à dama pela fada *Morgue* (Morgana).

Voltaremos seguidamente às etapas da reintegração de Yvain no mundo dos homens; com efeito, elas não se reduzem à intervenção da donzela e do seu unguento maravilhoso. Não é necessária uma grande familiaridade com a literatura latina da Idade Média para reconhecer na loucura de Yvain um *topos* de que existem numerosos exemplos, o *topos* do *homem selvagem*. É seu protótipo um célebre episódio da *Vita Merlini* (1148-1149) de Godofredo de Monmouth, um texto que por sua vez deriva de tradições célticas muito antigas. Responsável por uma batalha que provocara a morte de dois irmãos seus, Merlim torna-se um homem dos bosques (*fit silvester homo*, v. 80), leva uma vida miserável, através da qual, no entanto, acabará por experimentar o seu poder profético [4]. O tema é frequente no romance cortês propriamente dito [5] e será retomado de maneira fulgurante no *Orlando Furioso* de Ariosto. Com muita razão J. Frappier chamaria ao nosso episódio *Yvain furioso* [6]. Mas o que procuraremos comentar e ilustrar são os pormenores do texto, evitando as demasiado fáceis explicações ditas «psicológicas» que querem fazer de Chrétien um psicólogo, se não mesmo um psiquiatra: «Todos os pormenores, todas as minuciosas indicações fazem pensar que, ao descrever a loucura do seu personagem, Chrétien não se afastava muito de alguns dados da observação» [7]. Não deixa por certo de ter importância sublinhar como Chrétien fez progredir o romance cortês na via da «psicologização» dos mitos; mas não é aí que podemos encontrar a fonte e o significado do episódio, e é difícil imaginar que o espírito de observação tenha levado a que se deparassem a Chrétien muitos loucos na floresta de Brocéliande. Yvain não é um doido qualquer: não é nem o Héracles furioso de Eurípides, nem o Orestes de Racine [8], nem um cliente de Charcot.

Releiamos, uma vez mais, o episódio, à luz daquilo que pode dizer-nos neste ponto a análise estrutural [9]. Yvain primeiro que tudo abandona os seus parentes e o território dos «barões» – seus companheiros, em que se resume o universo social – e da humanidade inteira. Ele atravessou a área dos campos cultivados («e fugiu por campos e terrenos cultivados») (ou seja, as terras trabalhadas), indo mesmo para

além dos limites do território habitado, onde o procuram os cavaleiro da
corte de Artur (nos «ostex», habitações dos cavaleiros, nos «vergéis»,
nos campos murados), «longe das tendas e dos pavilhões». A floresta
deverá ser o lugar da sua loucura ([10]). Uma floresta mais complexa do
que parece à primeira vista, como veremos. Para já contentamo-nos
em relembrar o que é a floresta no universo do Ocidente medieval.
É o equivalente daquilo que no Oriente significa o deserto, lugar de
refúgio, de caça, de aventura, horizonte opaco do mundo das cidades,
das aldeias, dos campos ([11]). Mas, pelo menos na Inglaterra, na «Bretanha», ela é ainda algo mais: o lugar onde se quebram as malhas da
hierarquia feudal. Como foi observado, os delitos contra a Floresta
escapam aos tribunais ordinários: as leis próprias da Floresta não derivam «do direito comum do reino, mas da vontade do príncipe, tanto
que se diz que o que é determinado por elas não é justo em sentido
absoluto, mas justo segundo a lei da Floresta» ([12]). O rei anglo-anjou
Henrique II proíbe, em 1184, «que se tenham arcos, frechas ou cães
nas suas florestas, a menos que se tenha um fiador» ([13]). A floresta é
terra do rei não apenas pelos recursos que fornece, mas mais ainda,
provavelmente, porque ela é um «deserto». Nesta floresta Yvain já não
será um cavaleiro, mas um caçador-predador:

> *Les bestes par le bois agueite*
> *Si les ocit: et se manjue*
> *La venison trestote crue.*

Ele despojou-se de ambos os hábitos, o do corpo e o do espírito, a
roupa e a memória. Está nu, esqueceu tudo. Entre o mundo dos homens
e o dos animais selvagens, Chrétien operou todavia uma mediação
muito curiosa: um «parque», ou seja, ao que parece, uma superfície
fechada reservada a pastagem ([14]), uma área de criação entre o mundo
da agricultura e o da colheita, em que se encontra um «moço», isto
é, um criado que pertence ao grau mais humilde da escala social ([15]).
Este «moço» só aparece em cena para ver-se roubado:

> *Un arc*
> *Et cinq saietes barbelées*
> *Qui molt erent tranchanz et lées.*

Um arco, isto é, uma arma que é própria do caçador, não do cavaleiro empenhado na guerra ou num torneio. Detenhamo-nos aqui um momento. Houve um tempo, muito distante, do século XII, que conheceu igualmente uma oposição entre o guerreiro equipado e o arqueiro isolado, ou seja, selvagem. É o caso da Grécia arcaica e clássica. Assim, o rei de Argos, numa tragédia de Eurípides, exprime desprezo, em nome das virtudes do hoplita, pelo arqueiro Héracles, «homem sem valor, que ganhou fama em combates contra animais e foi incapaz de qualquer outra empresa. Nunca aguentou no seu braço esquerdo um escudo, nem jamais enfrentou uma lança: usando o arco, a arma mais lenta, estava sempre pronto para a fuga. Para um guerreiro, a bravura não consiste em saber atirar o arco, antes em permanecer no seu posto e em ver acorrer diante de si, sem baixar os olhos nem virar o olhar, toda uma formação de lanças apontadas, sempre solidamente firmes nas suas fileiras»([16]). Desde Homero ao fim do século V, o arco é a arma dos bastardos, dos traidores (como Teucro e Pândaro na *Ilíada*), dos estrangeiros (como os Citas para Atenas), numa palavra, dos subguerreiros (no sentido em que hoje se fala dos «subproletários»). Mas ao mesmo tempo é também, inversamente, a arma dos superguerreiros: Héracles, precisamente, do qual só uma personagem de tragédia influenciada pelos sofistas pode fazer um combatente de segunda ordem; Héracles, que transmitirá, a Filoctetes, herói isolado, a arma que decidirá o destino de Tróia; Ulisses, que, retesando o arco para Ítaca, afirma assim a sua soberania.

A oposição entre o guerreiro «pesado» e o guerreiro «leve», entre o caçador solitário, ou seja, astuto, e o soldado arregimentado, é mais antiga do que a época arcaica grega. Para permanecermos no âmbito do mundo indo-europeu, G. Dumézil encontrou-a no *Mahábhárata*, epopeia indiana da qual alguns elementos remontam provavelmente aos tempos védicos; mas aqui, em relação aos dados gregos, o arco muda de sinal: ele já não está do lado do homem isolado mas do lado do combatente de um exército: «Como guerreiro, Arjuna distingue-se de Bhima (trata-se de dois dos cinco irmãos protagonistas da epopeia indiana): ele não é o combatente nu, mas o combatente vestido (couraça, corpete de malha de ferro) e armado, superarmado, como se diria hoje, dispõe de um dos grandes arcos da epopeia... Nem, como Bhima, é o combatente solitário, a 'vanguarda'...»([17]). Por outras palavras, o arco é um sinal cujo valor é determinado apenas pela posição que ele ocupa no sistema; este é um ponto para o qual toda a obra de Lévi-Strauss chama a nossa atenção.

Mas voltemos ao século XII e às obras literárias de que partimos. No *Roman de Tristan* de Béroul, quase exactamente contemporâneo do *Yvain* de Chrétien([18]), vemos o herói no momento em que está para penetrar, com Isolda, na floresta, para adquirir um arco junto de um forasteiro, «e duas flechas empenadas, dentadas» (vv. 1283-84), arco com que vai à caça para alimentar-se a si próprio e à companheira. Mais tarde, no mesmo episódio da floresta de Morois, vemo-lo fabricar um novo «arco» (de facto, mais exactamente, uma ratoeira infalível para animais selvagens):

> *Trova Tristan l'arc Qui ne faut*
> *En tel manière el bois le fist*
> *Riens ne trove qu'il n'oceïst.*

Mas no mesmo romance de Béroul (1338 c.), o arco «d'auborc» (de freixo) é também a arma emblemática do soberano de Tristão, do marido de Isolda, o rei Marco. E dizemos «arma emblemática» com muita razão, porquanto Marco, contrariamente a Tristão, não se serve do seu arco([19]), tal como dele não se serve o Carlos Magno da *Chanson de Roland* (vv. 767 e ss.), também ele titular de um arco-emblema que entrega a Rolando como sinal da sua missão. Arco real (como para Ulisses), arco do caçador isolado na floresta. Esta última passagem é a mais importante da Idade Média. Desejar-se-á uma ulterior prova disso? Nas *Prophécies de Merlin*, uma recolha de finais da século XIII([20]), vêem-se dois cavaleiros: Galeholt, *o Moreno*, e Heitor, *o Moreno*([21]) desembarcam numa ilha deserta mas cheia de animais selvagens e reinventam, de algum modo, a civilização, no seu nível mais baixo. A sua primeira operação é a de fabricar um arco([22]). O arco é assim ambíguo: sinal de queda ou sinal de subida. Melhor ainda, o próprio nome do arco «Qui ne faut» [«infalível»], que o romance de Béroul tornou célebre([23]), é também o da arma usada, segundo Geffrei Gaimar, autor anglo-normando da *Estoire des Engleis* (crónica do século XII), do traidor Eadric, para abater o rei do Wessex, Edmundo II, *o Flanco de Ferro*([24]). O que é legítimo na floresta, diante dos animais selvagens, aquela que pode ser a arma de Tristão não apenas no Morois mas na própria corte de Marco, perante senhores infames que o obrigaram ao exílio, é arma do homem vil no combate aberto, num contexto cavaleiresco.

Um tal texto não é de modo algum isolado, e é fácil fornecer exemplos em que se nos deparam – facto bastante incomum – quer textos de cronistas, quer *chansons de geste*, quer tomadas de posição de clérigos altamente colocados na hierarquia eclesiástica, quer romances corteses. Assim, a crónica latina do notário Galbert de Bruges sobre o assassínio de Carlos, *o Bom*, conde da Flandres (2 de Março de 1127), apresenta-nos o «faquista» Benkin «in sagitando sagax et velox» [«astuto e veloz no atirar flechas»] ([25]), e de igual modo outros documentos em que figuram os arqueiros, entre bandidos e outros «moços selvagens», provenientes da faixa dos marginais e praticando formas inferiores de actividade militar ([26]). As *chansons de geste?* Eis, por exemplo, o *Girard de Vienne*, de Bertrand de Bar, cujos heróis exclamam: «Cem maldições tenha aquele que foi o primeiro a ser arqueiro; foi um cobarde, não ousou aproximar-se». Para estes cavaleiros, ser arqueiro quer dizer tornar-se «moço pastor» ([27]). Em 1139 é o II Concílio de Latrão, que, no seu cânone 29, condena como anátema «a arte assassina e odiosa perante Deus dos besteiros e dos arqueiros; proibimos que sejam usados doravante contra cristãos e católicos» ([28]); eis um texto tanto mais interessante quanto não provém de um ambiente cavaleiresco; o cânone 9 proíbe também os torneios, mas num tom muito diferente. Os romances corteses codificam esta proibição assemelhando a figura do arqueiro à do homem selvagem, ou seja, do signo zodiacal do Sagitário, que é um centauro. Assim, Benoît de Sainte-Maure, no *Roman de Troie*, introduz a figura de um dos aliados de Príamo, personagem «traidor e infame», mas arqueiro infalível: «Não há nada que ele tome de mira que depois não alcance imediatamente. O seu corpo, os seus braços, a sua fronte eram como os nossos, mas nada tem de atraente. Nunca vestiu roupas; era de facto peludo como um animal... Usava um arco que não era de freixo, mas de polpa de cozer fervida [note-se a mudança de matéria], tornada sólida com uma estranha técnica» ([29]).

Permanecemos, até esta altura, essencialmente no âmbito francês e anglo-normando, ou seja, num sector em que a cavalaria impôs as suas regras e os seus valores, os seus modos de vida e as suas formas de pensamento. Mas do mesmo modo que o que valia para a Grécia não era válido para a Índia, também aqui o que vale para a França e a Inglaterra não vale para o País de Gales, onde o arco é, pelo contrário, uma arma nobre. Quer o acaso que possuamos uma versão galesa das aventuras de Yvain, ao mesmo tempo parecida e diversa em relação à de Chrétien, da qual é pouco provável que dependa directamente ([30]). Não se trata, contudo, no seu conjunto, de uma obra inteiramente estranha à civilização cavaleiresca francesa. De facto, todo um livro foi escrito acerca da influência desta, cultura sobre os contos galeses ([31]). Mas, no que se refere ao arco de guerra, a cultura galesa resiste.

O episódio correspondente à «Loucura de Yvain» não inclui o furto e o uso do arco contra os animais selvagens. Pelo contrário, na fortaleza em que a Calogrenant, e depois a Yvain, se deparam um vassalo e uma jovem que estão familiarizados com as armas cavaleirescas, o narrador galês põe os seus heróis na presença de dois jovens que se treinam ao tiro com arcos de marfim [32]. Na *Geste d'Asdiwal* [33] vemos assim variarem os pormenores concretos do mito em função tanto da ecologia como dos hábitos sociais dos povos envolvidos, sem que mude a estrutura do mito.

Mas voltemos ao nosso arqueiro, selvagem e nu, que come os alimentos crus [34]. Mal se completou a sua metamorfose, logo começa a reintegração. Yvain «encontra» um homem que leva uma existência eotécnica: tem uma «casa»; pratica uma agricultura rudimentar, mas que não deixa de implicar uma conquista do mundo selvagem por parte do mundo civilizado: ele «desbravava», isto é, libertava o terreno através da queimada [35], adquire e come pão. Pertence a uma ordem intermédia entre as ordens constituídas da sociedade e do universo bárbaro: é um eremita. Perante Yvain, reconhecido como selvagem por causa da sua nudez [36], o seu movimento é o de retrair-se e esconder-se. Barrica-se «na sua cabana». Entre o cavaleiro asselvajado e o seu parceiro instaura-se um comércio para o qual, como quer o sistema cristão, é a *caridade* do eremita a dar o impulso inicial. O eremita dá ao louco pão, caça *cozinhada*, ou seja, no limite inferior da preparação alimentar. O pão: Yvain nunca comera antes pão «tão duro nem tão áspero», mas apesar disso é para ele um alimento «*désatranprée et desconfite*», com referência a uma fogaça ou bolo de água e farinha, que era alimento principal da Idade Média ocidental. A água é servida a Yvain numa bilha, mas é «*l'aigue froide de fontaine*», ou seja, a água de nascente, água natural de toda a maneira. A caça é cozinhada, mas «sem sal nem pimenta». O poeta assinala assim, umas vezes implicitamente outras explicitamente, ausências, como a do bolo de farinha, a do vinho, a do sal e das especiarias, e em geral a das «maneiras da mesa»: Yvain come sozinho e de algum modo clandestinamente. Em contrapartida, o homem que se tornou selvagem traz ao eremita «veados, corças» e outros «animais selvagens». Este comércio fornece inclusive excedentes que permitem a esta sociedade de facto expandir-se para um circuito comercial externo. O eremita esfola os animais, vende as peles e, com o ganho da venda, adquire «pão de cevada e de centeio sem fermento», que depois oferece a Yvain à saciedade. O comércio, embora reduzido ao mínimo, é feito com uma permuta muda: diante da porta do eremita o cavaleiro louco deixa os corpos dos animais capturados, e o solitário responde deixando lá o pão, a água e a caça cozinhada, numa «estreita janela» da cabana. Comunicam assim, ao mais baixo nível, o mundo da caça e o mundo das terras cultivadas, o cru e o cozido.

Estas oposições – ou melhor, esta oposição – manifestam-se a um duplo nível: entre Yvain e o eremita, *enclave* «cultural» no interior do mundo «natural», e entre Yvain e o seu antigo universo para além da floresta. Yvain escolheu a natureza selvagem, isto é, a floresta e os seus dados imediatos: um sistema de vestuário (roupa rasgada, nudez final), um código alimentar (alimentos produzidos, elaborados e principalmente cozinhados, substituídos por alimentos crus), um mundo mental (a memória humana é substituída pelo ímpeto primário e pela repetitividade da existência selvagem); o que Yvain deixou foi a «cultura», isto é, um sistema social organizado, um sistema económico (produção agrícola: campos, terras trabalhadas, pomares protegidos pelos limites das culturas indicados pelas sebes); um sistema de habitação (tendas, casas, pavilhões) que é substituído pela vida ao ar livre, do mesmo modo que a economia de presa (caça com a ajuda de um arco roubado) substitui a economia agrícola.

Tanto Yvain como o eremita são habitantes da floresta. Ambos são solitários e levam um tipo de vida frugal; mas o eremita sai de tempos a tempos da floresta para encontrar homens «civilizados» (para vender as peles, adquirir pão), vive numa casa tosca, sem dúvida, mas feita pela mão do homem, anda vestido e a nudez de Yvain choca-o, troca em comércio normal peles por pão. Tem, finalmente, um código alimentar, embora rudimentar. Como é que ele cozinha a caça trazida por Yvain? O texto não o precisa. Na realidade não há dúvida de que ele naturalmente a assava. Os amantes de que fala o romance de Béroul, ajudados pelo escudeiro Gouvernal, vivem de caça cozinhada ao lume, sem leite e sem sal [37]. Reencontramos assim, parece-nos, o famoso «triângulo culinário» com o papel mediador desempenhado pelo assado [38], ao passo que o cozido só metaforicamente está presente. Em resumo, o encontro entre Yvain e o eremita é possível porque o primeiro se coloca no limite superior da «natureza» (cujo grau inferior é representado pelo mundo animal e vegetal da floresta), ao passo que o segundo se coloca no nível inferior da «cultura» (cujo grau superior – uma superioridade que, como veremos, é posta em discussão – é representado pela corte e pelo universo dos cavaleiros).

Utilizando aqui, de maneira precária e provisória, os conceitos de «natureza» e de «cultura» – conceitos que, de resto, como foi possível demonstrar, não se apresentam de maneira alguma, de uma forma rígida([39]) –, não queremos afirmar que eles estivessem de modo claro e consciente na mente de Chrétien. A oposição de fundo, que está na base das que evidenciámos, é a que se verifica entre mundo humano dominante e mundo animal dominado, nas duas maneiras em que pode sê-lo, ou seja, através da caça ou então através da domesticação. «Selvagem» é, não o que está fora do alcance do homem, mas o que está nas margens da actividade humana. A floresta *(silva)* é selvagem *(silvatica)*([40]) porque é o lugar dos animais que são caçados, mas também dos carvoeiros e dos porqueiros. Entre os dois papéis assimétricos do estado selvagem e da cultura, o caçador selvagem e louco é um mediador ambíguo. A mesma coisa é, a seu modo, o eremita.

É verdade que o pensamento do século XII reflectiu muito sobre o conceito de natureza, trabalhando a fundo no sentido de uma dessacralização, que foi também o ponto de chegada da arte figurativa: por exemplo, a Eva carnal de Autun([41]). Estado selvagem, matéria, natureza, são três conceitos que se entrecruzam sob diversos aspectos([42]), mas não se identificam. Quando Chrétien joga([43]) na oposição de *Nature* e *Norreture* (o grego diria *paideia*), não é para opor o estado selvagem à cultura, já que há «naturezas» boas (as dos heróis do romance) e «naturezas» más. A «natureza» não se confunde com a animalidade. Em todo o caso, nada de mais normal na literatura cortês que o embate do louco, do homem selvagem (e nem sempre estes dois se identificam), com o eremita – este par deve inserir-se entre outros pares que mereceriam também eles ser estudados de maneira sistemática: o cavaleiro e a pastora, o cavaleiro e a mulher selvagem([44]), a dama e o leproso (de que temos um caso no romance de Béroul); e a lista poderia ser alongada. Nos romances corteses os exemplos são numerosos. Assim, ainda em Béroul, a estada dos amantes (que se tornaram loucos pelo filtro) na floresta de Morois é colocada entre dois diálogos com o eremita Ogrin, o mesmo que guiará o retorno de Isolda à corte de Marco. No *Conte du Graal* de Chrétien de Troyes, Perceval (Parsifal) «perdeu a memória e perdeu-a a tal ponto que já não se lembra de Deus»([45]). É um eremita encontrado na floresta – que depois se descobrirá ser seu tio – que contribuirá de maneira decisiva para dar de novo um sentido à sua aventura([46]). Um romance posterior a Chrétien, *Li Estoire del Chevalier au Cisne* («História do Cavaleiro do Cisne»)([47]), apresenta-nos também um homem selvagem muito mais marcado que Yvain, porquanto apresenta todos os traços do homem selvagem do folclore: em partitular, está revestido de pelagem animal, é recolhido por um eremita e feito cristão, chegando por fim ao apogeu da glória, cavaleiresca. No romance de *Valentin et Orson*, que gozará de imensa popularidade no fim da Idade Média e no dealbar dos tempos modernos ([48]), encontramos uma variante do tema na medida em que Orson, o homem selvagem reeducado, tornar-se-á também ele eremita ([49]). Também aqui valeria a pena estudar sistematicamente o par homem selvagem-homem civilizador (mas vivendo ele próprio uma vida semi-selvagem) ([50]), de que o embate entre Yvain e o eremita representa uma variante significativa. É preciso no entanto procurar compreender bem o alcance deste sinal. Num romance alegórico do século XIII como a *Quéte du Graal* ([51]), um certo número de personagens são autênticos intérpretes iluminados de Deus. Como muito bem viu T. Todorov, os «detentores do sentido constituem uma categoria à parte entre os personagens: são 'peritos', eremitas, abades e reclusos. Como os cavaleiros não podiam saber, também não podiam agir; nenhum deles participará nas peripécias: salvo nos episódios de interpretação. As duas funções estão portanto rigorosamente distribuídas entre as duas classes de personagens» ([52]). Os romances do século XII são, de facto, «simbólicos» no sentido de que os seus autores nos falam do «sen» (sentido) escondido dos seus poemas. Bastará aqui considerar o símbolo como «a atribuição, através de um qualquer meio literário, de um valor intelectual a uma realidade física (objecto, lugar, gesto, etc.) que esta não inclui na língua e no emprego normais» ([53]). Neste sentido o embate entre o homem asselvajado e o eremita é muito «simbólico», mas não esgota todo o «sen» de um romance nem sequer de um episódio, os quais comportam diversos planos de significado. A admirável equivocidade do texto estará talvez no facto de que esse embate seja pura acção, que a permuta não seja, em nenhum momento, dialogada.

Não é fácil definir com alguma precisão aquele conjunto que se pode chamar «homem selvagem» e, dentro desse conjunto, situar o nosso cavaleiro louco. E é, de facto, através das suas representações do homem selvagem que as sociedades humanas definiram a sua relação com outrem. Não é em si mesmo que o homem selvagem interessa às sociedades históricas. O importante são as relações que se estabelecem ao nível das expressões escritas ou figuradas, assim como ao nível das instituições, entre o homem «selvagem» e o seu irmão «civilizado». Corte radical, reversibilidade, construção de séries intermédias, cada cultura tem a sua maneira (ou melhor, as suas maneiras) de classificar os homens. De Enkidu, irmão selvagem do rei mesopotâmico de Uruk, Gilgamesh, a Tarzan e ao Yeti, passando pelo ciclope Polifemo e por

Caliban, a literatura definiu ao mesmo tempo uma concepção do homem perante os deuses, perante os animais, perante os outros homens, que classifica, exclui ou inclui, conforme as épocas e conforme as pessoas([54]). Mas não são só as obras que estão em questão, pois através da personagem do homem selvagem as sociedades organizam também as suas relações com o ambiente próximo ou distante, com o tempo seccionado em estações([55]).

O próprio tema narrativo do homem selvagem, identificado pelos folcloristas, pode ser ponto de partida para outras reflexões; tema ambíguo, pois o homem selvagem figura simultaneamente na categoria dos «auxiliares sobrenaturais» (*supernatural helpers*) – e está então geralmente destinado a reintegrar a humanidade – e na categoria dos adversários mais perigosos – e pertence então ao mundo dos infernos, de que o Polifemo de Homero é um exemplo entre muitos outros ([56]).

Há alturas na história do Ocidente em que as coisas se apresentam – muito relativamente – simples; assim, os homens que conceptualizaram as grandes descobertas geográficas([57]) incluíram os homens novos em dois conjuntos fundamentais: o da animalidade domesticável e o da animalidade selvagem, os primeiros destinados à conversão e ao trabalho, os segundos ao extermínio. É a lição que podemos tirar da literatura de viagens, recordando que Montaigne, tal como o Shakespeare da *Tempestade*, apresentou uma sua leitura crítica cuja ambiguidade é preciso respeitar e saudar: Caliban não é nem simplesmente um animal nem simplesmente um revoltoso do mundo colonial([58]).

A Idade Média é, a seu modo, muito mais complexa, na medida em que conhece a série mais do que as unidades distintas (pense-se nos povos monstruosos, descritos por Plínio e por Ctésias, que os tímpanos das catedrais de Vézelay e de Autun apresentam como tendo acesso à palavra divina), mas ao mesmo tempo sabe demonizar o vizinho mais próximo: a mulher, o pastor, o judeu, o estrangeiro([59]). Para além de eremitas, as florestas medievais estão povoadas de demónios e o homem selvagem pode apresentar-se também na veste de inocente da idade do ouro – como, na *Estoire del Chevalier au Cisne*, os homens que

Rachinetes manjuent et feuilles de pumier
Ne sevent que vins est ne nus autres daintiées.

[comem pequenas raízes e folhas de macieiras, ignoram a existência do vinho e de qualquer outro requinte],

na veste, portanto, de inocentes, sem dúvida, mas também na de Satanás.

O nosso objectivo, naturalmente, não é fornecer uma classificação desse imenso universo. Trata-se antes de uma modesta tentativa para compreender, com a ajuda da análise estrutural, o texto de que partimos, inserindo-o no conjunto de que o extraímos [60], e mostrar como este tipo de análise, nascido do estudo das sociedades ditas «frias», pode integrar-se numa investigação propriamente histórica [61].

No início do romance de Chrétien, a narração de Galogrenant constitui quase um ensaio geral – mas no registo do fracasso – da primeira parte das aventuras de Yvain, a que desembocará no seu casamento com Laudine. Por todo o lado por onde o seu predecessor passou, passará também Yvain, mas este obterá êxito onde o outro fracassou. Ora, o mundo em que Calogrenant se acha comprometido «apenas como um camponês e à procura de aventuras... armado de todas as armaduras como deve estar todo o cavaleiro» (vv. 174-177) está curiosamente organizado no plano espacial, e curiosamente povoado. E está em primeiro lugar, como convém em todo o romance de cavalaria, a floresta, apresentada como o mundo selvagem por excelência: Brocéliande [62]. Floresta abstracta, da qual se não descreve nenhuma árvore:

> *Et tornai mon chemin à destre*
> *Parmi une forest espesse*
> *Molt i ot voie felenesse*
> *De ronces et d'espinnes plainne.*

O cavaleiro orienta-se e orienta-a tomando o lado bom, a direita [63]. A aventura de Yvain levá-lo-á também a ele pelo mesmo caminho, mas com uma *redundância*, muito bem sublinhada pelo poeta,

> *Erra, chascun jor, tant*
> *Par montaignes et par valées,*
> *Et par forez longues et lées,*
> *Par leus estranges et salvages*
> *Et passa mainz félons passages*
> *Et maint péril et maint destroit*
> *Tant qu'il vint au santier estroit*
> *Plain de ronces et d'oscurtez.*

A felonia, o carácter traidor da floresta, dá por fim lugar a um início de ordem que é simbolizado pelo carreiro. A floresta dá acesso a um segundo lugar, muito diferente, que por si não remete nem para a cultura, representada pelo mundo da corte e dos campos, nem para a natureza selvagem; estamos numa estepe (v. 188), uma espécie de para lá do mundo, em que ao herói se depara, no limiar de uma fortaleza, um «vassalo de vassalo» (pequeno nobre), que tem à sua disposição um território próprio a toda a volta (é portanto um caçador, mas um caçador civilizado).

O vassalo, no romance cortês, é o hospedeiro tradicional, e é como hospedeiros que ele e a filha, «uma donzela bela e delicada» (v. 225), tratam os cavaleiros errantes que eles declaram acolher. Um hospedeiro, não um guia; o vassalo explica que o caminho escolhido foi o certo (vv. 204-205) e não dá nenhuma indicação sobre o seu prosseguimento. O fio da narração é aqui como que interrompido. Os traços que caracterizam este para lá do mundo são discretos mas indiscutíveis: junto do guerreiro não há objectos de ferro, tudo é de cobre, metal de valor superior:

Il n'i avoit ne fer ne fust
Ne rien qui de cuivre ne fust[64].

Sinal inequívoco, para quem conhece a tópica dos romances «bretões», é um vergel.

Et plus bel praelet del monde,
Cios de bas mur à la ronde.

Um vergel, «lugar murado, separado do resto do mundo, em que toda a ligação com a vida social, normal, e as responsabilidades que daí derivam, é quebrada»[65]. Um além, enfim, marcado pela tentação sexual, pois que o herói goza da presença da donzela e desejaria não ter de deixá-la nunca (vv. 241-243).

O retorno à floresta leva o cavaleiro[66] a um lugar antitético ao que acaba de deixar. No meio da floresta, deparam-se-lhe «num terreno desbravado touros selvagens, temíveis e dispersos, que lutavam entre si e faziam um grande barulho, com muita altivez e muita bravura» (vv. 277-281)[67], e o narrador não se detém neles. Os touros têm um dono, um «rústico parecido com um Mouro»[68], um boieiro gigante, autêntico homem selvagem, ele sim, no sentido de que não está simplesmente asselvajado, mas que todos os traços do seu rosto, do seu corpo e do seu vestuário são retomados do mundo animal: «Tinha a cabeça maior do que um cavalo de carga ou de qualquer outro animal, cabelos espessos, fronte peluda com mais de dois palmos, orelhas musgosas e do tamanho das de um elefante; e, além disso, sobrancelhas enormes, rosto chato, olhos de coruja, nariz de gato, boca aberta em fauces de lobo, dentes de javali aguçados e avermelhados, barba negra e cabelo desgrenhado; o queixo chegava ao peito e o dorso era longo, com protuberâncias e sinuoso. Estava apoiado no seu cajado e vestido com roupas estranhas que não eram nem de tecido nem de lã, mas constituídas por duas peles de boi atadas ao seu pescoço» (vv. 293-311)([69]). Contrariamente ao vassalo, que não é mais que um hospedeiro, o homem selvagem, o «vilão», esse anticavaleiro, ele, sim, é um guia([70]), é aquilo a que os especialistas da narrativa maravilhosa chamam um auxiliar, e um auxiliar humano. Convidado a exibir a sua identidade e a sua capacidade de dominar os animais *na aparência* absolutamente selvagens – «Por São Pedro de Roma, não conhecem o homem; não creio que na planície ou num pequeno bosque se possa guardar um animal selvagem, a menos que esteja preso ou fechado» (vv. 333-338) –, ele demonstra a sua autoridade sobre os animais e dá prova da sua humanidade, mas com o próprio facto de falar: «E disse-me que era homem» (v. 328). «E assim sou senhor dos meus animais» (334); um dono que, pelo que lhe diz respeito, pode não apenas discutir num plano de paridade com o cavaleiro, mas pode guiá-lo no caminho da descoberta, pode indicar-lhe onde encontrará a fonte mágica que protege o castelo cuja dama é Laudine. E de uma maneira decisiva ele dá um sentido à floresta:

Ci près troveras or en droit
Un santier qui là te manra
Tote la droit voie va,
Se bien viax tes pas anploier
Que tost porroies desvoier:
Il i a d'autres voies mout.

Personagem ambígua, portanto, o nosso boieiro. Ele combina ao mesmo tempo a maior parte dos traços da descrição clássica do homem selvagem medieval, tais como os conhecemos através da arte figurativa e da literatura([71]); certos pormenores, contudo, são discordantes: o domínio técnico (e não mágico) sobre os animais selvagens, o facto de os animais em questão serem recrutados exclusivamente([72]) entre animais ferozes, é certo, mas dentre aqueles que o homem consegue domesticar(⁷³). O homem selvagem não é apenas um habitante da floresta, é o seu senhor. O cavaleiro anda à procura de «aventura ou de maravilha» (v. 366), o «vilão» em contrapartida «nada sabe de aventuras» (368); ele conhece em compensação uma «maravilha», isto é, uma região mágica, e eis-nos introduzidos num novo sector da tópica do *Yvain*.

Este novo espaço pode definir-se, cremos nós, dizendo que combina ao mesmo tempo, mas a nível superior (graças à magia), os três domínios que atravessámos até este momento, os espaços da cultura, da natureza selvática, e do além hospitaleiro e feminino. O centro é constituído por uma fortaleza com uma povoação próxima e rodeada de terras (⁷⁴), cuja defesa contra um eventual inimigo põe inúmeros problemas. O alimento aqui é, naturalmente, cozinhado (não cru), e Yvain pode comer dele:

Chapon en rost
Et vin qui fu de boene grape
Plaine pot, covert de blanche nape...

Esta área feudal, que dispõe das mesmas instituições da corte de Artur (um senescal, numerosos cavaleiros, etc.), está sob a protecção de uma fonte mágica (com uma capela ao lado), obra de alta feitura, bacia que o homem selvagem descrevera como sendo de ferro e que na realidade é de ouro (vv. 386 e 420), escadaria de esmeraldas e rubis. A água, ao mesmo tempo fria e espumejante, provoca, na altura em que se revira, uma tremenda tempestade.

A este mundo de corte, porém, tem-se acesso através de uma sobrenatureza selvática. O vilão di-lo a Calogrenant: «Verás a fonte, toda espumejante e mais fria que o mármore. A árvore mais bela que a Natureza alguma vez formou cobre-a com a sua sombra» (vv. 380-383)(⁷⁵). Quando se trava a luta entre o defensor da nascente, Esclados, *o Vermelho*, e Yvain, Chrétien emprega imagens animais que não tornarão a aparecer na narração dos embates propriamente cavaleirescos, os que opõem dois cavaleiros de igual dignidade. Caça humana e caça animal: Esclados ataca Yvain «como se estivesse a caçar um veado em cio» (v. 814), e Yvain, por seu lado, é comparado a um gerifalte que persegue o grou (v. 882).

Este mundo, por fim, é um mundo de dominante feminina, depois de o cavaleiro ter sido morto por Yvain: e a beleza de Laudine é, tal como a da árvore da fonte, sobrenatural: «Sim, na verdade, juro-o: a Natureza não podia dispensar beleza superior, ultrapassou mesmo a medida. E talvez tenha as suas razões! Como é que isto pode ter acontecido? Donde vem uma tão grande beleza? Deus fê-la com as suas próprias mãos para divertir a Natureza. E esta poderia dedicar todo o seu tempo a tentar imitar semelhante obra que jamais conseguiria chegar ao fim. O próprio Deus, se pensasse em empenhar-se nessa tarefa, não conseguiria fazer de novo coisa igual, apesar de todos os esforços» (vv. 1494-1510). A tentação sexual, que tínhamos encontrado junto do vassalo está tão claramente presente que Yvain, de início ameaçado de morte e salvo pelo anel que torna as pessoas invisíveis, posto à sua disposição por Lunette, casará com a viúva de Esclados e tornar-se-á senhor do castelo.

Mas este mundo, com os seus aspectos (estado selvagem, cultura, cortesia), é também, sob um outro ângulo visual, um mundo desdobrado, e Chrétien sublinha-o continuamente. As características da nascente são sucessiva e alternadamente paradisíacas e infernais: canto maravilhoso das aves e tempestade temível. Yvain descreve ele próprio a ambiguidade da própria situação:

> *Ce qu'Amors vialt doi je amer*
> *Et doit me elle ami clamer?*
> *Oïl, voir, par ce que je d'aim*
> *Et je m'anemie la claim*
> *Qu'ele me het, si n'a pas tort*
> *Que ce qu'ele amoit li ai mort*
> *Donques sui ge ses anemis?*
> *Nel sui, certes, mes ses amis* ([76]).

O que acontece dentro da fortaleza depende ao mesmo tempo do espírito de cortesia, do «delicado amor» e da astúcia mais traiçoeira: é com uma série de mentiras que Lunette acasala Yvain e Laudine. O mundo feminino também ele desdobrado, pois quer a serva quer a senhora condividem de algum modo os seus papéis.

A loucura de Yvain marca a ruptura do herói tanto com a corte de Artur como com o mundo que acabámos de descrever. A maior parte do romance (do verso 2884 ao verso 6808, que é também o último) é consagrada a definir as etapas do retorno de Yvain, curado da sua loucura, ao amor e à posse legítima da sua mulher e do seu domínio. Para dar o seu sentido às páginas que estão antes, é necessário marcar aqui algumas etapas. O momento representado pela loucura é sem dúvida capital. Até à loucura é de algum modo a floresta que representa o mundo selvagem, campo da aventura e da actividade iniciática. Mas a loucura tornou Yvain selvagem e assim o estatuto da floresta apresenta-se mais complexo; o facto é que, para a análise estrutural, não existe uma floresta em si mesma, mesmo dentro de uma obra; a floresta só existe na sua relação com o que não é floresta, e as oposições podem jogar no próprio interior daquilo que se nos apresenta como coisa simples [77].

Quando Yvain, curado com o unguento mágico da dama de Noroison, acorda,

Si se vest
Et regarde par la forest
S'il verroit nut homme venir

a floresta povoou-se efectivamente. A própria presença da dama é um sinal disso, assim como também a proximidade do seu castelo, «tão próximo que a distância não ultrapassava uma meia légua, mais ou menos, segundo a medida das léguas daquela região, onde duas léguas fazem uma das nossas e quatro duas» (vv. 2953-2957).

Na realidade, tudo se passa como se os espaços que a primeira parte do romance tinha tão cuidadosamente distinguido tivessem deixado de estar separados. Nem a floresta, nem a estepe com o seu vergel, nem a corte, nem a fonte mágica são doravante lugares isolados uns dos outros. A corte de Artur integrou de resto o domínio de Laudine [78], e as personagens vão de um espaço para o outro sem ter necessidade de guias misteriosas, sem se sujeitarem a ritos de passagem. É verdade que a floresta continua a existir, e uma donzela, por exemplo, não pode deixar de perder-se,

Si pooit estre an grant esmai
Pucele au bois, et sanz conduit
Par mal tans, et par noire nuit,
Si noire qu'ele ne veoit
Le cheval sor qu'ele seoit.

Mas a rapariga, que faz apelo a Deus e aos seus amigos para que a «tirem daquele mau passo e a levem para algum lugar habitado» (vv. 4851-4852), será guiada para Yvain por vias inteiramente humanas (uma das suas auxiliares é Lunette, que não faz uso algum da magia), e é num «terreno liso e compacto» (v. 5031) que acabará por se lhe deparar o cavaleiro que lhe levará auxílio.

A floresta não é mais que um elemento, e um elemento humanizado([79]) da paisagem; quanto ao mundo selvagem, ele continua a existir e a estada que nele faz Yvain não é destituída de consequências. Na altura da primeira luta que o herói curado, que entrou ao serviço da dama de Noroison, trava contra os cavaleiros saqueadores do conde Allier, Yvain é comparado, alguns versos depois, a um falcão que persegue as cercetas e a um «leão lançado entre os gamos, quando a fome o atormenta e o impele» (vv. 3191 e 3199-3200). Salvo erro, esta metáfora de caça animal é a última que será empregue a propósito do cavaleiro Yvain ([80]). O leão metafórico está de facto para encarnar-se. Yvain, que percorre de novo a floresta, vê lutando duas criaturas do mundo selvagem, um leão e uma serpente, que é quase um dragão, visto que vomita chamas ([81]) (v. 3347). O leão está quase a sucumbir. Se Yvain o vai salvar, arrisca-se por sua vez a morrer. Entre o animal «venenoso e traidor» (v. 3351), cuja imagem tinha um valor muito claro para leitores do *Génesis*([82]), e o animal nobre de que o *Roman de Renart* faz o rei do mundo selvagem, «o animal nobre e franco» (v. 3371), Yvain não tem hesitações. Da refrega o leão sai, apesar de tudo, com a ponta da cauda cortada pela espada do cavaleiro, símbolo bastante evidente de castração, ou em todo o caso de domesticação. O leão reconhecido rende a Yvain a homenagem feudal, será doravante o seu companheiro e até o seu cão (v. 3435). A partir deste momento Yvain será o Cavaleiro com o leão([83]). O leão participará nos seus combates, pelo menos quando as regras da cavalaria, as do duelo entre iguais, não forrem respeitadas ([84]). O facto surpreendente – que no entanto não parece até agora ter sido tomado seriamente em consideração – é que as relações que se estabelecem entre Yvain e o seu leão, a partir do momento em que se constitui a sua associação, reproduzirão as verificadas entre o eremita e o Yvain louco: mas nesta sociedade será evidentemente Yvain a desempenhar o papel do homem([85]). O leão, na realidade, *caça* ao serviço de Yvain: fareja um veado a menos de um *tiro de arco* (v. 3439) – vocabulário característico que recorda o arco do caçador Yvain. Mas é Yvain que esfola a pele do animal, põe a sua carne a *assar* no espeto (desta vez o texto é formal, vv. 3457-3460) e partilha-a com o animal que o acompanha (mas este último apenas recebe os restos). A ausência das «boas maneiras da mesa», e desta vez também do pão (a sociedade não se alarga num circuito comercial), é uma vez mais sublinhada, mas é Yvain e não o leão, evidentemente, que se lamenta do carácter selvagem desta comida: «Esta comida não o alegra de modo nenhum, pois que não tinha pão, nem vinho, nem sal, nem toalha, nem faca ou outro utensílio» (vv. 3462-3464).

De facto, o encontro de Yvain com o leão e a eliminação da serpente puseram fim às ambiguidades que caracterizavam o mundo selvagem na primeira parte do romance. São, sem dúvida, ainda selvagens os seres que Yvain terá de enfrentar, mas doravante são já sem ambivalência[86].

Primeiro que tudo ele salva uma donzela, ameaçada de ser abandonada à prostituição por um «gigante traiçoeiro» (v. 3850)[87], de nome Harpin de la Montagne. E este gigante possui alguns traços característicos do homem selvagem. Armado não de uma espada mas de um bastão (vv. 4086-4198), tem o peito peludo (v. 4217), está coberto com uma pele de urso (v. 4191). É comparado a um touro (v. 4222), e abate-se «como um carvalho que é derrubado» (v. 4238), mas toda a conotação é desta vez diabólica. O combate contra o Maufé [o Maligno], que não tem lugar na floresta mas na planície (v. 4106)[88], trava-se sob o signo de Deus, de Cristo, da Virgem e dos anjos. Yvain ouviu missa (v. 4025), de que aqui, nesta fase do romance, encontramos menção pela primeira vez.

No castelo de Pême-Aventure (a Péssima Aventura), em que Yvain descobre – num cenário em certos aspectos semelhante ao da morada do vassalo hospedeiro[89] – as famosas raparigas prisioneiras destinadas ao trabalho de seda, não é com um diabo metafórico que Yvain, ao lado do seu leão, terá de lutar, pois que há neste castelo «dois filhos do diabo, e esta não é uma fábula, pois nasceram de uma mulher e de um Netun» (vv. 5265-5267)[90]. O combate contra estes seres «feios e negros» (v. 5506) é uma luta contra uma selvajaria diabólica[91]. Yvain, vencedor, poderá ganhar definitivamente o domínio da fonte. O combate que, para chegar a esse resultado, ele terá de travar contra o seu par Gauvain, será uma luta puramente cavaleiresca, que não conhecerá nem vencido nem vencedor. Nenhuma astúcia desleal irá marcar doravante o seu retorno às graças de Laudine, um retorno negociado, sem fazer apelo à magia, por Lunette. Laudine aceitará ajudar o Cavaleiro com o leão – ignorando ela então que se trata do próprio Yvain – a reentrar nas graças da sua dama. Não há neste caso engano mas simples jogo sobre as duas identidades do herói, que doravante constituirão uma só identidade.

O leão, inseparável de Yvain no seu retorno à humanidade, que Laudine se alegra em acolher quando julga estar a ver apenas o Cavaleiro com o leão, desaparece do romance e é absorvido em Yvain quando este último conclui o seu itinerário.

Retomemos pois os personagens que povoam o mundo selvagem do romance de Chrétien [92]. Eles formam, em torno de dois pólos – bem representados pelo leão e pela serpente –, uma escala cromática. Numa extremidade o prestável eremita, na outra a fera-gigante Harpin de la Montagne e os dois filhos do diabólico Netun [93]. Entre os dois, monstruoso mas humano, o «vilão que se parece com um Mouro», a propósito do qual Yvain se pergunta

Comant Nature feire sot
Oevre si leide et si vilainne,

o homem selvagem propriamente dito. Yvain percorre ele próprio todos os degraus da escala, enfrentando uns, ajudado por outros, asselvajado no momento crucial da sua aventura, e assimilando assim esta parte do mundo selvagem de que o perfeito cavaleiro tem necessidade.

Alguns dos códigos que estão na base da narração de Chrétien emergiram claramente no decurso da análise. Mas apenas teríamos prestado um bem pobre serviço ao leitor de *Yvain* se não fornecêssemos o esboço de um confronto entre o romance e a sociedade de que ele saiu e para onde volta. É verdade que o mundo do século XII já serviu amplamente como referente. Mas tratou-se de um emprego por comodidade de demonstração, que nos permitia certas abreviações de passagem e certas confirmações. Mas o papel do arco, o papel do eremita, do homem selvagem, do leão, da serpente, de Deus e do diabo, são dados da narração que podem em última análise ser descodificados sem fazer apelo ao mundo exterior. Resta o facto de que a narração existe e de que, em fase de análise, é precisamente isso que interessa os historiadores [94]. A questão, valha a verdade, é bastante complexa porquanto, na literatura do século XII, dois tipos de obras muito diferentes – tanto para o público a que em princípio se destinam como pela ideologia que lhes está subjacente – nos dão uma imagem do mundo cavaleiresco. É verdade que as *chansons de geste* fizeram o seu aparecimento um pouco antes dos «romances corteses» [95], mas, no século XII, ambos os géneros literários interferem e fazem concorrência entre si [96]. Para os historiadores positivistas do século passado (que têm mais do que um imitador nos dias de hoje), era vital escolher. Assim, Léon Gautier, na sua célebre síntese sobre a *Chevalerie*, decidia peremptoriamente: «Os romances da Távola

Redonda, que aos olhos de juízes com posições previamente tomadas ou superficiais parecem tão profundamente cavaleirescos, podem ser considerados como uma das obras que aceleraram o fim da cavalaria» ([97]). Posto o que, tranquilamente, como esplêndido conhecedor dos textos que era, se punha a descrever a vida dos cavaleiros desde o nascimento até à morte, apoiando-se quase exclusivamente no material fornecido pelas *chansons de geste*, e sem perguntar-se um só instante se tais documentos tinham sido exactamente escritos para transmitir informações e referências infratexto aos historiadores positivistas. Mas nós, historiadores, estamos doravante bem conscientes de que somos mortais e de que seremos tão transparentes para os nossos sucessores quanto os nossos antecessores o são aos nossos olhos. Se não mais, aprendemos pelo menos que os romances, tal como os mitos, e como o resto da sociedade, não são coisas.

«A relação do mito com o dado é certa, mas não sob a forma de uma *re-presentação*. Ela é de natureza dialéctica, e as instituições descritas nos mitos podem ser inversas em relação às instituições reais. E isto verificar-se-á igualmente sempre que o mito procura exprimir uma verdade negativa... As especulações míticas, em última análise, não procuram retratar o real, mas justificar a parte mal cortada em que ele consiste a partir do momento em que as posições extremas aí são *imaginadas* apenas para podê-las demonstrar como *insustentáveis*» ([98]). O que vale para o mito é ainda mais verdadeiro para a obra literária, que há que respeitar em todas as suas articulações sem procurar decompô-la em elementos primeiros, e na qual se reúnem além disso a dimensão ideológica e as opções pessoais do narrador ([99]). E é sem dúvida uma literatura forma degradada do mito, a que Lévi-Strauss classificou sob a etiqueta de «romance-*folhetim*» ([100]). Houve, sem dúvida, romances-*folhetins* entre os romances corteses, mas, vendo as coisas no seu conjunto, este género literário parece testemunhar aquilo que se poderia denominar um projecto ideológico global. Esse projecto, bem definido por E. Köhler ([101]), visa – neste momento da «segunda época feudal», como o denominava Marc Bloch, em que a nobreza se transforma de «classe de facto» em «classe de direito», subitamente ameaçada pelo progresso da autoridade real e pelo desenvolvimento urbano – reinstaurar uma ordem constantemente posta em discussão. O romance, obra escrita e destinada a ser lida, exclui deliberadamente o público misto que escutava as *chansons de geste*. Só as duas ordens maiores, *chevalerie et clergie* ([102]), são comensais do romance. E é o que o autor do *Roman de Thèbes* ([103]) exprime nos versos famosos:

Or s'en tesent de cest mestier,
Se ne sont clerc ou chevalier
Car aussi pueent escouter
Comme li asnes al harper
Ne parlerai de peletiers
Ne de vilains, ne de berchiers.

Clérigos e cavaleiros não estão todavia no mesmo registo. É ao cavaleiro, não ao clérigo, que é proposto o modelo da aventura. Modelo complexo, sem dúvida, ambíguo por natureza, e dentro do qual podem existir as mais vivas tensões: pense-se simplesmente na crítica do *Tristan* que Chrétien faz no *Cligès*([104]); mas E. Köhler deu uma fórmula cujo alcance é geral, quando escreve estas palavras que resumem bastante bem a sua tentativa: «A aventura é o instrumento para superar a contradição que se estabeleceu entre ideal de vida e vida real. O romance idealiza a aventura e confere-lhe desse modo um valor moral, dissocia-a da sua origem concreta, e situa-a no centro de um mundo feudal imaginário em que a comunidade de interesses entre as diversas faixas da nobreza, que pertence já ao passado, parece ser ainda realizável»([105]). O amor cortês, «coisa preciosa, e santa» (*Yvain*, v. 6044), é o ponto de partida e ao mesmo tempo o ponto de retorno de uma aventura que só deixa a corte feudal pelo mundo selvagem para a ela voltar em melhores condições. Entretanto o herói assegurou, como quer o sector clerical, a sua salvação, a salvação pessoal através da salvação dos outros. No centro do romance de Chrétien, o eremita assegura a sua permanência dentro da humanidade, e a dama de Noroison provoca o seu retorno à cavalaria. Quanto ao «vilão», que, depois dos clérigos e dos cavaleiros, representa a terceira das funções em que a ideologia medieval – após tantas outras passadas em revista por G. Dumézil – dividiu o mundo social, é reconhecida a sua qualidade humana, mas a sua fealdade classifica-o.

Se portanto se trata de um mundo imaginário – e reconhecido como tal pelos próprios autores corteses([106]) – é através do estudo dos «deslocamentos», das «condensações», para falar em termos freudianos, ou seja, dos alargamentos e das inversões operadas pelos poetas, que será possível fazer progredir os nossos conhecimentos. É o que se passa, por exemplo, com o problema da iniciação. O cerimonial através do qual os futuros cavaleiros nasciam para a cavalaria, a investidura, é – como de há muito é sabido – um processo iniciático absolutamente comparável com os que conhecemos para inúmeras outras sociedades(¹⁰⁷). Por outro lado, é claríssimo que os romances corteses se deixam facilmente reportar a um esquema iniciático de partida e de retorno(¹⁰⁸). Impressiona, porém, a verificação de que a festa conhecida no campo de batalha ou na noite do Pentecostes por tantos futuros cavaleiros(¹⁰⁹) tem nos romances de Chrétien – para nos limitarmos a eles – apenas um papel extraordinariamente limitado. Está totalmente ausente do *Yvain*, e se está presente no *Perceval* e no *Cligès*, não constitui de modo algum um momento capital da narração. Os cavaleiros que vão para a «floresta de aventura» são cavaleiros após a investidura; o tema da infância, capital na *chanson de geste*, é relativamente secundário no romance cortês. Nos romances, portanto, a iniciação em relação à iniciação «real» apresenta-se desmesuradamente longa, em sentido temporal e em sentido espacial.

G. Duby sugere-nos uma outra aproximação num artigo fundamental(¹¹⁰). Ele põe em evidência a existência e o papel, na sociedade aristocrática do século XII, de uma categoria social particular, a dos «jovens». «O 'jovem'... é um homem feito, um adulto. É introduzido no grupo dos guerreiros; recebeu as armas; é investido. É um cavaleiro... A juventude pode pois ser definida, consequentemente, como a parte da existência compreendida entre a investidura e a paternidade»(¹¹¹), um segmento temporal que pode ser muito longo. E esta juventude é errante, vagabunda e violenta; ela é o «o elemento de ponta da agressividade feudal»(¹¹²), a busca aventurosa – «uma estada longa no mesmo local desonra um jovem» – tem um objectivo, a caça à rapariga rica. «O objectivo do casamento parece na verdade comandar todo o comportamento do jovem, leva-o a pôr-se em evidência no combate, a desfilar nas reuniões desportivas»(¹¹³). Casamento tanto mais difícil quanto os interditos lançados pela Igreja o tornavam muitas vezes quase impossível. G. Duby foi quem fez a aproximação que se impõe com a literatura cortês: «A presença de um tal grupo no âmago da sociedade aristocrática mantém certas atitudes mentais, certas representações da psicologia colectiva, certos mitos, de que se encontram ao mesmo tempo o reflexo e os modelos nas obras literárias escritas no século XII pela aristocracia, e nas figuras exemplares que elas propunham, as quais sustentaram, prolongaram, estilizaram as reacções afectivas e intelectuais espontâneas»(¹¹⁴).

E, de facto, Yvain, esposo da rica viúva Laudine de Landuc, insere-se bastante bem no esquema proposto.

Dêmos pois uma olhadela mais de perto, depois de termos notado desde logo que no *Yvain*, tal como no *Erec et Enide*, o casamento não se verifica *depois* mas *antes* da grande aventura que qualifica o herói. Um certo número de oposições salta aos olhos. Entre os factores da turbulência juvenil sobre os quais G. Duby pôs a tónica, há um certo número de inevitáveis conflitos: conflito com o pai, conflito sobretudo com o irmão mais velho, herdeiro dos bens paternos. Muitos destes jovens são precisamente filhos mais novos, e esta situação contribui fortemente para o seu vaguear. Ora, semelhantes conflitos estão aparentemente ausentes dos romances de Chrétien ([115]). Ou melhor, tudo acontece como se todos os heróis do poeta fossem filhos únicos: é o que se passa com Yvain, com Cligès, com Lancelote, com Perceval, com Erec ([116]). É na *geração anterior* que existem os irmãos e as irmãs; Yvain e Calogrenant são primos-irmãos, ao passo que Erec, Enide e Perceval descobrem tios e tias no decorrer das suas aventuras. É com o seu tio paterno que Cligès entra em conflito pela posse de Fenice, filha do imperador da Alemanha ([117]). Por fim, as aventuras dos jovens são colectivas. São grupos de *juvenes* que, na exposição dos cronistas, fornecem os «melhores contingentes a todas as expedições longínquas» ([118]); ao mesmo tempo que tem de sublinhar-se que a aventura cortês, contrariamente, aliás, à aventura épica, é sempre individual ([119]). Tudo acontece, pois, como se por uma série de mecanismos que seria preciso estudar com precisão (passagem do presente ao passado, do plural ao singular, do masculino ao feminino) o autor do romance cortês reflectisse o real social para dar uma sua interpretação que é muitas vezes uma inversão.

Tem-se no entanto a impressão de que o que está muito presente no *Yvain*, mesmo a um nível inconsciente, é a realidade considerável da evolução económica e social do século XII: queremos referir-nos à transformação da paisagem rural, aos rendimentos senhoriais e clericais, à vida camponesa que apresenta o grande movimento de desbravamento que prossegue já desde o século X e que parece culminar no século XII ([120]).

Pouco antes da redacção do *Yvain*, o poeta normando Wace, no *Roman de Rou*, tinha evocado como um facto do passado longínquo a fonte mágica da floresta de Brocéliande que está no centro da acção do romance de Chrétien ([121]):

Mais jo ne sa ipar quel raison
Lá sueut l'en les fées véeir
Se li Breton nos dient veir
E altres merveilles plusors

> *Aires i selt aveir d'ostors*
> *E de grans cers mult grant penté*
> *Mais vilain ont tot déserté*
> *Là alai jo merveilles querre*
> *Vi la forest e vi la terre*
> *Merveilles quis, mais nes trovai*
> *Fol m'en revinc, fol i alai,*
> *Fol i alai, fol m'en revinc*
> *Folie quis, pout fol me tinc.*

Não podemos evidentemente provar que Chrétien tivesse lido este texto que testemunha tão eloquentemente a dessacralização da floresta desbravada. Mas voltemos ao Y*vain*, já que é o próprio romance que nos fornecerá o maior argumento.

Insistimos na importância de que se revestem, para a interpretação do romance, os três encontros que o herói tem na floresta([122]): o encontro com o homem selvagem que lhe faz de guia, o encontro com o eremita que o salva e o restitui à sua condição humana, o encontro com o leão que ele domestica. Ora, o rústico vilão encontra-se num terreno desbravado (vv. 277, 708, 793), o mesmo se verifica com o leão (v. 3344); quanto ao eremita, ele próprio está em vias de operar o desbravamento (v. 2833)([123]). Por fim, o encontro com Harpin de la Montagne tem lugar depois de o poeta o ter descrito como «cavalgando nas proximidades do bosque» (v. 4096), «diante da porta», sem dúvida, mas «no meio de um plano» (v. 4106), termo que designa habitualmente a terra desbravada de fresco. O único encontro que foge à regra é o que se dá com os filhos do diabólico Netun, mas este é colocado fora de qualquer espaço concreto([124]). Se se deixar agora o mundo selvagem para o mundo mágico, notar-se-á que o uso da fonte comporta em particular como consequência, como bem observou J. Györy, a destruição das árvores do domínio, árvores no entanto admiráveis e quase paradisíacas: «Mas se puder, senhor fidalgo vassalo, farei recair sobre si o mal que me causou o claro prejuízo de que tenho a prova aqui à volta, no meu bosque que está abatido» (vv. 497-501). O tema desaparecerá, pelo contrário, após a narração de Calogrenant. O mundo mágico – e talvez os interesses dos senhores, que nem todos tinham interesse no desbravamento – está aqui em contradição com o mundo selvagem.

O vilão está num terreno desbravado, mas só o eremita faz trabalho de desbravamento e modifica o espaço. Os três personagens são assim ao mesmo tempo semelhantes e diferentes([125]). O papel activo atribuído ao eremita é tanto menos surpreendente quanto corresponde à realidade (os eremitas, muito mais que os monges das grandes abadias, tiveram um papel fundamental nos grandes desbravamentos)([126]). E, sem dúvida, o papel dos «camponeses» não foi menos importante, mas a ideologia do clero opõe-se aqui a que o facto, deplorado por Wace, seja reconhecido no mundo maravilhoso em que se move Chrétien([127]).

O itinerário de Yvain, tal como o reconstruímos com base na análise estrutural, recorta e ilustra vários esquemas históricos. O espaço essencial do terreno desbravado corresponde ao fundamental fenómeno económico dos grandes desbravamentos do século XII. A aventura de Yvain segue os caminhos do grupo dos «jovens» identificado por G. Duby e analisado, nas suas relações contraditórias, com a sociedade em que ele vive, por Erich Köhler. O universo cristão da época está finalmente presente na própria trama da análise, no juízo implícito dado sobre o comportamento cavaleiresco e, mais particularmente, nos pontos críticos de passagem da trajectória de Yvain: uma capela protege a escadaria, o pinheiro e a fonte mágica, onde tudo começa; um eremita mantém Yvain dentro da humanidade; e a recuperação de Yvain efectua-se através de um embate com o mundo diabólico. Para voltar de novo ao universo da cultura, é necessário que este seja entretanto cristianizado, e a própria floresta é toda caracterizada por sinais cristãos.

Paramos aqui a nossa análise; para continuá-la ulteriormente, seria necessário retomá-la a um outro nível, o que o próprio Chrétien explorou no *Perceval*([128]).

NOTAS

(¹) Para esta data e, em geral, para as fontes e a composição do romance, cf. J. Frappier, *Étude sur «Yvain ou le Chevalier au lion» de Chrétien de Troyes*, Paris, 1969, onde se encontrará a bibliografia essencial. Nós utilizamos e citamos aqui, salvo pequeníssimas modificações, a adaptação em francês moderno de André Mary, Paris 1944², não nos tendo sido possível utilizar adequadamente a tradução de Cl. Buridant e J. Trotin, Paris, 1972. A numeração dos versos é a da «edição» (segundo a transcrição de Guiot de Provins) fornecida por Mario Roques: *Les Romans de Chrétien de Troyes*, IV: *Le Chevalier au lion*, Paris, 1967. A melhor edição continua a ser a de W. Foerster, Halle, 1891²; cf. P. Jonin, *Prolégomènes à une édition d'Yvain*, Aix-Gap, 1958.

(²) Remetemos aqui para os estudos com que Cl. Brémond precisou as análises de V. Propp, *Logique du récit*, Paris, 1973.

(³) Esta lei foi muito bem estabelecida por R. Bezzola, *Les Sens de l'aventure et de l'amour (Chrétien de Troyes)*, Paris, 1968², pp. 81-134; cf. também W. S. Woods, «The Plot Structure in Four Romances of Chrestien de Troyes», *Studies in Philology*, 1953, pp. 1-15; J. Ch. Payen, *Le Motif du repentir dans la littérature française médiévale*, Genebra, 1968, p. 385, e W. Brand, *Chrétien de Troyes*, Munique, 1972, pp. 72-3, que retoma claramente as diversas teses sobre o corte entre os dois momentos do *Yvain*. Esquemas comparados da estrutura dos cinco romances de Chrétien podemos encontrá-los no fundamental livro de E. Köhler, *Ideal und Wirklichkeit in der Höfischen Epik*, Tubinga, 1956, pp. 257-64 (foi publicada em 1970 uma segunda edição com um importante apêndice).

(⁴) Edição e tradução inglesa de J. J. Parry, «University of Illinois Studies in Language and Literature», X, n.º 3, Urbana, 1925. Sobre o tema da loucura de Merlim, cf. além disso D. Laurent, «La gwerz de Skolan et la légende de Merlin», *Ethnologie française*, 1, 1971, pp. 19-54. Sobre Merlim homem dos bosques e sobre um personagem análogo da mitologia escocesa recuperada pelo cristianismo na lenda de São Kentigen, cf. M. L. D. Ward, «Lailoken or Merlin Sylvester», *Romania*, 1893, pp. 504-26.

(⁵) Vejam-se os exemplos recolhidos no óptimo estudo de R. Bernheimer, *Wild Men in the Middle Age. A Study in Art, Sentiment and Demonology*, Nova Iorque, 1970², pp. 12-7, que observa com razão: «Para a Idade Média, selvajaria e loucura eram termos quase intermutáveis» (p. 12). Bernheimer evocou naturalmente várias vezes o personagem de Merlim.

(⁶) J. Frappier. *Étude*, cit., p. 19.

(⁷) *Ibid.*, p. 178. Esta psicologização do episódio remonta, em parte, à própria Idade Média. No seu *Iwein*, o poeta alemão Hartmann von Aue imita o romance de Chrétien, do qual dá de algum modo uma interpretação, a qual de resto leva muitas vezes a sublinhar os aspectos estruturais. Ele insiste no entanto no poder do amor cortês, a «Minne», que é tal que uma frágil mulher pode levar um valente guerreiro à loucura: cf. J. Fourquet, *Hartmann d'Aue. Erec-Iwein*, Paris, 1944, e, para um confronto entre os dois poemas e um comentário da obra de Hartmann, H. Sacker, «An Interpretation of Hartmann's Iwein», *Germanic Review*, 1961, pp. 5--26, e M. Huby, *L'Adaptation des romans courtois en Allemagne aux XIIe et XIIIe siècles*, Paris, 1968, em particular pp. 369-70. Devemos muitas indicações sobre o poema de Hartmann a M. Raymond Perrenec, a quem vivamente agradecemos.

(⁸) J. C. Payen vai até ao ponto de confrontar o remorso de Yvain com «o de..., feitas as devidas proporções, Caim, que se esconde no túmulo para fugir à sua má consciência» (*Le motif du repentir*, cit., p. 386).

(⁹) Raramente foram feitas em França tentativas semelhantes; cf. no entanto o estudo de F. Barteau, *Les Romans de Tristan et Iseut*, Paris, 1972. Uma bibliografia recente e algumas páginas de síntese no livro de P. Zumthor, *Essai de poétique médiéval*, Paris, 1972, pp. 352-9.

(¹⁰) Hartmann von Aue sublinha, se acaso fosse necessário, esta oposição entre o mundo dos campos cultivados e o da floresta selvagem, pondo sistematicamente em rima *gevilde* (o campo) e *wilde* (o mundo selvagem), assim, nos versos 3237-3238 (ed. Benecke, Lachmann e Wolff): «ele andava assim, nu, através dos campos *(über gevilde)*, dirigindo-se para lugares selvagens *(nâch der Wilde)*»; o poeta alemão joga igualmente com o parentesco entre *Wilde* e *Wald* (a floresta).

(¹¹) Cf. J. Le Goff, *La Civilisation de l'Occident médiéval*, Paris, 1964, pp. 169-71.

(¹²) Ch. Petit-Dutaillis, *La Monarchie féodale*, Paris, 1971², pp. 140-2, que cita o *De necessariis obseraantiis scaccarii dialogus*, ed. A. Hughes, C. G. Crump, C. Johnson, Oxford, 1902, p. 105. Cf. H. A. Cronne, «The Royal Forest in the Reign of Henri I», in *Mélanges J. E. Todd*, Londres, 1949, pp. 1-23.

(¹³) Cit. por Ch. Petit-Dutaillis, *La Monarchie*, cit., pp. 140-2.

(¹⁴) Este «parque» permanece bastante misterioso. Na versão galesa da descrição das aventuras de Yvain (cf. a seguir, p. 115), o parque é o lugar em que o cavaleiro louco encontra a dama que o há-de salvar. Tratar-se-ia, portanto, de um «paraíso» senhorial.

(¹⁵) Ser-se-ia tentado a dizer que este «moço» muito episódico tenha o seu correspondente feminino, no romance de Chrétien, na pessoa da «donzela selvagem» (v. 1624) que avisa Laudine da próxima chegada ao seu misterioso domínio, no interior de Brocéliande, do rei Artur e da sua corte, pondo assim em contacto Cidade e Floresta.

(¹⁶) *Eracle*, 157-164. Sobre estes problemas, cf. P. Vidal-Naquet, «Le Philoctète de Sophocle et l'Ephébie», *Annales E. S. C.*, 1971, pp. 623-38, retomado em J. P. Vernant e P. Vidal-Naquet, *Mythe et tragédie en Grèce ancienne*, Paris, 1972, pp. 167-84, em part. pp. 170-2.

(¹⁷) Cf. G. Dumézil, *Mythe et Epopée*, vol. I, Paris, 1968, p. 64.

(¹⁸) Sob a direcção de E. Muret e L. M. Defourques, Paris, 1972; trad. em francês moderno de D. Grojnowski, Lausana, 1971.

(¹⁹) É bom precisá-lo, dado que certas versões modernas do *Tristão* (Joseph Bédier, René Louis), que conheceram uma grande difusão, mostram o rei Marco a ameaçar Tristão com uma grande flecha, na altura da famosa cena do «encontro espiado». Nem Béroul, nem Eilhart de Oberg, nem Godofredo de Estrasburgo, nem a «Loucura de Tristão» têm algo de semelhante. A cena, aliás, não consta no que resta da versão de Thomas; cf. J. Bédier, *Le Tristan de Thomas*, Paris, 1902, pp. 198-203, texto instrutivo também para quem quiser saber como se reconstrói ou se fabrica um romance medieval.

(²⁰) Sob a direcção de L. A. Paton, Nova Iorque, 1926.

(²¹) Os seus nomes evocam o do urso.

(²²) *Les Prophécies de Merlin*, ed. cit., pp. 424-5.

(²³) Uma canção erótica de Jean Bretel d'Arras (sob a direcção de G. Raynaud, «Bibliothèque de l'École des chartes», 41, 1880, pp. 201-2) tem como refrão:

«Eu sou o arco infalível»; sobre o tema e a imagem do arco «infalível», cf. M. D. Legge, *The Unerring Bow*, «Medium Aevum», 1956, pp. 79-83.
([24]) Sob a direcção de A. Bell, Oxford, 1960, v. 4392.
([25]) Galbert de Bruges, *Histoire du meurtre de Charles le Bon, comte de Flandre*, sob a direcção de Henri Pirenne, Paris, 1891, p. 59; cf. também pp. 121-2.
([26]) Cf. G. Duby, *Le Dimanche de Bouvines*, Paris, 1973, pp. 103 e ss.
([27]) Sob a direcção de P. Tarbé, Paris, 1850, p. 7.
([28]) R. Foreville, *Latran I, II, III et Latran IV*, Paris, 1965, p. 89.
([29]) Benoît de Sainte-Maure, *Le Roman de Troie,* sob a direcção de L. Constans, vol. II, Paris, 1905, vv. 12354-12374, pp. 231-2; sobre este retrato, cf. A. M. Crosby, *The Portait in Twelfth Century French Literature*, Genebra, 1965, pp. 21-2 e 87.
([30]) *Owein or Chwedgl Iarlles y Ffynnawn*, sob a direcção de R. L. Thomson (com um importantíssimo comentário em inglês), Dublin, 1968; trad. francesa de J. Loth, *Les Mabinogion*, Paris, 1913², vol. II, pp. 1-45. Uma fonte comum é pelo menos verosímil. Para a discussão, fortemente viciada pelos diversos nacionalismos e pelas posições tomadas quer «celtizantes» quer «anticeltizantes, cf., além do comentário de R. L. Thomson, o estudo clássico de A. C. Brown, «Iwain. A Study in the Origins of Arthurian Romance», *Studies and Notes in Philology and Literature...*, Harvard, 1903, pp. 1-147, e Frappier, *Étude*, cit., pp. 65-9.
([31]) Morgan Watkin, *La Civilisation française dans les Mabinogion*, Paris, 1963. Jean Marx, certamente pouco suspeito de minimizar as fontes célticas, também ele reconhece «a influência dos romances e dos costumes franco-normandos» no *Owein* galês (*Nouvelles recherches sur la littérature arthurienne*, Paris, 1969, p. 27, n. 5). Nem um nem outro destes autores prestaram atenção ao papel do arco, respectivamente no *Yvain* e no *Owein*.
([32]) Cf. R. L. Thomson (sob a direcção de), *Owein*, cit., pp. XXX-XXXI. J. Loth, *Les Mabinogion*, cit., p. 6. Trata-se de arcos de luxo, com cordas de nervos de veado e hastes de ossos de cetáceo.
([33]) Cl. Lévi-Strauss, in «Annuaire de 1'École pratique des Hautes Études», Section des sciences religieuses, 1958-59, pp. 3-43 (retomado em *Anthropologie structurale deux*, Paris, 1973, pp. 175-233).
([34]) A dialéctica natureza-cultura, selvagem-cortês, pertence seguramente aos esquemas mentais e literários da época. Num texto quase contemporâneo de *Yvain*, um *exemplum* tirado do Comentário ao *Apocalipse* do cisterciense Godofredo de Auxerre, encontra-se um processo de *aculturação* de uma mulher selvagem quase exactamente inverso do processo de desculturação, de asselvajamento de Yvain. Yvain abandona sucessivamente o espaço e a companhia dos civilizados, o seu sistema de vestuário, o seu código alimentar. Em Godofredo de Auxerre encontramos um jovem que leva atrás de si, trazida de um banho no mar, uma Mélusine que ele faz vestir, alimentar e dessedentar em companhia dos seus parentes e amigos: «Suo nihilominus opertam pallio duxit domum et congruis fecit a matre sua vestibus operiri... Fuit autem cum eis manducans et bibens, et in cunctis pene tam sociabiliter agens, ac si venisset inter convicaneos, inter cognatos et notos» (Godofredo de Auxerre, *Super Apocalipsim*, sob a direcção de F. Gastaldelli, Roma, 1970, p. 184). Cf. G. Lobrichon, «Encore Mélusine: un texte de Geoffroy d'Auxerre», *Bulletin de la société de mythologie française*, 88, 1971, pp. 178-80.

(³⁵) Sobre a importância capital deste último ponto, cf. mais adiante.
(³⁶) Esta nudez é sublinhada cinco vezes, nos versos 2834, 2888, 2908, 3016, 3024; o elenco foi feito por M. Stauffer, *Der Wald. Zur Darstellung und Deutung der Natur im Mittelalter*, Zurique, 1958, p. 79.
(³⁷) *Le Roman de Tristan*, vv. 1285-1296.
(³⁸) Cf. Lévi-Strauss, «Le triangle culinaire», *L'Arc*, n.° 26, 1966, pp. 19-29.
(³⁹) Cf. S. Moscavici, *La Société contre nature*, Paris, 1972, e o que diz o próprio Cl. Lévi-Strauss: «Deve talvez considerar-se que a articulação da natureza e da cultura não reveste a aparência interessada de um reino hierarquicamente sobreposto a um outro que lhe seria irredutível, mas a de uma retoma sintética, permitida pelo emergir de certas estruturas cerebrais que derivam também elas da cultura» (Prefácio à 2.ª ed. de *Structures élémentaires de la parenté*, Paris, Haia, 1967, p. XVII).
(⁴⁰) Sobre a relação *Silva-Silvaticus – Sauvage* [«selvagem»] (alem. *Wald – Wild*) cf. Von Wartburg, *Franzosisches Etymologisches Wörterbuch*, XI, Basel, 1964, pp. 616-21, e sobretudo J. Trier, «Venus, Etymologien und das Futterlauf», *Münsterische Forschungen*, 15, Colónia, 1963, pp. 48-51.
(⁴¹) Cf. M. D. Chenu, «La nature et l'homme. La Renaissance du XIIe siècle», in *La Théologie au XIIe siècle*, Paris, 1957, pp. 19-51.
(⁴²) Um dos mais impressionantes é de ordem semântica. *Silva* é ao mesmo tempo a floresta e a matéria (grego *hylé*), e o pensamento medieval jogou nesta aproximação, que J. Györy, «Le Cosmos, un songe», *Annales Universitatis Budapestinensis, Sectio philologica*, 1963, pp. 87-110, procurou utilizar para explicar o romance de Chrétien.
(⁴³) Cf. P. Gallais, *Perceval et l'initiation*, Paris, 1972, em particular pp. 28-29 e 40-43, cujas conclusões seriam verificadas em pormenor.
(⁴⁴) Cf. M. Zink, *La Pastourelle. Poésie et Folklore du Moyen Age*, Paris-Montreal, 1972, cujas argumentações retomam, em vários pontos, em especial pp. 100-1, as do presente ensaio.
(⁴⁵) *Perceval le Gallois ou le Conte du Graal*, trad. L. Foulet, Paris, 1972, p. 147.
(⁴⁶) Episódio comentado várias vezes no citado livro de P. Gallais, *Perceval et l'initiation* (veja-se o índice: «ermite»).
(⁴⁷) Cf. J. B, Williamson, «Elyas as a Wild Man in Li Estoire del Chevalier au Cisne», in *Mélanges L. F. Solano*, Chapel Hill, 1970, pp. 193-202.
(⁴⁸) Cf. A. Dickson, *Valentine and Orson. A Study in Late Medieval Roman*, Nova Iorque, 1929.
(⁴⁹) *Ibid.*, p. 326. R. Bernheimer, *Wild Men*, cit., p. 18.
(⁵⁰) Pense-se nos Centauros antigos e no seu papel de educadores. O livro já citado de R. Bernheimer constitui um primeiro esboço susceptível de amplos e interessantes desenvolvimentos.
(⁵¹) Trad. A. Béguin, Paris, 1965. Edição sob a direcção de A. Pauphilet, Paris, 1923.
(⁵²) T. Todorov, «La Quête du récit», *Critique*, 1969, pp. 195-214 (nossa citação p. 197). Existe na literatura do século XIII uma leitura alegórica de um episódio de Yvain: Huon de Méry, *Le Tornoiemenz Antecrit*, sob a direcção de G. Wimmer, Marburg 1888. Sobre a passagem do simbolismo à alegoria, veja-se, por exemplo, H. R. Jauss, *La transformation de la forme allégorique entre 1180 et 1240: d'Alain de Lille à Guillaume de Lorris*, in A. Fourrier (sob a direcção de), *L'humanisme*

médiéval dans les littératures romanes du XIIe au XIV ^e siècle, Paris, 1964, pp. 107-144.

(⁵³) P. Haidu, *Lion-Queue-Coupée. L'écart symbolique chez Chrétien de Troyes*, Genebra, 1972; mas remetemos sobretudo para as páginas clássicas de M. D. Chenu, «La mentalité symbolique», in *La Théologie au XIIe siècle*, cit., pp. 159-90.

(⁵⁴) As sínteses centradas sobre uma época são relativamente raras: sobre a Idade Média, cf. a obra já citada de R. Bernheimer, que tem centros de interesse extremamente vastos; citamos também o catálogo compilado por L. L. Möller de uma exposição no Museum für Kunst und Gewerbe de Hamburgo (1963): *Die Wilden Leute des Mittelalters*; W. Mulertt, «Der Wilde Mann in Frankreich», *Zeitschrift für französische Sprach und Literatur*, 1932, pp, 69-88. O. Schultz-Gora, «Der Wilde Mann in der provenzalischen Literatur», *Zeitschrift für Romanische Philologie*, 44, 1924, pp. 129-37.
Para o século XVIII, cf. F. Tinland, *L'homme sauvage. Homo ferus et Homo Sylvestris. De l'animal à l'homme*, Paris, 1968, e M. Duchet, *Anthropologie et Histoire au siècle des Lumières*, Paris, 1972. Naturalmente, a história da antropologia moderna seria ela própria a primeira a ser incluída numa síntese sobre as diversas – e muitas vezes fatais – taxonomias. Este tema de estudo foi objecto, em Maio de 1973, de um colóquio organizado por Léon Poliakov *(Hommes et bêtes. Entretiens sur le racisme*, sob a direcção de L. Poliakov, Mouton, Paris-Haia, 1975).

(⁵⁵) Assim, no Ocidente europeu, pôde distinguir-se um homem selvagem invernal, nu, peludo, assimilado por vezes a um urso e portador de moca, e um homem selvagem primaveril, envolvido de folhas simbólicas, o «Fronzuto» ou Homem de Maio. Sobre os ritos próprios da «captura» do homem selvagem, isto é, da integração das forças que ele representa, cf. A. Van Gennep, *Manuel de Folklore français*, 1.III, Paris, 1947, pp. 922-5; 1.IV, 1949, pp. 1488-1502.

(⁵⁶) Não podemos deixar de remeter aqui para os grandes repertórios de A. Aarne e S. Thompson, *The Types of the Folktale*, II revis., Helsínquia, 1964, FFC 184, t. 502, pp. 169-70 e, para a França, P. Delarue e M. L. Ténèze, *Le Conte populaire français*, vol. II, Paris, 1964, contratipo 502, «l'homme sauvage», pp. 221-7. Sobre o homem selvagem como «motivo» das narrações, cf. S. Thompson, «Motif – Index of Folk Literature», vol. VI (índice), *Wild Animal*, Copenhaga, 1958, e em particular III, F. 567.

(⁵⁷) Não todos, naturalmente; mas trata-se de uma atitude preponderante.

(⁵⁸) Veja-se o belo estudo de R. Marlenstras, «La littérature élisabéthaine des voyages et 'La Tempête' de Shakespeare», in *Société des Anglicistes de l'enseignement supérieur*, *Actes du Congrès de Nice*, 1971, pp. 21-49. Para a leitura da *Tempestade* por parte dos colonizados veja-se, por exemplo, R. Fernandez Retamar, *Caliban cannibale*, trad. franc. de J. F. Bonaldi, Paris, 1973, pp. 16-63.

(⁵⁹) Ao livro, já várias vezes citado, de R. Bernheimer, falta um capítulo sobre o homem selvagem e o diabo.

(⁶⁰) Não é necessário repetir que não damos aqui uma explicação global de Yvain. O que procuramos fazer é pôr em evidência um plano de significado.

(⁶¹) Seria necessário remeter aqui para o conjunto do número especial de *Annales E.S.C.*, Maio-Agosto de 1971, «Histoire et structure».

(⁶²) Sobre a floresta como lugar natural da aventura cavaleiresca, remetemos para o livro já citado de M. Stauffer, *Der Wald*, em part. pp. 14-115 (sobre Brocéliande, cf. pp. 45-53). A pergunta: «As mais belas proezas são as da cidade ou as da floresta?», parece ter sido clássica na Idade Média. A resposta era evidentemente que a «proeza de cidade não vale nada»; cf. Ch. V. Langlois, *La vie en France au Moyen Age*, vol. III, Paris, 1927, pp. 239-40.

(63) P. Haidu sublinhou bem o valor simbólico desta «tópica cristã e moralizante» (*Lion-Queue-Coupée*, cit., p. 37); veja-se, também, a este respeito, uma bela página de E. Auerbach, *Mimesis*.

(64) A. Mary omitiu estes versos na sua tradução.

(65) P. Haidu, *Lion-Queue-Coupée*, cit., p. 38, que se apoia num capítulo do célebre livro de E. R. Curtius, *La Littérature européenne et le Moyen Age latin*, trad. J. Bréjoux, Paris, 1956, pp. 226-47.

(66) Quando falamos aqui de herói, ou de cavaleiro, fazemos referência simultaneamente a Calogrenant e a Yvain.

(67) A nossa tradução tem aqui em conta o texto tal como ele foi estabelecido, de maneira a nosso ver convincente, por F. Bar, *Sur un passage de Chrétien de Troyes* («*Yvain*», vv. 276-285), in *Mélanges I. Siciliano*, Florença, 1966, pp. 47--50. Parece em todo o caso absolutamente excluído, como sabemos após a edição de W. Foerster, que, com o manuscrito de Guiot, se possa ler, no verso 278, «tors salvages, *ors et lieparz*» («touros selvagens, *ursos e leopardos*»), pois que não se torna a falar destes animais selvagens na sequência do texto. O termo *orz*, plural de *ord* (horrível, temível), foi lido *ors* (os ursos), e este primeiro erro trouxe outros consigo. Esta correcção convenceu também os mais recentes tradutores de *Yvain*, C. Buridant e J. Trotin (ed. Paris, 1972, cit., p. IX).

(68) Hartmann retoma este confronto: «Er was einem Môre geliche» (v. 427), mas – pormenor interessante, que sublinha o parentesco de Yvain louco com o homem selvagem – aplica-o também (v. 3348) ao «nobre louco» («der edele tôre», v. 3347). O boieiro, que no entanto não é «louco» no sentido psicológico do termo, é um «walttòr» (v. 440), um «louco dos bosques».

(69) Muitos destes traços, de resto parcialmente provenientes da literatura latina clássica e tardia, constituem um *topos* do romance medieval; cf. A. M. Crosby, *The Portrait* cit. (cf. o índice, «Giant Herdsman»).

(70) Da mesma maneira, a despeito do que diz P. Gallais, *Perceval et l'initiation*, cit., pp. 132-9, a «feia donzela» do *Conte du Graal* (vv. 587-612, sob a direcção de F. Lecot, Paris, 1972), pp. 109-11 da tradução L. Foulet, dá no entanto a Perceval um aviso salutar que será depois completado e corrigido pelo do eremita. O seu retrato é paralelo ao do «vilão».

(71) Cf. sobretudo R. Bernheimer, *Wild Men*, cit., em particular pp. 1-48. Sublinhe-se todavia que a agressividade sexual – outro elemento deste retrato – está aqui ausente. Em compensação, a declaração do personagem a respeito da sua natureza humana é tradicional no *topos* medieval do homem selvagem. Entre as numerosas aproximações que poderiam fazer-se, a que se impõe, porquanto se trata igualmente de um boieiro, também ele auxiliar do herói, é *Aucassin et Nicolette*, XXIV, sob a direcção de J. Dufournet, Paris, 1973. J. Dufournet fez o confronto directo entre os dois textos, pp. 15-16.

(72) Isto na suposição de que o texto adoptado (cf. nota 67) seja o correcto.

(73) O personagem correspondente da narrativa galesa reina sobre verdadeiros animais selvagens: serpentes e felinos; os traços fantásticos são, como é normal nos textos

(74) A menção das terras de cultura está nos versos 1619 e 1808, 2086, 2472.
(75) Esta árvore é um pinheiro e é, juntamente com o grande carvalho do verso 3012 junto do qual Yvain recupera a saúde mental, a única árvore da floresta a ser descrita. O pinheiro é uma árvore de folha perene e por isso é definido como uma árvore que tem algo de mágico (vv. 384-5).
(76) São textos deste género (e há muitos mais) que dão uma certa justificação também à leitura alegórica de Huon de Méry, o qual coloca sucessivamente nos inícios da nascente o Paraíso e o Inferno, e ao estudo moderno de A. Adler, «Sovereignity in Chrétien's 'Yvain'», *Publications of the Modern Language Association of America*, 1947, pp. 281-307, que procura descobrir, ao longo de todo o romance, o conceito filosófico de *coincidentia oppositorum*.

céltícos, muito mais acentuados: assim, ele tem apenas um pé e um olho; cf. J. Loth, *Les Mobinogion*, cit., p. 9. Em Hartmann não há nem felinos, nem ursos, nem serpentes, mas bisontes e uros, ou seja, bois selvagens.

(77) Vejam-se a este propósito as justas observações de T. Todorov, *Introduction à la littérature fantastique*, Paris, 1970, pp. 21-4, que critica *Anathomy of Criticism* de Northrop Frye.
(78) Como afirma E. Köhler, «Le rôle de la 'coutume' dans les romans de Chrétien de Troyes», *Romania*, 1960, pp. 386-97: «Faz-se cessar o mau uso da nascente integrando-a no reino de Artur» (p. 312). Naturalmente tal integração só se faz de facto no fim do romance.
(79) A mudança de sinal é característica dos rituais de iniciação e das narrações que são repetidas nesses rituais ou se substituem a eles; os elementos iniciáticos entram no mundo da cultura; vejam-se a este respeito as justas observações (numa discussão com A. J. Greimas) de A. Margarido, «Proposições teóricas para a leitura de texto iniciáticos», *Correio do Povo* (Porto Alegre), 21 de Agosto de 1971.
(80) Quando Yvain correr o risco de se tornar de novo louco, ele será no entanto comparado a um «javali enlouquecido» (v. 3518).
(81) É um dragão, segundo o «tradutor» alemão de Chrétien. Sobre o significado dos dragões na arte e na literatura medieval, permitimo-nos remeter para J. Le Goff, *Culture ecclésiastique et culture folklorique au Moyen Age: Saint Marcel de Paris et le dragon*, in *Mélanges C. Barbagallo*, Bari, 1970, pp. 53-90, onde se encontrará abundante bibliografia.
(82) A comparação da parte concupiscível do homem com a serpente é um *topos* no século XII. Mas, ao longo de todo o simbolismo medieval, sublinha-se a persistência de uma imagem positiva da serpente, também ela, por sua vez, ambígua (cf. o estudo de J. Le Goff citado na nota anterior).
(83) Sobre o simbolismo do leão e as suas origens (em particular na lenda de São Jerónimo e na narrativa de Ândrocles), cf. J. Frappier, *Étude*, cit., pp. 108-11, e P. Haidu, *Lion-Queue-Coupée*, cit., pp. 71-3; contudo, não cremos de modo nenhum que o leão de Yvain possa aqui encarnar, como sucede muitas vezes na simbólica medieval, a figura de Cristo. Na *Queste del Saint Graal*, sob a direcção de A. Pauphilet, pp. 94-8 e 101-4, Perceval repete a aventura de Yvain com o leão e a serpente, e depois, num sonho, vê duas damas, uma das quais cavalga uma serpente, que é identificada com a sinagoga, e a outra cavalga um leão, que é identificada com Cristo. Os dois sistemas de imagens simbólicas integraram-se assim reciprocamente.

(⁸⁴) Isto foi perfeitamente analisado por G. Sansone, «Il sodalizio del leone e di Ivano», in *Mélanges I. Siciliano*, Florença, 1966, pp. 1053-63. Sobre o mundo oriental e monástico desta amizade, cf. G. Penco, «L'amicizia con gli animali», *Vita monastica*, 17, 1963, pp. 3-10, e M. J. Falsett, *Irische Heilige und Tiere im mittelalterlichen lateinischen Legenden*, Diss. Bonn, 1960.

(⁸⁵) E isto foi bem compreendido por W. Brand, *op. cit.*, p. 78.

(⁸⁶) Não descemos aqui aos pormenores da narrativa, que é muito complexa: Yvain intervém em particular numa disputa entre dois herdeiros; pomos simplesmente a tónica naquilo que constituiu o eixo da nossa pesquisa e que é certamente um dos eixos do romance: as relações de Yvain com o mundo selvagem.

(⁸⁷) O gigante pretende abandonar a rapariga ao prazer dos «garçons», ou seja, dos serventes da mais baixa categoria (vv. 3866, 4110, 4114). Sobre as conotações eróticas do homem selvagem, cf. Bernheimer, *Wild Men*, cit., pp. 121-75.

(⁸⁸) Sobre o sentido possível desta palavra, cf. mais adiante, p. 153.

(⁸⁹) O paralelo é muito notório na narrativa galesa de *Owein* (cf. R. L. Thomson, *Owein*, cit., pp. XXX e LII-LIV). Tanto um como o outro são habitados por 24 donzelas. Em Chrétien o domínio de Pême-Aventure, tal como a morada do fidalgo vassalo, comporta um pomar (vv. 5345, 5355). Tanto um como o outro são caracterizados por refeições sumptuosas consumidas pelos heróis. A tentação sexual está lá, igualmente presente, mas é afastada. Yvain, fiel a Laudine, recusa casar com a filha, também ela «bela e delicada» (v. 5369), que ele libertou. De notar um traço diferencial: ao pé do vassalo não está presente uma esposa. No castelo de Pême-Aventure não se passa o mesmo.

(⁹⁰) «Netun» é o resultado da evolução fonética do nome da divindade latina Neptuno.

(⁹¹) Os filhos de Netun utilizaram uma espécie de moca «revestida de metal e de fio de cobre»; sobre este «bastão cornudo», normalmente proscrito dos combates cavaleirescos, cf. também F. Lyons, «Le bâton des champions dans 'Yvain'», *Romania*, 1970, pp. 97-101.

(⁹²) Falamos dos que estão no mundo selvagem, não dos que apenas o atravessam, como a dama de Noroison, cujo unguento mágico cura Yvain.

(⁹³) De sublinhar que no *Conte de l'homme sauvage*, tal como ele é apresentado e analisado por P. Delarue e M. L. Ténèze (loc. cit.), a polaridade entre o selvagem auxiliar e o selvagem inimigo é perfeitamente marcada. O que se põe em jogo na narrativa é uma criança que libertou um homem selvagem prisioneiro. Ameaçada de morte e exilada no mundo selvagem, ela defronta-se com gigantes, aos quais escapa encontrando refúgio precisamente junto do homem selvagem. A conclusão da narrativa é o regresso da criança e, geralmente, a reintegração do homem selvagem na sociedade. É no entanto clara que esta última sequência é redundante em relação à anterior.

(⁹⁴) Poder-se-ia evidentemente fazer do texto uma leitura antropológica geral fundada na teoria dos ritos de passagem e em particular dos esquemas iniciáticos, mas uma tal leitura não seria da nossa competência nem está nas nossas intenções.

(⁹⁵) Veja-se a prática observação de P. Le Gentil, *La Littérature française du Moyen Age*, Paris, 1972⁴, pp. 24-9.

(⁹⁶) O debate é particularmente bem situado na recolha «Chanson de geste und Höfischer Roman», Heidelberg, 1963 (*Studia Romanica*, 4), em particular nos contributos de E. Köhler, *Quelques observations d'ordre historico-sociologique sur les rapports entre la chanson de geste et le roman courtois*, pp. 21-30, e de H. R. Jauss, *Chanson de geste et roman courtois au XIIe siècle (Analyse comparative du «Fierabras» et du «Bell Inconnu»)*; cf. R. Marichal, *Naissance du roman*, in M. de Gandillac e E. Jeauneau (sob a direcção de), *Entretiens sur la renaissance du XIIe siècle*, Paris-Haia, 1968, pp. 449-82; J. Le Goff, «Naissance du roman historique au XIIe siécle», *Nouvelle Revue française*, n.º 238, Outubro de 1972, pp. 163-73.

(⁹⁷) *La Chevalerie*, nova ed., Paris (s. d.), p. 90.

(⁹⁸) Cl. Lévi-Strauss, *La Geste d'Asdiwal*, cit., pp. 30-1.

(⁹⁹) «Explicar estruturalmente o que pode sê-lo, e que nunca é tudo: quanto ao resto, empenhar-se em captar, umas vezes mais outras vezes menos, um outro género de determinismo que será preciso procurar aos níveis estatístico ou sociológico; os que dependem da história pessoal, da sociedade ou do ambiente» (Cl. Lévi-Strauss, *L'Homme nu*, Paris, 1971, p. 560).

(¹⁰⁰) *L'Origine des manières de table*, Paris, 1968, pp. 105-6.

(¹⁰¹) Em particular na obra magistral que já citámos: *Ideal und Wirklichkeit in der Höfischen Epik*.

(¹⁰²) Cf. E. Köhler, *Ideal und Wirklichkeit*, cit., pp. 37-65.

(¹⁰³) Sob a direcção de G. Raynaud de Lage, Paris, 1966.

(¹⁰⁴) Sob a direcção de A. Micha, Paris, 1970, vv. 3105-3124.

(¹⁰⁵) *Quelques observations*, cit., p. 27.

(¹⁰⁶) Vejam-se a este respeito as justas observações de H. R. Jauss, *Chanson de geste*, cit., pp. 65-70.

(¹⁰⁷) A aproximação entre a iniciação cavaleiresca e os ritos de prova das sociedades «primitivas» foi feita pela primeira vez, tanto quanto sabemos, por J. Lafitau, *Moeurs des sauvages ameriquains comparées aux moeurs des premiers temps*, Paris, 1724, I, pp. 201-56; II, pp. 1-70, 283-8.

(¹⁰⁸) Não é necessário para tal fazer apelo a arriscadas comparações orientais, como faz P. Gallais no seu livro *Perceval et l'Initiation*, cit.

(¹⁰⁹) Para a investidura basta remeter para as páginas clássicas de Marc Bloch, *La Société féodale*, vol. II, Paris, 1940, pp. 46-53 [*A Sociedade Feudal*, Lisboa. Edições 70, 2009²] e para J. Flori, «Semantique et société médiévale. Le verbe 'adouber' et son évolution au XIIe siècle», *Annales E.S.C.*, 1976, pp. 915-40.

(¹¹⁰) «Au XIIe siècle: les 'jeunes' dans la Société aristocratique», *Annales E.S.C.*, 1964, pp. 835-96, retomado em *Hommes et Structures du Moyen Age*, Paris, 1973, pp. 213-26; as nossas referências remetem para a edição dos *Annales*. Cf. igualmente E. Köhler, «Sens et fonctions du terme 'jeunesse' dans la poésie des troubadours», in *Mélanges René Crozet*, Poitiers, 1966, pp. 569 e seguintes.

(¹¹¹) G. Duby, *Au XIIe siècle*, cit., pp. 835-6.

(¹¹²) *Ibid.*, p. 839.

(¹¹³) *Ibid.*, p. 843. Sobre a complexidade das atitudes corteses em relação ao casamento, cf. E. Köhler, «Les troubadours et la jalousie», in *Mélanges Jean Frappier*, Genebra, 1970, pp. 534-59.

(¹¹⁴) G. Duby, *Au XIIe siècle*, cit., p. 844.

(¹¹⁵) Gawain tem um irmão, mas no *Conte du Graal* ele tem o papel de um anti-herói.

(¹¹⁶) Damos estas breves indicações na esperança de convencer alguém a empreender o estudo sistemático das estruturas do parentesco nos romances corteses.

(¹¹⁷) G. Duby, *Au XIIe siècle*, cit., p. 839.
(¹¹⁸) Justas observações a este propósito de J. Frappier, *Chrétien de Troyes. L'Homme et l'Oeuvre*, Paris, 1957, p. 15.
(¹¹⁹) É verdade que há um conflito pela herança no *Yvain*, mas é um conflito entre irmãs, o conflito entre as duas filhas do Senhor de Noire Espine (vv. 4699 e ss.). Yvain restabelecerá nos seus direitos a filha mais nova espoliada.
(¹²⁰) Retomamos aqui e desenvolvemos brevemente uma sugestão de J. Györy no seu já citado artigo dos *Annales Universitatis Scientiarum Budapestinensis*, pp. 107-8. Sobre os desbravamentos enquanto tais, bastar-nos-á remeter para G. Duby, *L'Economie rurale et la vie des campagnes dans l'Occident médiéval*, Paris, 1962, pp. 142-169, e mais brevemente, do mesmo autor, *Guerriers et paysans*, Paris, 1973, pp. 225-36. G. Duby coloca o «momento de plena intensidade do fenómeno» entre 1075 e 1180 (*Guerriers et paysans*, p. 228). Recordamos que esta última data é aproximadamente a do aparecimento do *Yvain*.
(¹²¹) Wace, *Le Roman de Rou*, sob a dir. de A. J. Holden, Paris, 1971, vv. 6372 e ss. O texto é citado e comentado com frequência, em particular par J. Frappier, *Étude*, cit., pp. 85-6, e por M. Stauffer, *Der Wald*, cit., p. 46. Nesta citação, como em outras, acentuámos parcialmente o texto para torná-lo mais compreensivo.
(¹²²) Sublinhamos que a nossa leitura do texto se funda nos encontros do herói com personagens do sexo masculino (incluindo o leão). Uma outra leitura que ponha a tónica nos encontros com as personagens femininas é certamente possível.
(¹²³) Trata-se de um dado próprio de Chrétien. Sejam quais forem as relações entre a narrativa galesa e o romance francês, o texto do *Owein*, que ignora o eremita, coloca sem dúvida o homem selvagem numa clareira, mas situa o combate entre o leão e a serpente numa pequena elevação; cf. J. Loth, *Les Mabinogion*, cit., pp. 9 e 38. Quanto a Hartmann von Aue, a sua interpretação é uma vez mais interessante: Calogrenant chega a uma vasta área desbravada («geriute»), cujo carácter paradoxal é sublinhado pelo facto de não revelar qualquer presença humana («âne die linte», vv. 401-2). O boeiro selvagem está num campo à sua volta («gevilde», v. 981). O eremita não está em vias de fazer o trabalho de desbravamento, mas encontra-se numa área recentemente desbravada («niuweriute», v. 3285). O encontro do leão e da serpente verifica-se numa clareira («bloeze»), o herói chega lá, «através de um grande entrelaçamento de árvores abatidas» (v. 3836-3838). As árvores não parece terem sido abatidas pelo homem, mas de maneira natural e mágica, como depois da tempestade provocada por Yvain.
(¹²⁴) O termo «essart» reaparece de novo no verso 4788, quando a filha mais velha do Senhor de Noire Espine anuncia que não repartirá em nenhum caso com a sua irmã «castelo, nem cidade, nem área desbravada, nem bosque, nem o terreno ajardinando, nem qualquer outra coisa».
(¹²⁵) No artigo que atrás citámos, A. Aldear notará (p. 295) o paralelismo do eremita e do pastor selvagem: «A figura do eremita assume os traços de uma réplica espiritualizada do boieiro».
(¹²⁶) Cf. G. Duby, *L'Économie rurale*, cit., pp. 146-7.
(¹²⁷) Poder-se-ia levar mais longe este estudo, confrontando o *Yvain* com narrativas ou mitos em que o desbravamento desempenha o papel essencial: é o caso da narrativa de Mélusine; veja-se o contributo de E. Le Roy Ladurie no estudo ligado com o de J. Le Goff nos *Annalles E. S. C.* de 1971, «Mélusine maternelle et défricheuse»,

pp. 587-622 – contributo esse republicado em E. Le Roy Ladurie, *Le Territoire de l'historien*, Paris, 1973, pp. 281-300, e em J. Le Goff, *Tempo della Chiesa e tempo del mercante*, cit., pp. 287-318. No folclore autenticamente camponês de Cabília, o desbravador, aquele que «desbasta uma brenha para transformá-la em jardim ou pomar», é nada menos que o sultão Harun er-rechid «promovido aqui a uma categoria quase sobrenatural». Camille Lacoste-Dujardin, *Le Conte kabyle*, Paris, 1970, p. 130.

[128] Veja-se agora o notável estudo de P. Le Rider, *Le Chevalier dans le conte du Graal de Chrétien de Troyes*, Paris, 1978.

O Judeu nos *Exempla* Medievais: o Caso do *Alphabetum Narrationum*

A literatura cristã medieval deixou-nos numerosos tratados e opúsculos dedicados à polémica antijudaica. Em rigor poder-se-ia defender que estas obras se colocavam no campo do debate religioso e que são expressão de um antijudaísmo cristão, que não é anti-semitismo, embora elas tenham alimentado o anti-semitismo crescente do Ocidente medieval cristão [1].

Pode talvez esperar-se obter uma imagem mais quotidiana, mais concreta dos judeus na mentalidade cristã medieval estudando um tipo de documento particularmente interessante: os *exempla*.

O *exemplum* medieval é uma historieta edificante, na maioria das vezes para uso dos pregadores, que gostam de introduzir *exempla* nos seus discursos para que os ouvintes assimilem melhor uma lição salutar. Trata-se portanto de um produto ideológico de largo consumo. Vindo já da antiguidade, quando era empregado sobretudo pelos oradores e nos processos, profundamente modificado pelo cristianismo, o *exemplum* assume formas novas e conhece um enorme sucesso a partir do fim do século XII, no âmbito de uma pregação de tipo novo de que as ordens mendicantes são os principais promotores [2]. O grande período do *exemplum* é o século XIII. Paralelamente – e seria interessante fazer um seu estudo conjunto – narrativas análogas desenvolvem-se na literatura rabínica [3].

O século XIII é, por outro lado, uma época em que mudam profundamente as relações entre judeus e Cristãos [4], o grande período da rejeição das comunidades judaicas por parte da cristandade. Por isso, poderia ser interessante procurar compreender que imagem do judeu era proposta pela Igreja aos cristãos naquele género literário de propósitos tão concretos e de tão grande difusão como o era o *exemplum*.

A nossa pesquisa limitou-se a uma única recolha de *exempla*, mas quenos parece de particular importância, o *Alphabetum Narrationum* ([5]). Compilado no início do século XIV, por volta de 1308-1310, pelo dominicano Arnaldo de Liège, ele recolhe algumas histórias de final feliz, daquele decisivo século XIII. Foi traduzido em várias línguas vulgares, nomeadamente em francês, inglês e catalão. E, enfim, é notável porque adopta um tipo de exposição que o tornava de muito fácil utilização por parte dos pregadores: classificação por «temas» dispostos por ordem alfabética, com um sistema de referências internas que dá ao investigador moderno a possibilidade de identificar o sistema ideológico que está subjacente à obra.

O número dos temas e dos *exempla* varia segundo os manuscritos ([6]). Em média ultrapassa os 500 temas, para pouco mais de 800 *exempla* diferentes, um número que sobe até mais de 3000 para o conjunto das referências internas. Trata-se de uma autêntica enciclopédia prática da religião cristã para uso dos pregadores e, através deles, dos simples fiéis. Estas historietas, aprendidas pelos pregadores na versão latina, eram depois por eles transmitidas aos ouvintes em língua vulgar.

Ao termo *judaeus* é reservado no *Alphabetum* um espaço bastante modesto. Tal tema-vocábulo tem apenas um *exemplum*; mas, graças às referências, o *corpus* dos *exempla* utilizáveis pelo pregador que pretendesse falar dos judeus ao seu auditório sobe a 5 *exempla*.

Os outros *exempla* que podem ser aproveitados para falar dos judeus vêm citados sob os temas *contritio* (1), *crux christi* (1), *crucifixus* (2), *eucharistia* (1).

Eis o resumo das cinco histórias, contadas, aliás, de maneira muito breve.

1. n.º 411 *(Judaeus)*. Os judeus que esperavam o Messias são enganados por um sacerdote.
Um eclesiástico de Limoges engravidara a filha de um judeu. Uma noite, soprando por uma cana junto à parede do quarto dos pais da rapariga, de modo a fingir uma voz sobrenatural, ele faz-lhes crer que a filha está para dar à luz o Messias. Na presença de uma multidão de judeus, a rapariga põe no mundo uma menina, entre muitos sofrimentos. Os judeus ficam confusos com o caso e um deles despedaça a recém-nascida contra a parede.

2. n.º 207 *(Contritio)*([7]). A contrição perfeita liberta por vezes da confusão sobre esta terra.

Na Inglaterra, um cónego, parente do bispo do lugar, seduz a filha de um judeu. A rapariga, estreitamente vigiada pelo pai, só pode passar com o cónego a noite de Sexta-Feira Santa. Mas, na manhã seguinte, o pai descobre-os juntos na cama. Só o medo do bispo o impede de matar o cónego. Com um grupo de judeus, o pai entra na igreja em que o bispo está para celebrar a missa, com a intenção de castigar o seu parente cónego, que participa no ofício divino. O jovem cónego, tremendo, pede a Deus que o salve deste perigo e promete fazer penitência. Os judeus tornam-se miraculosamente mudos. O bispo expulsa-os da igreja. O cónego confessa-se ao bispo e entra na ordem cisterciense, e o mesmo faz a rapariga, depois de ter sido baptizada.

3. n.º 227 (*Cruz*)([8]). Um crucifixo é trespassado pelos judeus.

No tempo de Constantino IV, em Beirute, alguns judeus ultrajam um crucifixo deixado por um cristão na casa de um judeu, do mesmo modo que Cristo fora ultrajado no momento da paixão. O sangue recolhido da ferida infligida à imagem de Cristo cura todos os doentes que com ele são aspergidos. Os judeus, impressionados pelo facto, levam o crucifixo ao bispo da cidade e fazem-se baptizar. O sangue do crucifixo faz numerosos milagres.

4. n.º 228 (*Crux*)([9]). O sinal da cruz tem um grande poder mesmo para os infiéis.

O bispo André de Fundi coabitava com uma religiosa. Um judeu em viagem procura refúgio para a noite num templo de Apolo com uma cruz por protecção. Alta noite, decorre no templo uma assembleia de demónios. Um deles refere como conseguiu embruxar o bispo. O príncipe dos demónios ordena-lhe que leve a obra a cabo, ao mesmo tempo que manda a um grupo de demónios que investigue a identidade da pessoa que está a dormir. Vendo que o homem está protegido pela cruz, começam a gritar e a multidão dos demónios desaparece. O judeu conta tudo ao bispo, que então afasta de si toda a presença feminina e baptiza o judeu.

5. n.º 313 *(Eucharistia)*. A eucaristia, tomada por um infiel, protege-o do fogo.

Um menino, filho de judeus, tendo entrado com alguns companheiros numa igreja dedicada à Virgem, recebe juntamente com eles a Eucaristia. O pai, que veio a sabê-lo, lança-o num forno a arder. A mãe, apavorada, pede auxílio. Alguns cristãos acorrem, lutam contra o fogo e encontram a criança absolutamente indemne. Lançam então à fogueira o pai, que é imediatamente devorado pelas chamas. A criança declara que foi a Virgem que o protegeu com o seu manto contra o fogo. O menino, a mãe e muitos outros judeus convertem-se.

Arnaldo de Liège cita as suas fontes para cada uma destas histórias. Para as narrativas 1 e 2 (n.º 411 e n.º 207) a fonte é o *Dialogus miraculorum* do cisterciense Cesário de Heisterbach (*c.* 1220)([10]). A narrativa 3 (n.º 227) foi tirada de crónicas de que o autor não dá indicação mais precisa (*ex cronicis*). A narrativa 4 (n.º 228) remonta aos *Diálogos* (III, 7) de Gregório Magno (593-4). Finalmente, a narrativa 5 (n. 313) é tirada de uma recolha de milagres da Virgem, o *Mariale magnum*, compilado entre 1187 e 1247([11]). Na realidade é muito provável que Arnaldo não tenha consultado as obras originais onde vai buscar estas histórias; cita-as, mas deve tê-las consultado em versões intermédias, entre quais a versão abreviada do *Speculum historiale* do dominicano Vincenzo de Beauvais (meados do século XIII)([12]), que todavia não menciona.

A primeira coisa que choca é o facto de os judeus – mesmo nos *exempla* que directa ou indirectamente recaem sob o tema «judeu» – não serem os verdadeiros sujeitos do *exemplum:* protagonistas das narrativas são sempre cristãos.

E são-no antes de mais no sentido do protagonista verdadeiro do episódio, da narrativa (seja ela popular ou não). No *exemplum* 411 o protagonista é o eclesiástico enganador. No n.º 207 é o cónego arrependido. No n.º 227 é o crucifixo. No n.º 228 é o bispo. Só no n.º 313 o protagonista é um judeu, mas trata-se de uma criança que, passando da inocência para o cristianismo, escapa de algum modo à sua qualidade de judeu.

É verdade que o género *exemplum* é destinado a cristãos, e, portanto, tudo o que não é cristão nele figura meramente a título de objecto, de instrumento. Mas, para além da lei imposta pelo género literário, encontra-se aqui a atitude fundamental da ideologia cristã medieval, que só se interessa pelos outros, pelos marginalizados e pelos excluídos, na medida em que eles possam servir para a salvação dos cristãos. É o caso do pobre, do pedinte, do leproso, e também do judeu.

Numa das fontes do *Alphabetum*, em Cesário de Heisterbach, o autor cristão mostra dar-se de algum modo conta da injustiça inerente a estas histórias pelo facto de nelas se falar dos judeus apenas como simples objectos e instrumentos, já que a única preocupação é com os cristãos. É verdade que pelo seu lado ele trata quer dos judeus quer dos cristãos. Depois de ter contado a história que constitui o *exemplum* 207 do *Alphabetum,* declara explicitamente que deseja dedicar alguns *exempla* aos judeus *(quia sermo est de judaeis)*([13]).

E depois de ter contado a história do *exemplum* 411 do *Alphabetum,* suscita o espanto do noviço destinatário do seu escrito porque neste caso a rapariga judia, também ela seduzida como na história anterior, não é convertida e baptizada ([14]). O monge narrador, que representa Cesário, responde, um tanto ou quanto embaraçado: «Pode suceder que o eclesiástico não tivesse podido fazê-lo, ou melhor, que não se tenha preocupado com isso, contente mais por ter enganado os judeus que por proporcionar a salvação à rapariga» ([15]). Assim denuncia uma conduta cristã movida não já pela consideração do judeu como sujeito de interesse, mas como objecto de satisfação para o cristão. Um século depois, Arnaldo de Liège já não tem tais escrúpulos e elimina a reflexão final. Tal como desdenha também do *exemplum* seguinte de Cesário, em que o cisterciense conta a história de uma menina judia que um padre baptiza à força e faz entrar num convento cisterciense e que o bispo do lugar ordena que seja liberta e entrega aos pais e à comunidade judaica ([16]).

Há portanto, em última análise, indiferença pela sorte dos judeus nestas histórias. O essencial para os pregadores cristãos é que, graças aos judeus – e como em legítima defesa –, sejam postas em evidência as vias da salvação cristã. Vias essas das quais há que dizer, entre parênteses, que, apesar do esforço de interiorização religiosa que o cristianismo conheceu ao longo do século xii, continuam sobretudo ligadas à concepção de uma religião dos ritos mágicos capazes de trazer automaticamente a salvação.

Num caso está em questão precisamente uma via interior da salvação, o *contritio,* se bem que as circunstâncias em que o cónego é levado a arrepender-se não denotem de facto uma grande profundidade de vida religiosa. Em outros três dos cinco casos é a acção mágica do crucifixo ou do sinal da cruz e da eucaristia que salva o cristão em dificuldade. Neste último caso é interessante observar, para a história das crenças e das suas representações figuradas, que encontramos atestada já pelo menos em meados do século xiii (a data mais tardia possível de composição do *Mariale magnum,* fonte do *Alphabetum*) a devoção à Virgem de Misericórdia. A imagem evocada é muito reveladora da evolução das representações marianas. Trata-se da virgem românica, sentada numa poltrona e com o Menino Jesus ao colo (*in cathedra sedens parvulum gestat in sinu*), que protege (neste caso do fogo) com o seu manto (*pallio suo*). Ora, esta última imagem, que conhecerá um enorme sucesso nos séculos XIV-XV e que habitualmente é posta em relação com a crise do Baixo Império, aparece num contexto cronologicamente anterior e portanto diverso. É interessante notar que, paralelamente, no quadro da oposição igreja-sinagoga, parece ter-se desenvolvido também uma representação da sinagoga de misericórdia ([17]).

Apesar de o sujeito destes *exempla* ser portanto o cristão e não o judeu, continua a ser importante examinar nos *exempla* dedicados aos judeus quais são os termos com que o conceito de judeu é posto em relação. Para o *exemplum* 411 trata-se de *amicitia mala* (amizade depravada) e de *deceptio* (engano). Para o *exemplum* 207 trata-se de *clericus* (eclesiástico), de *amor malus* (amor depravado, idêntico à *amicitia mala*), de *contritio* (contrição) e de *conversio* (conversão). Para o *exemplum* 227 trata-se de *crux christi vel crucifixus* (cruz de Cristo ou crucifixo), de *temptatio carnis* (tentação da carne), de *mulieres* (mulheres), de *demon* (demónio). Para o *exemplum* 313, finalmente, trata-se de *eucharistia* (eucaristia) e de *Maria* (a Virgem Maria). É fácil de notar que o conjunto destes termos se compõe de dois subconjuntos opostos. Um negativo, que compreende as principais encarnações do mal: demónio, engano, mulheres, tentação da carne, amizade ou amor depravados, com uma tónica particular no mal feminino e no mal sexual. É o lado do judeu. O outro, positivo, reúne o eclesiástico, a contrição, a conversão, o crucifixo, a eucaristia e a Virgem, ou seja, os inimigos, os antídotos ou os domesticadores do judeu. Note-se a presença, neste grupo, da Virgem, intercessora nos casos desesperados. Onde os santos já nada podem, a Virgem intervém e salva. O caso do judeu é tão grave que só a Virgem e, *a fortiori*, Cristo, sob a forma do crucifixo, podem resolvê-lo e salvá-lo ([18]).

Sublinhe-se em seguida que nestes *exempla* o embate entre judeus e cristãos (ou a cumplicidade no caso de relações sexuais entre um cristão e uma judia) não é relegado para o plano individual mas envolve as comunidades uma contra a outra, e aqui ressalta em particular a solidariedade das comunidades judaicas. No *exemplum* 411, o parto da rapariga judia, suposta grávida do Messias, completa-se na presença de uma multidão de judeus (*presentibus judeis innumeris*). No *exemplum* 207 é uma festa da comunidade judaica que proporciona aos dois amantes a ocasião para se encontrarem, e é à frente de um grupo de judeus indicados como «os seus» (*cum magno strepitu suorum*) que o pai da rapariga seduzida pelo cónego irrompe pela igreja onde o bispo celebra a missa. No *exemplum* 227 é um grupo de judeus de Beirute, se não mesmo toda a comunidade judaica da cidade, que profana o crucifixo e depois se arrepende e se converte. No *exemplum* 313, perante os cristãos que acorrem para castigar o pai do menino judeu, apresentam-se numerosos judeus (*multi judei*) que, sob o efeito do milagre da Virgem, se convertem. Só o judeu do *exemplum* 228 permanece um indivíduo isolado e, de resto, é desde o início apresentado positivamente, porquanto mesmo antes de ser baptizado se protege com o sinal da cruz. É verdade que a história é tirada de Gregório Magno, e no final do século VI o judeu não estava ainda incluído, aos olhos cristãos, na imagem de uma comunidade colectivamente malvada. Como é definido o judeu colectivo e múltiplo apresentado por estes *exempla*?

Ele é primeiro que tudo o homem do erro, da falsidade religiosa. Faz parte dos infiéis, como o atestam os *exempla* 228 (*crucis signum magnam habet virtutem etiam in infidelibus*) e 313 (*eucharistia sumpta ab infideli*). Tratando-se de pessoas do erro, é portanto não apenas normal mas justo e recomendável enganá-los, fazer deles vítimas de uma *deceptio* e esmagá-los sob a vergonha de terem de confessar o erro em que vivem, lançá-los na *confusio*. Nos dois casos mais claros, os das raparigas judias seduzidas, volta o tema do enganador-enganado. Percebe-se aqui até que ponto a literatura narrativa popular, de que o género do *exemplum* está com frequência muito próximo, inspirou os *exempla* sobre os judeus. Neste mundo da astúcia, o *trickster* é justificado. E é significativo que em ambos os casos o *trickster* seja um eclesiástico. Embora num primeiro tempo se tenha a impressão de que se trata de um eclesiástico indigno, de um infame sedutor e por vezes com singulares circunstâncias agravantes (acto carnal em Sexta-Feira Santa, mofa da virgindade e da concepção do Messias), ele revela-se no fim como o triunfador, como aquele através do qual o malvado é punido. Nem é indiferente o facto de este eclesiástico triunfador, antes de sê-lo no plano religioso, o tenha sido no plano sexual. É o sedutor não desprezível mas glorioso. Encontra-se aqui, numa situação particularmente «sobredeterminada», o tema essencial de um outro género literário cristão da Idade Média: o debate do clérigo e do cavaleiro em que o clérigo afirma a sua superioridade sobre o cavaleiro considerando os seus sucessos femininos, uma vez que ele é preferido pelas mulheres.

Se descermos mais fundo na análise da imagem do judeu que estes textos nos oferecem, vemos aparecer a figura do judeu impuro, profanador do espaço sagrado cristão.

Profanador do espaço, ele é-o antes de mais no sentido literal. Foi penetrando numa casa em que encontram um crucifixo que os judeus de Beirute deram início ao seu sacrilégio. Foi irrompendo pela igreja dentro enquanto o bispo celebrava a missa que os judeus do *exemplum* 207 invertem a situação em seu prejuízo, acabando por ser travados e privados da palavra por milagre divino. Foi numa igreja que o menino judeu entrou, embora na sua inocência o não tenha feito para profanar a hóstia cristã mas, pelo contrário, para ser bafejado pela sua virtude. Profanador sobretudo do espaço sexual da comunidade cristã. Por uma estranha inversão de juízo, as raparigas judias seduzidas pelos eclesiásticos cristãos, que profanam, eles sim, o espaço das casas dos judeus e o corpo das jovens judias, são – pela sua diabólica beleza – consideradas as sedutoras dos cristãos tentados.

Em última análise, estes textos parecem-me característicos não apenas da atitude fundamental da Igreja em relação aos judeus, mas também de um momento da história das relações entre judeus e cristãos, características daquele século XIII em que o antijudaísmo cristão está em vias de deslizar para o anti-semitismo.

Esquematizando um pouco as coisas, parece-me que antes do final do século XII, apesar dos *pogrom* que tinham marcado o início do século XI e sobretudo apesar das primeiras cruzadas, as permutas e os contactos recíprocos entre judeus e cristãos eram bastante habituais. É sabido que o movimento de segregação dos judeus, que começa em fins do século XII, se manifesta em particular com a proibição aos leigos de discutir acerca da fé com os judeus. Uma reacção tipicamente clerial, mais do que cristã, esta, pela qual os iletrados *cristãos* são atingidos do mesmo modo que os próprios judeus. E na altura em que a Igreja teme a heresia e o judaísmo entre os leigos não suficientemente independentes, proíbe aos leigos cristãos a leitura da Bíblia em língua vulgar, assim como a pregação – factor decisivo da condenação dos valdenses. Em Paris, por exemplo, o bispo Eudes de Sully (1196-1208) proíbe aos leigos e aos padres «iletrados» discutir acerca da fé com os judeus. Os nossos *exempla* fornecem-nos uma ilustração negativa desta evolução. Um *exemplum* do *Dialogus miraculorum* de Cesário de Heisterbach, o que apresenta o caso da menina judia convertida à força e obrigada a ir para o mosteiro, começa com a seguinte observação: «Um eclesiástico de nome Reinier, capelão do duque de Lovaina, tinha o hábito de entrar na casa de um judeu desta cidade e de discutir com ele acerca da fé cristã» ([19]). Este *exemplum* não foi retomado por Arnaldo de Liège, que no entanto manteve os dois *exempla* de Cesário que o precedem.

É verdade que, como o recorda o jesuíta Peter Browe, o Messias continua a ser no século XIII o pomo da discórdia nas disputas teológicas entre judeus e cristãos ([20]) e o nosso *exemplum* 411, com o seu aspecto tragicómico, dá testemunho disso mesmo. Mas a substância do desencontro está agora noutro campo, e não no plano teológico.

A noção cristã do judeu como impuro passa para primeiro plano, e o que se afirma cada vez mais é a vontade da Igreja de proibir os contactos e as permutas entre judeus e cristãos e de pôr fim a toda a situação em que os judeus se encontrassem em posição de superioridade em relação aos cristãos ([21]).

Um dos primeiros factores de agravamento do anti-semitismo cristão é o crescimento urbano. Na cidade, lugar de contacto e de permuta, a promiscuidade acentua-se e a Igreja esforça-se por impedir que o cadinho jogue a favor de uma mistura judeo-cristã. Pela primeira vez, fazendo fé na documentação disponível, é realizado um inquérito, por volta de 1233, na diocese de Lincoln, para saber onde residem os judeus e verificar que não esteja em curso uma mobilidade do *habitat* judaico que possa contaminar o *habitat* cristão. A pergunta 42 desse inquérito é do seguinte teor: *an judei morentur alicubi ubi nonconsueverunt morari?* ([22]). E de modo particular é condenado o emprego por parte dos judeus de criados cristãos – duplo escândalo, porquanto introduz os cristãos dentro do espaço privado judaico e ainda por cima em condições de inferioridade, de dependência.

Um segundo factor é o desenvolvimento da economia monetária ligada ao crescimento urbano. O empréstimo a juros a título privado, caso particularmente escandaloso de usura que torna muitos cristãos devedores de judeus, é igualmente insuportável para um cristão aos olhos da Igreja porque, além da dependência económica, verifica-se uma acumulação de impurezas para o cristão – impureza por causa do judeu e impureza por causa do dinheiro.

Os tabus que o cristão corre o risco de violar por causa dos judeus, e cujo respeito deve impor um rigoroso *apartheid*, são mais precisamente os que se referem ao corpo, ao código alimentar e aos líquidos sagrados.

Tabu do corpo. Uma das bases do desprezo cristão pelos judeus é o facto de se tratar de uma comunidade que, segundo a tripartição funcional dita «indo-europeia», é essencialmente uma comunidade da terceira função. Marginalizada das duas primeiras funções, a do poder e a da força, porque constituída por infiéis, ela inscreve-se inteiramente na função de fecundidade e de prosperidade que define o terceiro âmbito, o da economia, da saúde. Ora, as outras funções do judeu estão ligadas a esta função: é o comércio do dinheiro e da medicina. Que os judeus eram condenados como usurários, é verdade e é bem notório; aquilo em que se pensa menos, realmente, é que o seu papel de primeiro plano na medicina não os torna menos suspeitos aos olhos da Igreja.

Tabu do corpo, *tabus alimentares*. O primeiro é o da carne e do sangue [23]. As normas do século XIII proíbem rigorosamente aos cristãos que adquiram em talhos judaicos a carne não consumida pelos próprios judeus, e que os cristãos consideram ao mesmo tempo como carne contaminada de sacrilégio e sanguinolenta, e constituída por restos. O nosso pequeno *corpus* de textos não fala de sangue a não ser uma única vez. Mas de notável interesse. No *exemplum* 207 a rapariga judia seduzida pelo cónego indica a este último como noite propícia para os seus amores a noite de Sexta-Feira Santa, pois que, diz ela, naquela noite pode escapar à estreita vigilância do pai. «Naquela noite, precisa a rapariga, os judeus estão ocupados a sofrer um fluxo de sangue» (*fluxum sanguinis patientes*). A expressão faz antes de mais alusão ao boato que circulava entre os cristãos segundo o qual os homens judeus – do mesmo modo que as mulheres – estavam sujeitos aos fenómenos menstruais. O judeu é aqui ligado a uma outra vítima da mentalidade cristã medieval, a mulher, impura à partida por causa da sua sujeição à contaminação do sangue menstrual [24]. Mas poderia haver aqui também uma alusão ao sangue das crianças que, como pretendiam as acusações dos cristãos, os judeus costumavam sacrificar, em particular precisamente naquela noite [25].

Outros líquidos contestados entre judeus e cristãos: o vinho e o leite.

É proibido aos cristãos adquirir vinho dos judeus, os quais provavelmente tinham adquirido uma posição de favor no mercado do vinho, e sobretudo é proibido aos padres adquirir dos judeus – cúmulo do escândalo – vinho de missa, uma prática ao que parece relativamente espalhada.

No que se refere ao leite, o que é visado pela normativa eclesiástica é a posição das amas cristãs junto de famílias judias e das amas judias junto de famílias cristãs. Esta permuta do leite das amas é igualmente um escândalo que tem de acabar. No código alimentar é reservado um lugar à parte àquele alimento singularíssimo que é a eucaristia. Aqui também se dá conta de que o judeu que se dedica à produção das hóstias está no declive que o levará à acusação de profanação e finalmente de deicídio em que o tabu do sangue mais sagrado é violado. Mas com os nossos *exempla* não estamos ainda nesse ponto. O profanador é apenas uma criança inocente, e a eucaristia consumida por ignorância e por brincadeira trará salvação. Tabu do sangue do corpo divino que reencontramos no *exemplum* 227 em que os judeus de Beirute profanam o crucifixo.

Finalmente, a acção da Igreja concentra-se de maneira muito particular no campo das relações sexuais. O mais grave dos tabus é o do esperma. Os nossos *exempla* fornecem-nos aqui testemunhos particularmente significativos. A referência à endogamia, tornada particularmente necessária pela frequência das relações em ambiente urbano, manifesta por outro lado a conduta ambígua dos cristãos em relação aos judeus em matéria sexual. É a mistura de repulsão/atracção característica das sociedades racistas, em que as relações sexuais intercomunitárias são a pedra de toque das atitudes de *apartheid*.

A sociedade cristã do século XIII, que inaugura a estrela amarela para os judeus e desemboca nas práticas de encerramento no gueto, tem portanto uma atitude ambígua em relação ao judeu.

A sua palavra de ordem, o seu objectivo, não é ainda a exclusão nem a destruição. É a conversão, mais ou menos forçada. Todos os nossos *exempla* estão orientados para a conversão, «fim feliz» comum de todas estas historietas. É esse o melhor serviço que o judeu pode prestar ao cristão. A conversão do judeu – ainda que obtida através da irrisão e da vergonha – constitui mérito para o cristão, uma das vias de salvação a que os *exempla* devem conduzir.

O século XIII parece ter sido precisamente a época culminante do esforço cristão de conversão dos judeus. Atitude tradicional da Igreja, mas também atitude conjuntural. O século XIII é um século missionário. E o grande instrumento da missão é a pregação com as suas séries de *exempla*. Não podendo alimentar com eles os judeus, alimentavam-se os cristãos com a esperança de chegar por esta via indirecta à conversão do judeu. O século XIII é também um século escatológico em que, de Joaquim da Fiore aos espirituais franciscanos, de Frederico II a São Luís, a cristandade se prepara para o Anticristo, portanto para o Milénio, portanto para o fim dos tempos. Ora a conversão dos judeus tem de preceder o cumprimento dos tempos. A tarefa é urgente e essencial.

É sem dúvida por causa deste horizonte que os judeus são vilipendiados nos nossos *exempla*; mas fazem neles mais figura de infelizes e de ridículos do que de verdadeiramente odiosos. Arnaldo de Liège repescou até, passe a expressão, o judeu com o sinal da cruz de Gregório Magno, judeu esse que acaba por ser assim um cristão sem ter consciência disso. Se os judeus propostos pelos pregadores aos ouvintes cristãos são terreno de caça para o baptismo, não há que denegri-los demasiado. O baptismo pode salvar os desorientados, os ignorantes, mas não os demónios. Contudo, por detrás desta vontade de gerir uma imagem do judeu capaz de salvação encontram lugar as imagens, as mentalidades, as práticas de uma cristandade que, perante o fracasso da conversão e quando se afastar o horizonte escatológico, terá já pronto o seu *dossier* para passar da polémica à guetização e à perseguição violenta.

NOTAS

(¹) Sobre o anti-semitismo (ou antijudaismo!) medieval, da abundantíssima bibliografia existente citemos primeiro que tudo Léon Poliakov, *Histoire de l'antisemitisme, II. De Mohamet aux Marranes*, Paris, 1961. E depois: M. Lifschitz-Golden, *Les Juifs dans la littérature française du Moyen Age*, Nova Iorque, 1935; J. Parkes, *The Jew in the Medieval Community*, Londres, 1938; J. Trachtenbert, *The Devil and the Jews*, Yale, 1943; J. Katz, *From Exclusiveness to Tolerance. Studies in Jewish-Gentile Relations in Medieval and Modern Times*, Oxford, 1961; B. Blumenkranz, *Les auteurs chrétiens latins du Moyen Age sur les Juifs et le judaïsme*, Paris-Haia, 1963; *id.*, «Anti Jewish Polemics and Legislations in the Middle Ages, Literary Fiction or Reality», *Journal of Jewish Studies*, XV, 1964, pp. 125-40; I. Shachar, *The Judensau. A Medieval Anti-Jewish Motif and Its History*, Warburg Institute Surveys, Londres, 1974; G. Langmuir, «Prolegomena, to Any Present Analysis of Hostility against Jews», *Informations sur les sciences sociales*, XV, pp. 689-727.

(²) Sobre o *exemplum*: J. Th. Welter, *L'exemplum dans la littérature religieuse et didactique du Moyen Age*, Paris-Toulouse, 1927; H. Pétré – R. Cantel – R. Ricard, art. «Exemplum», in *Dictionnaire de Spiritualité*, IV, 2, Paris, 1961, col. 1885-1902; R. Schenda, «Stand und Aufgaben der Exemplaforschung», Fabula, 10, 1969, 69-85. Sobre a concepção do *exemplum* medieval propriamente dito a partir de fim do século XII, cf. Cl. Bremond, J. Le Goff, J. Cl. Schmitt, «L'exemplum», fascículo de recente publicação da *Tipologie des Sources du Moyen Age occidental*, ed. L. Génicot, Turhout, 1981. A utilizar com cautela F. C. Tubach, «Index exemplorum. A Handbook of Medieval Tales», FFC, vol. I, XXXVI, n. 204, Helsínquia, 1969. Este Index contém 48 *exempla* consagrados aos judeus (*Jew, Jewess, Jews*) contra – para darmos um ponto de confronto – 51 dedicados aos hereges.

(³) Cf. M. Gaster, *The Exempla of the Rabbis*, Leipzig, 1924.
(⁴) Cf. S. Grayzel, *The Church and the Jews in the XIIIth Century*, Filadélfia, 1933.
(⁵) Este texto é estudado, no âmbito do grupo de antropologia histórica do Ocidente medieval da École des Hautes Études en Sciences Sociales, por Colette Ribaucourt, a quem agradeço vivamente pela transcrição dos *exempla* aqui examinados e pelas preciosas informações que me deu. Uma equipa italiana, sob a direcção de Alessandro Vitale Brovarone, da Universidade de Turim, está a preparar a edição deste manual.
(⁶) O manuscrito da Biblioteca Nacional de Paris (novas aquisições latinas 730), estudado de maneira particular por C. Ribaucourt, compreende 555 temas na lista, 537 no texto, 819 *exempla*, e, pelo conjunto das referências internas (introduzidas no fim de cada rubrica com as palavras *Hoc etiam valet ad...*), ainda mais 3144.
(⁷) 207. Contritio perfecta liberat aliquando a confusione temporali. *Cesarius.* In Anglia, quidam clericus majoris ecclesie canonicus et episcopi consanguineus quamdam puellam speciosam judei filiam ad amorem suum inclinavit. Dicente autem illa quod in tantum diligebatur a patre suo et custodiebatur quod simul non possent convenire nisi in nocte parasceves quia tunc judei fluxum sanguinis patientes circa illa[m] minus occupantur, illa ergo nocte canonicus immemor passionis dominice venit et usque ad matutinum cum ea dormivit. Pater vero cubiculum intrans vidensque ad latus filie virum cogitavit [eum] occidere. Cognoscens autem quod esset cognatus episcopi hoc facere timuit et cum multa ira exclamavit: quid facis o male christiane? ubi est fides tua? Traditus es justo Dei judicio in manus [nostras]. Si non timerem dominum episcopum statim te interficerem. Et cum magna confusione de domo ejectus [est]. Cum episcopus eodem die scilicet [sabbato] sancto missam esset celebraturus et iste tanquam ebdomadarius epistulam lecturus timuit tanto die alteri officium suum committere [propter votum] timuit se cum tanto peccato sacris ingerere timuit eciam peccatum confiteri. Victus tamen erubescentia et sacris vestibus indutus cum staret ante episcopum ecce predictus judeus cum magno strepitu suorum ecclesiam ingreditur episcopo de cognato sua querimoniam facturus. Quod intelligens juvenis tremens et pallens dixit in corde suo: Domine Deus libera me in hac hora at ego tibi promitto quod de hoc peccato satisfaciam et de cetero te non offendam. Admirans episcopus quid in ecclesia vellent judei e maxime tali die jussit eos stare. Illi autem mox ut ora ad accusationem clerici aperuerunt virtute divina obmutuerunt. Videns episcopus ora judeorum contra se hyanta et nullum verbum resonantia putans ut ad hoc venissent ut divinis misteriis illuderent cum indignatione omnes expelli jussit. Clericus in se divinam expertus clementiam peccatum suum episcopo confessus est et postea ordinem cysterciensem intravit et puella baptizata claustrum sanctimonialium ejusdem ordinis [intravit]. Hoc valet / ad clericum / amorem malum / judeum / at conversionem (f 52r – v).
(⁸) 227. Crux Christi vel Crucifixus. *Crucifixi ymago a judeis vulneratur. Ex Cronicis.* Tempore Constantini quarti in Syria civitate Berico judei ymaginem crucifixi invenientes [intus] in domo cujusdem judei relictam ibi a quodam christiano qui ibi manserat eam injuriose deposuerunt et omnia obpropria que judei christo intulerunt illi ymagini inferebant conspuendo, convitiando, percutiendo manus et pedes clavis affligendo acetum et fel porrigendo. Tandem latere ejus aperto exivit de eo sanguis et aqua. Quod illi supposita ampulla suscipientes omnes infirmos

hoc sanguine aspersos sanabant. Unde tandem compuncti judei ymaginem et sanguinem ad episcopum civitatis tulerunt et in Christum credentes ab eo baptizati sunt et de sanguine ad [longinquas] regiones delato multa miracula fiebant. Hoc etiam valet / judeos (f 58 v).

(⁹) 228. Crux Christi-Crucifixus. Crucis signum magnum habet virtutem etiam in infidelibus. *Gregorius*. Andreas Fundane civitatis episcopus dum quandam sanctimonialem secum habitare permitteret procurante dyabolo de ea dicta quadam [nefanda] cogitavit. Quidam vero judeus iter faciens nocte superveniente non habens ubi declinaret et in quodam templo Appollinis illa nocte mansit licet autem fidem crucis non haberet signo tamen crucis se munivit. Et ecce media nocte turba demonum et eorum [princeps] in medio sedens a singulis de eorum actibus inquirebat. Cum ergo singuli exponerent quid egissent unus in medium prosilivit dicens se deinde episcopum temptatum de illa muliere quasi blandiendo alapam in tergo dedisse. Tunc princeps eum commendans hortatus est eum ut perficeret quod ceperat precepitque ut inquirerent quis esset que in illo templo jacere presumpsisset. Missi igitur cum eum crucis mysterio signatum viderent exclamaverunt. ve. ve. vas vacuum sed signatum. Ad hanc vocem turba illa disparuit. Judeus autem episcopo omnia retulit. Qui vehementer ingemiscens omnem mulierem a se abjecit et judeum baptizavit. Hoc etiam valet / ad judeum et / ad temptationem carnis et / ad mulieres et / demonem (f58v).

[A transcrição destes *exempla* é feita segundo o ms. BN Paris, novas aquisições latinas 730. Os parêntesis quadrados indicam as correcções efectuadas quer por mor da correcção, quer com base em confrontos com outros mss. da BN Paris (lat. 12402, lat. 14255 e 15913)].

(¹⁰) *Dialogus miraculorum*, ed. Strange, Colónia, 1851, p. 246.

(¹¹) Cf. E. F. Wilson, *The Stella Maris of John of Garland*, Cambridge (Mass.), 1946, pp. 36 e ss., e H. Barre, «L'énigme du 'Mariale Magnum'», *Ephemerides Mariologiae*, XVI, 1866, pp. 265-88.

(¹²) Cf. Vincent de Beauvais. Orientação bibliográfica. *Spicae Cahiers de l'Atelier Vincent de Beauvais*, vol. I, Paris, CNRS, 1978, pp. 6-29. J. Lusignan, *Préface au Speculum maius de Vincent de Beauvais: réfraction et diffraction*, Montreal-Paris, 1979.

(¹³) *Dialogus miraculorum*, vol. II, p. 23, ed. Strange, vol. I, p. 93.

(¹⁴) «Miserabile fuit, quod virgo infidelis ab homine fideli seducta ac corrupta, non est ad baptismi gratiam, ut supradicta puella, perducta» (*ibid.*, vol. II, 24, p. 95).

(¹⁵) «Forte clericus hoc efficere non potuit, vel potius non curavit, magis gaudens de Judeorum confusione, quam de puellae illuminatione» (*ibid.*, p. 95).

(¹⁶) *Ibid.*, vol. II, 25, pp. 95-98.

(¹⁷) A imagem da sinagoga dos judeus que protege as crianças encontramo-la numa miniatura de uma Bíblia parenética do século XIII (Viena BN cód. 2554, f 35a). Devo esta indicação a F. Garnier.

(¹⁸) Cf. H. Loewe, *Die Juden in der Katholischen Legende (Die Juden in der Marienlegende*, etc.), Berlim, 1912.

(¹⁹) «Clericus quidam Renerus nomine, capellanus Ducis Lovaniae, solitus erat intrare domum Judaei eiusdem civitatis, et disputare cum eo de fide Christiana», *Dialogus miraculorum*, vol. II, ed. Strange, p. 96.

(²⁰) P. Browe, «Die Judenmission in Mittelalter und die Päpste», *Miscellanea Historiae Pontificiae*, vol. V, Roma, 1942, pp. 123 e ss.

([21]) Cf. W. Ch. Jordan, «Jews on Top: Women and the Availability of Consumption Loans in Northern France in the Mid-Thirteenth Century», *Journal of Jewish Studies*, XXIX, 1, 1978, pp. 39-56. Sobre a concepção cristã do judeu impuro, cr. M. Kriegel, «Un trait de psychologie sociale dans les pays meditérranéens du bas Moyen Age: le Juif comme intouchable», *Annales E. S. C.*, pp. 326-30, e N. Coulet «Juif intouchable et interdits alimentaires», *Sénéfiance*, n.º 5, pp. 209-21. No que se segue utilizei sobretudo S. Grayzel, *The Church and the jews in the XIIIth Century*, cit.,

([22]) S. Grayzel, *The Church and the Jews in the XIIIth Century*, cit., cap. VII.

([23]) Cf. W. C. Jordan, «Problems of the Meat Market of Béziers 1240-1247. A Question of Anti-Semitism», *Revue des Études Juives*, CXXXV, 1976, pp. 31-49. Não pude consultar H. L. Strack, *Das Blut in Glauben und Aberglauben der Menscheit, mit besonderer Berücksichtigung der «Volksmedizin» und des «Jüdischen Blutritus»*, Munique, 1900.

([24]) Estudando os *exempla* de Jacques de Vitry (primeira metade do século XIII) no seminário do grupo de Antropologia Histórica da École des Hautes Études en Sciences Sociales, Jean-Claude Schmitt identificou neles um esforço de «feminização» do cavaleiro por parte da Igreja. A «feminização» do judeu seria paralela? A questão fica em aberto,

([25]) É a sugestão de Léon Paliakov.

Os Marginalizados
no Ocidente Medieval

I. A área da marginalidade medieval

Em 1964, tentando oferecer um quadro sintético da civilização do Ocidente medieval, eu dedicara uma dezena de páginas não aos marginalizados (tal conceito não emergira ainda no campo da história) mas aos *excluídos*. E havia inserido nessa fileira hereges, leprosos, judeus, loucos, bruxas, sodomitas, doentes, estrangeiros desclassificados([1]).

Recentemente apareceram duas obras importantes dedicadas aos marginalizados medievais: um volume de conjunto que recolhe as actas do primeiro simpósio do Instituto de Estudos Medievais da Universidade de Montreal, sob a direcção de Guy H. Allard: *Aspects de la marginalité au Moyen Age*([2]), e uma obra de Bronislaw Geremek, originariamente em polaco, que em francês tem o título *Les marginaux parisiens aux XIVe et XVe siècles*([3]).

O livro canadiano interessou-se pelos mendigos, pelos loucos, pelos monstros, pelo homem selvagem, pelos excêntricos, pelas bruxas, pelos alquimistas e pelos especuladores. B. Geremek tratou dos criminosos, dos sábios e estudiosos marginalizados, dos pedintes, das prostitutas, e estudou diversos problemas fundamentais: a localização topográfica dos marginalizados, a organização dos marginalizados em grupo, as relações entre o mundo do trabalho e o mundo do crime, a noção de «inutilidade para o mundo».

Ainda mais recentemente, as actas de um simpósio organizado pelo Centro Universitário de Estudos e de Pesquisas Medievais de Aix-en-Provence (CUERMA) foram publicadas com o título de *Exclus et systèmes d'exclusion dans la littérature et la civilisation médiévales*([4]).

Aí aparecem os muçulmanos, os eremitas, os indefesos, os camponeses, os judeus, os detidos políticos, e os reféns, os loucos, as prostitutas, os prisioneiros, os leprosos, os traidores, as crianças, os anões!

II. Os problemas

A meu ver, as mais importantes orientações de pesquisa deveriam organizar-se em torno das seguintes linhas directoras:

1. É importante que se estudem os marginalizados de maneira *histórica*, ou seja, *dinâmica*. Trata-se de identificar e analisar *processos*, mais do que estados.

A realidade histórica é constituída por fenómenos de *marginalização* que podem levar tanto à *exclusão* como à *recuperação* ou reintegração (aquilo a que certos etnólogos e sociólogos chamam *paginação:* o retorno das margens para o centro da página). A marginalidade é uma condição instável, frágil, em geral efémera.

2. Há que perguntar-se o que é, em todo este processo, mais importante, se a evolução dos próprios marginalizados ou a consideração que a sociedade por eles tem. Por exemplo, no seu livro *Las Brujas y su mundo,* Julio Caro Baroja([5]) defende que não foi a bruxa que mudou ao longo dos séculos mas o ambiente que está à sua volta. Só porque o mundo que a rodeia é diferente, tem-se a impressão de que também a atitude da bruxa deva ser diferente. Na realidade, enquanto ela existir, o seu personagem é sempre igual a si próprio. Jean-Claude Schmitt, ao estudar as *beguines* e os *beghards* do século XIII ao século XV, não os vê mudar muito, ao passo que os fundamentos ideológicos da suspeita que a Igreja e a sociedade mostram a seu respeito vão desde a acusação de heresia até à de vagabundagem, por assimilação com os verdadeiros mendigos([6]).

3. Qual a justificação ideológica da marginalização ou da exclusão? Só pondo em evidência essas motivações se poderá definir a área da marginalidade, em vez de fazer desta um contentor genérico cheio de tudo e mais alguma coisa, e poder-se-á criar uma tipologia dos marginalizados. À volta das noções de comunidade sagrada, de pureza, de normalidade, articulam-se os juízos de suspeição, de rejeição ou de exclusão. Mas estas noções devem ser precisadas no contexto ideológico e sociológico do Ocidente medieval. Assim, a noção medieval de

comunidade sagrada é a de uma *ecclesia* que compreende clérigos e
leigos – e que evoluciona (todo o não-conformismo tende à heresia);
a da pureza está radicada na crença na união indissolúvel de corpo e
alma e no papel de indicador material que o corpo desempenha como
expressão da alma (a lepra é sinal de pecado); a de normalidade é
constituída à volta da assimilação da natureza a Deus e à rejeição ma-
niqueia do misto (como se pode ser semiclérigo e semileigo como os
beguinos e as beguinas, metade-animal e metade-homem como certos
monstros ou como o homem selvagem?).

1. *Tipologia da marginalidade*

Embora não haja fronteiras precisas entre as categorias atrás indicadas, e os processos de marginalização permitam aos indivíduos
e aos grupos passar de uma categoria para outra, podem contudo
distinguir-se:

a) os excluídos ou destinados à exclusão: são os criminosos
   (ladrões e bandidos, *fures* e *latrone*s), os errantes, os estrangeiros, as prostitutas, os suicidas ([7]), os hereges;
b) os desprezados: os ofícios «desonestos» ([8]) como os de ma-
   garefe, tintureiro, mercenário, etc., os doentes, os enfermos
   e os pobres, as mulheres ([9]), as crianças ([10]), os velhos, os
   bastardos;
c) os marginalizados propriamente ditos: os desclassificados
   (por exemplo, os cavaleiros pobres), os loucos, os pedintes,
   os usurários (muito próximos, estes últimos, da categoria
   dos excluídos);
d) os marginalizados imaginários: as maravilhas geográficas ([11]), os monstros (definidos por Bruno Roy, *Aspects de
   la marginalité au Moyen Age*, p. 71, como os extraterrestres
   da Idade Média), o homem selvagem ([12]).

2. *As bases ideológicas da marginalidade*

Em geral trata-se de controlar ou de excluir aqueles que parecem
representar um perigo para a «comunidade sagrada» ([13]).
Esta comunidade, apesar dos movimentos missionários, é uma
cristandade fechada. Vive num clima de insegurança material e mental
que visa a simples reprodução ([14]) e suspeita de todos os que, consciente

ou inconscientemente, parecem ameaçar aquele frágil equilíbrio. Tal insegurança gera um modo de pensar maniqueu que anula todas as cambiantes, todos os matizes, e condena as posições intermédias, acabando por dar origem a um autoritarismo que sacraliza as autoridades *(auctoritates)* e a um sentido hierárquico que de toda a tentativa de escapar às situações fixadas pelo nascimento faz um pecado contra a ordem querida por Deus. Nos marginalizados está em acção o inimigo do género humano, o Diabo. Em caso de imprudência ou de infortúnio, uma parte notável da sociedade resvala para a marginalidade: a mendicidade, a vagabundagem ou o crime. A sociedade medieval, pelas suas estruturas económicas, sociais e ideológicas, é grande produtora de marginalizados.

Este medo de indivíduos ou de grupos perigosos cristalizava-se em torno de algumas obsessões:

a) a *religião*, que dilatava o campo da heresia e fazia dos heréticos os marginalizados e mais ainda os excluídos por excelência;
b) a *doença* e o *corpo*, lugar de encarnação do pecado; tudo isto transforma automaticamente os enfermos e os doentes em pobres, faz dos leprosos as imagens vivas do pecado, leva a condenar severamente as prostitutas ([15]);
c) a *identidade*, donde a fobia dos judeus e dos estrangeiros;
d) a rejeição de tudo o que se apresenta como *contra a natureza:* sodomitas, monstros;
e) a necessidade de *estabilidade* física e social. Donde a condenação dos vagabundos, dos errantes, das pessoas sem eira nem beira, dos indivíduos sem morada fixa ([16]), assim como dos socialmente instáveis, dos desclassificados e dos decaídos;
f) o trabalho, que, depois de ter sido desprezado, como consequência do pecado original, foi reabilitado, torna-se um dos valores de uma sociedade que se está a lançar no crescimento económico e na qual, a partir do século XIII, as expressões *ocioso* e *mendigo válido* tornam-se etiquetas injuriosas endossadas a certos marginalizados. A partir deste último exemplo vê-se como há de facto uma conjuntura da marginalidade medieval: aumento ou diminuição do número dos pobres e dos pedintes, preponderância episódica deste ou daquele tipo de marginalizados, mudança dos critérios de marginalidade e dos processos de marginalização.

Um importante movimento no sentido da recuperação pode ser observado no século XIII a propósito dos ofícios lícitos e ilícitos. Estes últimos revelam alguns dos tabus fundamentais da sociedade medieval: o do sangue (que marginaliza também os soldados), o do dinheiro (que põe de lado o usurário), o da sujidade (sinal de impureza), que condena os fulões, os tintureiros, os cozinheiros, os lavadeiros.

Mas a partir da segunda metade do século XII começa a delinear-se um movimento – que bem depressa se alarga – que justifica, e em seguida reabilita, um grande número de ofícios até àquela altura considerados desonestos([17]). Simultaneamente, o Além acolhe um número crescente de marginalizados. Se os excluídos são provavelmente clientes do inferno, o purgatório, que faz o seu solene aparecimento no século XIII, é um grande recuperador de marginalizados, incluindo os usurários([18]).

3. *Os processos de marginalização e de exclusão*

Os processos que dão origem a etiquetas, sinais, gestos, rituais e cerimónias não foram ainda suficientemente estudados.

a) As etiquetas
São bastante bem conhecidas as qualificações de segregação ou pejorativas impostas aos heréticos([19]). Seria interessante um estudo preciso dos nomes de animais atribuídos aos marginalizados e aos excluídos (para os heréticos, por exemplo, raposa, lobo, serpente, macaco, aranha).
B. Geremek, ao estudar as injúrias dirigidas aos marginalizados na França do século XV, faz a seguinte lista: «vicioso», «patife», «zaragateiro», «miserável», «ladrão», «vagabundo», «delinquente», «comilão» e, para as mulheres, «biltre», «vagabunda», «viciosa», «puta»([20]).

b) Os sinais
Os sinais distintivos podem ser quer sinais de protesto e de provocação voluntariamente exibidos pelos próprios marginalizados, quer sinais não queridos, sinais infamantes impostos aos marginalizados e aos excluídos.
Entre os primeiros recordem-se as vestes largas ou até miseráveis e andrajosas. Uma ordem mendicante, suprimida pelo II Concílio de Lião em 1274, será chamada correntemente ordem

dos saquetes *(saccati)* pelo hábito em forma de saco que os seus membros usavam ([21]). E, seguidamente, outro sinal, os cabelos compridos e a barba ([22]).

Entre os sinais segregativos ou infamantes são conhecidos a rodela, imposta aos judeus, a matraca para os leprosos, etc. A certos hereges arrependidos – por exemplo, aos valdenses no século XIV – impunha-se que usassem duas cruzes, uma à frente e outra atrás ([23]).

c) Os gestos
Os dos marginalizados – e em particular dos hereges – são espiados e observados com cuidado pelos agentes da ideologia oficial. Os manuais para os inquisidores e os processos de inquisição fazem uma lista pormenorizada dos gestos de oração, de saudação, etc., praticados pelos hereges ([24]). Há toda uma gestualidade própria do herege, do ladrão, do mendigo, do homem selvagem, da mulher, que constitui um meio para identificá-los e isolá-los.

d) Os rituais e as cerimónias
As exposições e as execuções de criminosos dão lugar a cerimónias que representam um dos mórbidos prazeres da sociedade medieval. A condenação ou a reconciliação dos hereges dá igualmente lugar a precisos rituais de exclusão ou de readmissão.
Em certos casos os castigos infligidos aos marginalizados simbolizam em particular a exclusão de que eles são objecto: hereges que são murados vivos, leprosos que são encerrados em tumbas.

Conclusão

Michel Mollat, sublinhando a «contradição interna» da caridade medieval, cita uma passagem da *Vita di sant'Eligio* em que se diz: «Deus teria podido criar todos os homens ricos, mas quis que no mundo houvesse também os pobres, para proporcionar aos ricos uma ocasião de se resgatarem das suas culpas» ([25]).

Numa sociedade que se debate entre o medo da contaminação ideológica e a hesitação em excluir os que poderiam concorrer contraditoriamente para a salvação dos puros, o que prevalece é uma atitude ambígua em relação aos marginalizados. A cristandade medieval «parece detestá-los e admirá-los ao mesmo tempo, tem medo deles, num misto de atracção e de terror. Mantém-nos à distância, mas fixa essa distância a um nível bastante próximo, de modo a poder tê-los ao seu alcance. Aquilo a que chama caridade em relação a eles assemelha-se muito ao comportamento do gato que brinca com o rato. É o que sucede com as leprosarias, que devem estar situadas a um 'tiro de pedra da cidade', de modo que a 'caridade fraterna' possa exercer-se para com os leprosos. A sociedade medieval tem necessidade destes párias postos à margem, porque perigosos, mas visíveis para que, graças aos cuidados que lhes dispensa, ela possa ficar-se na sua boa consciência; e, mais ainda, projecta e fixa neles, magicamente, todos os males que afasta de si» ([26]).

NOTAS

([1]) J. Le Goff, *La Civilisation de l'Occident médiéval*, Paris, 1964, pp. 378-96.
([2]) *Aspects de la marginalité au Moyen Age*, sob a direcção de Guy H. Allard, Montreal, 1975.
([3]) B. Geremek, *Ludzle marginesu w szdeniawieczriym Paryzu*, Wroclaw-Varsóvia, 1971 [trad. fr. *Les marginaux parisiens aux XIVe et XVe siècles*, Paris, 1976].
([4]) *Exclus et systèmes d'exclusion dans la littérature et la civilisation médiévales*, Aix-en-Provence-Paris, 1978.
([5]) J. Caro Baroja, *Las Brujas y su mundo*, Madrid, 1961.
([6]) J. Cl., Schmitt, *Mort d'une hérésie. L'Église et les clercs face aux béguines et aux béghards du Rhin supérieur du XIVe au XVe siècles*, Paris-Haia, 1978.
([7]) J. Cl. Schmitt, «Le suicide au Moyen Age», *Annales E. S. C.*, 1976, pp. 3-28.
([8]) Cf. J. Lestocquoy, «Inhonesta mercimonia» in *Mélanges Louis Halphen*, 1951, pp. 441-5, e J. Le Goff, «Métiers licites et métiers illicites dans l'Occident médiéval», *Et. Historiques*, Ann. de l'École des Hautes Études de Gand V, pp. 41-57.
([9]) Veja-se, por fim, a publicação nos *Cahiers de Civilisation médiévale*, 1977, pp. 93--263, das actas do simpósio sobre *La femme dans les civilisations du XIe au XIIIe siècle*, Poitiers, 1976, tendo como conclusão uma crítica feminista do simpósio.
([10]) Ph. Ariès, *L'enfant et la vie familiale sous l'ancien régime*, Paris, 1960, nova ed. 1973; «Enfants et sociétés», número especial dos *Annales de Démographie Historique*, 1973; *The History of Childhood*, sob a dir. de Lloyd de Mause, Nova Iorque, 1974.
([11]) Cf. J. Le Goff, «L'Occident médiéval et l'océan Indien. Un horizon onirique», in *Mediterraneo e Oceano Indiano*, Atti del VI Colloquio Internazionale di Storia Marittima, Florença, 1970, pp. 243-63.
([12]) Cf. R. Bernheimer, *Wild Men in the Middle Ages*, Cambridge, 1952.
([13]) Cf. G. Van Der Leeuw, *La Religion dans son essence et ses manifestations*, ed. fr., Paris, 1970, pp. 237 e ss.
([14]) Cf. G. Bois, *Crise du féodalisme. Économie rurale et démographie en Normandie orientale du debut du XIVe siècle au milieu du XVIe siècle*, Paris, 1976.

(15) Cf. M. C. Pouchelle, «Représentations du corps dans la 'Legende dorée'», *Ethnologie française*, 1976, pp. 293-308.

(16) B. Geremek, *Les marginaux parisiens*, cit., p. 311.

(17) Cf. J. Le Goff, *Métiers licites et métiers illicites*, cit.

(18) Cf. J. Le Goff, «L'usurier et le purgatoire», in *The Dawn of Banking*, Actas do Colóquio de Los Angeles, 1977.

(19) Cf. J. Le Goff, «Comment devenait-on hérétique dans l'Occident médiéval? Les processus d'exclusion», in *Non conformisme et modernité en France du Moyen Age à nos jours*, Actas do Colóquio de Haia, 1978.

(20) B. Geremek, *Les marginaux parisiens*, cit., pp. 306 e ss.

(21) Cf. B. van Luijk, *Gli eremiti neri nel Dugento*, Pisa, 1968. Um jovem historiador húngaro, M. Klaniczai, prepara um estudo sobre *Heresia e Vestuário na Idade Média*.

(22) Cf. H. Platelle, «Le problème du scandale: les nouvelles modes masculines aux XIe-XIIe siècles», *Revue Belge de Philologie et d'histoire*, LIII/4, 1975, pp. 1071--96.

(23) Cf. G. Mollat, Introdução a Bernard Gui, *Manuel de l'Inquisiteur*, vol. I, Paris, 1926, pp. LIV-LV.

(24) Por exemplo, a respeito dos beguinos, em B. Gui, *Manuel de l'Inquisiteur*, Vol. II, Paris, 1927, pp. 116-9; cf. também G. Gonnet em G. Gonnet e A. Molnar, *Les Vaudois au Moyen Age*, Turim, 1974, p. 203.

(25) Migne, *PL*, 87, 533, citado em M. Mollat, *Les pauvres au Moyen Age*, p. 61.

(26) J. Le Goff, *La Civilisation de l'Occident médiéval*, cit., p. 388.

O Historiador
e o Homem Quotidiano

I

A história e a etnologia só se separaram em meados do século XIX, quando o evolucionismo, já triunfante antes de Darwin, separou o estudo das sociedades evoluídas do das sociedades ditas primitivas. Até então a história ocupara-se de todas as sociedades; só que, no momento em que se dava conta de estar em presença de uma evolução e de um progresso, ela restringia a sua atenção àquelas porções de humanidade susceptíveis de rápida transformação, ao mesmo tempo que deixava tudo o resto a géneros menores do campo científico ou literário (os *mirabilia* em que os homens primitivos são tratados quase como monstros, as narrativas de viagens em que os indígenas aparecem como uma variante da fauna ou, na melhor das hipóteses, a geografia em que os homens eram considerados simplesmente como um elemento da paisagem) ou então abandonava-o pura e simplesmente ao olvido.

Heródoto, o «pai da história», é ao mesmo tempo o pai da etnografia. O segundo livro das *Histórias*, o que é colocado sob o patrocínio de Euterpe, é consagrado ao Egipto. A primeira metade é obra de etnólogo, que não se contenta com descrever usos e costumes mas sublinha os empréstimos feitos pelos Gregos aos Egípcios, negando assim que pudesse haver um fosso a separar os Helenos das nações dos bárbaros. A segunda metade é trabalho de um historiador interessado no aspecto diacrónico, que acompanha as dinastias uma após outra, se bem que reduza muitas vezes a história a uma colecção de pequenas histórias.

Esta atenção etnográfica assume um carácter diferente em Tácito. Com uma óptica rousseauiana, ele contrapõe à corrupção da civilização, de que Roma é o grande exemplo, a salubridade dos «bons selvagens» que são o Bretão e o Germano. E eis o sogro Agrícola que se esforça por levar os Bretões à civilização: «Para fazer com que estes homens dispersos e ignorantes, e por isso mesmo propensos à guerra, se habituem à tranquilidade e ao repouso nos prazeres, encoraja-os em privado e oficialmente ajuda-os a construir templos, mercados, habitações, louvando os mais activos e condenando os que se mostram indolentes... E manda instruir nas artes liberais os filhos dos notáveis... de modo que muita gente que até há algum tempo recusara mesmo a língua dos Romanos foi levada a desejar agora a sua eloquência. Por isso a própria voga do nosso vestuário e a toga passou a estar na moda; e, pouco a pouco, cede-se aos aliciamentos do vício, pórticos, termas, luxo dos banquetes; tudo isto era chamado pelos ingénuos civilização: na realidade não era mais que um aspecto da servidão»([1]).

Também aqui, no entanto, a atenção privilegiada à história de Roma tende a excluir os outros povos da literatura histórica do Baixo Império. Os cristãos não fazem mais do que herdar este preconceito. Salviano de Marselha, em meados do século v, é o único a pensar e a afirmar que os Bárbaros rudes e virtuosos valem mais que os Romanos pecadores.

Doravante só os cristãos têm direito à história. Os pagãos estão dela excluídos. Os pagãos: e com este termo se entendem os pagãos propriamente ditos, mas também os «infiéis» e, pelo menos de início, a plebe. É verdade que durante muito tempo dominará já não a ideia de um progresso mas, pelo contrário, a de um declínio. *Mundus senescit.* O mundo está a envelhecer. A humanidade entrou na sexta e última idade da vida: a velhice. Mas este progresso para trás é no entanto um processo unilinear que privilegia as sociedades, mesmo em sentido negativo. E quando o cristianismo medieval recuperar a antiguidade pagã, será para sublinhar os méritos excepcionais, do Império Romano e para definir uma nova linha de progresso: de Roma a Jerusalém. Como foi observado por Augustin Renaudet, Dante «repete com orgulho a profecia do velho Anquises: *Tu regere imperio populos, Romane, memento*». Virgílio e a Sibila anunciam Cristo numa perspectiva teleológica que deixa os outros, os que não receberam a herança de Roma, fora do caminho para a salvação.

A vocação universal do cristianismo conserva, contudo, uma estrutura de acolhimento para a etnologia. Dado que a história na sua totalidade é uma história universal, todos os povos são chamados a entrar nela, se bem que, de facto, só os que evoluem rapidamente sejam merecedores do seu interesse.

Misturando tempos e lugares, história e geografia, sucede que um ou outro intelectual da Idade Média faz de etnólogo sem o saber. Por exemplo, Gervásio de Tilbury, nos seus *Otia Imperialia*, uma recolha de *mirabilia* dedicada ao imperador Otão de Brunswick (*c.* 1212), depois de ter numa primeira parte traçado a história da humanidade até ao dilúvio universal segundo o *Géne*sis, consagra a segunda parte a uma miscelânia de anotações geográficas, históricas e etnográficas sobre os diversos povos do mundo, e a última parte a ritos, lendas, milagres recolhidos nos diferentes lugares em que ele viveu, na Inglaterra, no Reino das Duas Sicílias, na Provença.

A Idade Média prepara igualmente tudo o que é necessário para o acolhimento de um «bom selvagem»: um milenarismo que espera o retorno da idade de ouro, a convicção de que o progresso histórico – se ele existe – se realiza a golpes de renascimento, de retornos a um primitivismo inocente. Faltava, porém, aos homens da Idade Média um conteúdo a dar a este mito. Alguns voltaram-se para o Oriente e, dando crédito às afirmações do Preste João, idealizaram um modelo antropológico, o do «piedoso brâmane». Em contrapartida, Marco Polo não foi tomado a sério. Outros baptizam o «homem selvagem», transformam Merlim em eremita. A descoberta da América põe de chofre à disposição da Europa muitos «bons selvagens».

O Renascimento mantém as duas linhas, as duas atitudes. Por um lado, a história «oficial» liga-se aos progressos políticos, aos progressos dos príncipes e das cidades, constituindo a burocracia dos senhores e a burguesia urbana as duas forças emergentes desejosas de encontrar na história a justificação da sua promoção. Por outro lado, a curiosidade dos cultos dedica-se à exploração do campo etnográfico. Na literatura, o génio e a erudição de Rabelais, por exemplo, desdobram-se no âmbito de uma etnografia imaginária – mas muitas vezes próxima das suas bases camponesas. Como escreveu George Huppert, «há certamente outras épocas – sob este aspecto menos afortunadas que a antiguidade –, cuja história não foi escrita. Os Turcos ou os Americanos, sem uma tradição literária própria, representariam um atraente campo de pesquisa para um Heródoto moderno».

Esperava-se Heródoto e vem Lívio. Étienne Pasquier, nas suas *Recherches*, fez-se etnógrafo do passado e estabeleceu as «origens» de tal ciência.

Mas a coexistência do historiador e do etnógrafo não devia durar muito. Tal como o da idade clássica, o racionalismo iluminista reservaria a história para os povos eleitos pelo progresso. «No sentido em que Gibbon e Mommsen foram historiadores, deve dizer-se que não houve ninguém que se assemelhasse a um historiador antes do século XVIII». Deste ponto de vista, R. G. Collingwood tem razão.

II

Após um divórcio que durou mais de dois séculos, historiadores e etnólogos tendem agora a reaproximar-se. A nova história, depois de se ter feito sociológica, tende a tornar-se etnológica. É portanto a altura de perguntar-se o que é que a perspectiva etnológica faz descobrir no campo que é próprio do historiador.

Antes de mais, a etnologia modifica as perspectivas cronológicas da história. Leva a um esvaziamento radical do acontecimento, e realiza assim o ideal de uma história não-acontecimental. Ou melhor, ela propõe uma história feita de acontecimentos repetidos ou esperados, festas do calendário religioso, eventos e cerimónias ligados à história biológica e familiar: nascimento, casamento, morte.

Além disso, impõe que se estabeleça uma diferenciação dos tempos da história e que se dê uma particular atenção ao sector da longa duração, àquele tempo quase imóvel definido por Fernand Braudel num célebre artigo([2]).

Observando as sociedades que estuda nesta óptica etnológica, o historiador compreende melhor o que há de «litúrgico» numa sociedade histórica. O estudo do «calendário» nas suas formas secularizadas e residuais (fortemente marcadas nas sociedades industriais graças à ligação estabelecida pelo cristianismo com as religiões antigas: ciclo do Natal, da Páscoa, enquadramento hebdomadário, etc.) ou nas suas formas novas (por exemplo, o calendário das competições – e festas – desportivas) revela o peso dos ritos ancestrais, dos ritmos periódicos, sobre as sociedades ditas evoluídas. Mas aqui, mais que nunca, se impõe a colaboração das duas atitudes, a etnológica e a histórica. Um estudo «histórico» das festas poderia fornecer indicações decisivas sobre as estruturas e as transformações das sociedades, sobretudo nos períodos que devem qualificar-se como «de transição», como o é precisamente a Idade Média, que afinal não é por acaso que tem esse nome. Nele se poderia, por exemplo, acompanhar a evolução do Carnaval como festa, como psicodrama da comunidade urbana, que se constituiu na baixa Idade Média e decaiu nos séculos XIX-XX sob o impulso da revolução industrial.

Emmanuel Le Roy Ladurie analisou brilhantemente o cruento Carnaval de Romans em 1580, «trágico *ballet* em que os actores recitam e dançam a sua rebelião em vez de discorrerem sobre ela nos manifestos» ([3]). Mas em Romans, naquele ano, o jogo anual transformou-se num acontecimento singular. Na maior parte das vezes é no rito, e não no acontecimento singular, que há que procurar o significado da festa. Assim, num estudo exemplar, Louis Dumont mostrou, nas cerimónias em que aparece a Tarasca, o sentido mágico-religioso de ritos com os quais a comunidade de Tarascon procurava, entre o século XIII e o século XVIII, congraçar o poder benéfico de um monstro ambíguo tornado «animal epónimo», «paládio da comunidade». «A festa principal, a do Pentecostes», observa Louis Dumont, «associa-a à grande revista local das corporações de mesteirais» ([4]). O mesmo se podia ver em Londres, onde, pelo menos no século XVI, se fazia um cortejo do lorde síndico cujos grupos folclóricos estavam a cargo das corporações. Assim, na sociedade urbana, novos grupos sociais desempenham nos ritos comunitários o papel destinado nas sociedades rurais tradicionais à classe dos jovens. Mudanças da história que nos levariam até às *majorettes* e aos grandes *happenings* de *hippies* de hoje. Presentes em todas as sociedades, a liturgia e a festa serão elementos a atribuir em particular às sociedades arcaicas? Evans-Pritchard parece acreditá-lo: «Um tirocínio antropológico, incluindo a pesquisa em campo, seria particularmente apreciável nas investigações sobre os primeiros períodos da história em que instituições e modos de pensar se assemelham sob muitos aspectos aos das populações primitivas que nós estudamos» ([5]). Mas eram os homens do Ocidente medieval (Evans-Pritchard fixa-se na época carolíngia) de facto arcaicos? E não o seremos acaso nós próprios, no nosso mundo de seitas, de horóscopos, de discos voadores e quejandos? Sociedade litúrgica, sociedade lúdica: serão termos que exprimam adequadamente a sociedade medieval?

Em relação ao historiador de sociedades versáteis, de homens das cidades presa das modas, o etnólogo qualificará as sociedades rurais como conservadoras (mas não tanto quanto alguns pretenderam, lembra-nos Marc Bloch), como tecido conectivo da história. Donde, graças à óptica etnológica, uma ruralização da história. Uma vez mais permitir-se-á ao medievalista fazer uma referência a tal propósito àquele que é o seu campo próprio. Após a Idade Média urbana e burguesa imposta pela história do século XIX, de Augustin Thierry a Henri Pirenne, eis a Idade Média de Marc Bloch, Michel Postan, Léopold Génicot, Georges Duby, que nos parece mais verdadeira.

Com esta conversão ao homem quotidiano, a etnologia histórica leva naturalmente ao estudo das mentalidades, consideradas como «o que muda menos» na evolução histórica. De modo que, dentro das sociedades industriais, o arcaísmo explode logo que perscrutamos a psicologia e o comportamento colectivo. *Handicap* dos conteúdos da mentalidade, que obrigam o historiador a fazer-se etnólogo. Mas conteúdos que não se perdem na noite dos tempos. Os sistemas mentais são historicamente datáveis, ainda que arrastem consigo restos das arqueo-civilizações, caras a André Varagnac.

III

A etnologia leva igualmente o historiador a pôr em relevo algumas estruturas sociais mais ou menos obliteradas nas sociedades «históricas» e a complicar a sua visão da dinâmica social, da luta entre as classes.

As noções de classe, grupo, categoria, estrato, etc., devem ser reconsideradas com a inserção na estrutura e no jogo social de realidades e conceitos fundamentais empurradas para as bermas pela sociologia pós-marxista:

a) a família e as estruturas de parentesco, cuja introdução na problemática do historiador pode, por exemplo, levar a uma nova periodização da história europeia com base na evolução das estruturas familiares. Pierre Chaunu e o Centre de Recherches d'Histoire Quantitative de Caen definem assim como «o grande dado imutável na dialéctica do homem e do espaço do século XII-XIII até ao fim do século XVIII, 'a existência de *comunidades de habitantes* (só em 80% confundidas com as paróquias)' que percorre por inteiro esta civilização camponesa tradicional toda ela do mesmo jaez, na longa duração...». O estudo, já não apenas jurídico mas etnológico, da linguagem e da comunidade habitualmente passada em silêncio, da família em sentido amplo e da família em sentido estrito, deve renovar as bases dos estudos comparativos entre ontem e hoje, entre a Europa e os outros continentes, em matéria de sociedade feudal, por exemplo;

b) os sexos, cuja consideração deve levar a uma desmasculinização da história... Quantos caminhos, mesmo no Ocidente medieval, vão desembocar na mulher! A história das heresias é, sob muitos aspectos, uma história da mulher na sociedade e na religião. Se há uma novidade em matéria de sensibilidade, cuja invenção poderíamos atribuir à Idade Média, ela é exactamente o amor cortês. Ele constrói-se em torno de uma particular imagem da mulher. Michelet, sempre tão hábil em apanhar o essencial, no momento em que procura a alma medieval encontra a beleza diabólica da bruxa, a pureza popular – e portanto divina – de Joana d'Arc. O que porá em evidência o mais importante fenómeno da história «espiritual» (no sentido entendido por Michelet) da Idade Média, senão o brilho fulgurante da Virgem no século XII?

c) as classes etárias, cujo estudo está ainda todo por fazer no que se refere às gerontocracias, ao passo que está brilhantemente iniciado e em curso, aqui e além, no que respeita aos jovens: Henri Jeammarie e Pierre Vidal-Naquet, para a Grécia antiga, Georges Duby e Erich Köhler, para o Ocidente medieval;

d) as classes e as comunidades de aldeia, cuja importância na cristandade medieval Marc Bloch reconhecera recentemente e cuja análise os marxistas retomam, análise essa que – se conseguir furtar-se ao dogmatismo – poderá ser de grande ajuda no renovar da história social. Neste ponto, aliás, captamos uma das possíveis consequências, paradoxais, desta regeneração da problemática histórica provocada pela peculiar óptica etnológica. A história, até recentemente, contentou-se com uma evocação anedótica e romanceada de acontecimentos ligados a certas estruturas clássicas no âmago das sociedades «históricas», por exemplo, uma vez mais, da sociedade medieval. A história das guerras feudais sai completamente refeita com um estudo do conjunto da guerra privada, da *vendetta*. A história das facções – familiares, urbanas, dinásticas – deve igualmente reconstruir-se na totalidade nesta perspectiva: guelfos e gibelinos, Montéquios e Capuletos, Armanhaques e Bourguinhões, heróis da guerra das Duas Rosas, arrancados ao anedótico acontecimental – de que foram das piores expressões –, podem encontrar pertinência e dignidade científica numa história etnológica amplamente comparativista.

IV

Fazer história etnológica significa, além disso, revalorizar na história os elementos mágicos, os carismas.

Carismas dinásticos cujo reconhecimento permitirá, por exemplo, «reabilitar» a monarquia feudal, que permaneceu durante muito tempo como de natureza diversa relativamente a todas as outras instituições. Marc Bloch, evocando os reis taumaturgos, e Percy Ernst Schramm, explicando as insígnias do poder, foram os pioneiros de uma pesquisa que deve atacar a monarquia medieval no seu centro, e não já nas suas sobrevivências ou nos seus sinais mágicos. A óptica etnográfica deve transformar, por exemplo, o valor do testemunho sobre a realeza sagrada no Ocidente medieval dado a seu modo pela vista de Roberto, *o Pio* de Helgaud, pela genealogia diabólica dos Plantagenetas em Geraldo de Cambrai, pelas tentativas de Carlos, *o Temerário* de desmontar essa barreira mágica.

Carismas profissionais e de categoria. Para ficarmos na Idade Média, bastará pensar no prestígio, a partir do século v, do artífice e do ourives, cuja imagem mágica as *chansons de geste* e as sagas recolherão. A recente descoberta na Normandia do extraordinário túmulo 10 do cemitério merovíngio de Hérouvillette pôs em evidência esse artífice mágico da alta Idade Média sepultado com as armas do guerreiro aristocrático e o saco das ferramentas do técnico, cujo lugar na sociedade só pode ser compreendido com a convergência do estudo tecnológico, da análise sociológica e da atenção etnológica. Seria necessário acompanhar, nas nossas sociedades, a evolução do médico, do cirurgião, herdeiros do feiticeiro. Os «intelectuais» da Idade Média, os universitários, açambarcam alguns elementos carismáticos de que os «mandarins» têm sabido socorrer-se até aos nossos dias: a cátedra, a toga, o diploma, sinais que são mais do que sinais... Assim, os mais prestigiosos dentre eles alcançam o papel de «vedetas» sociais, do gladiador às *stars* e aos «ídolos». Os mais hábeis ou os maiores dentre esses intelectuais contentar-se-ão mesmo com o seu poder carismático sem recorrer aos sinais, de Abelardo a Sartre.

Carismas individuais, finalmente, que permitem a reconsideração do papel do «grande homem» na história, que a redução sociológica só imperfeitamente esclarecera. Para voltarmos à Idade Média, a passagem do carisma dinástico ao carisma individual exprime-se, por exemplo, em São Luís, que deixa de ser um rei sacro para se tornar um rei santo. Laicização e canonização vão *pari passu*. O que foi ganho por um lado foi perdido pelo outro. E como renunciar ao contributo que um estudo dos carismas na história poderia dar para compreender um fenómeno não episódico do século xx, o culto da personalidade?

Nesta perspectiva se colocam por fim todas as crenças escatológicas, todos os milenarismos que assinalam o retorno do sagrado em todos os sectores das sociedades e das civilizações. Longe de estarem confinados às sociedades arcaicas ou «primitivas», tais milenarismos revelam os fracassos de adaptação (ou de resignação) nas sociedades marcadas pela aceleração tecnológica. Norman Cohn disse-nos o que foram na Idade Média e no Renascimento esses fervores apocalípticos. O êxito que hoje em dia conhecem as seitas religiosas, a astrologia, o movimento dos *hippies*, manifesta a permanência, em conjunturas históricas precisas, dos aderentes à «grande recusa».

V

Enquanto François Furet preferiu dedicar-se ao aspecto «selvagem» da história que é captado pela óptica etnológica, eu insistiria sobretudo no seu aspecto quotidiano.

O contributo imediato da etnologia à história é, sem dúvida, o sublinhar da civilização (ou cultura) material. Não sem hesitações da parte dos historiadores, é certo. Na Polónia, por exemplo, onde o desenvolvimento neste campo foi prodigioso após 1945, favorecido por motivos (e mal-entendidos epistemológicos) nacionais e «materialistas», alguns marxistas de estrita observância exprimiram o temor de ver a inércia material invadir a dinâmica social. No Ocidente, a grande obra de Fernand Braudel, *Civilização Material. Economia e Capitalismo. Séculos XV-XVIII*([6]), não permitiu que o novo sector de investigação invadisse o campo da história sem o subordinar a um fenómeno que é propriamente histórico, o capitalismo.

Deste imenso campo aberto à curiosidade e à imaginação do historiador, sublinha três aspectos:

1) a tónica colocada nas técnicas. O elemento mais interessante, diria, é a reconsideração das noções de invenção e de inventor que a etnologia impôs ao historiador. Marc Bloch esboçara a sua problemática a propósito das «invenções» medievais. Aqui se encontraria também, numa perspectiva lévi-straussiana, a oposição entre sociedades *quentes* e socie-

dades *frias*, ou melhor, entre ambientes *quentes* e ambientes *frios* dentro de uma mesma sociedade. As discussões sobre a construção da catedral de Milão no século XIV puseram em evidência a oposição entre ciência e técnica, a propósito do conflito entre arquitectos e pedreiros. «Ars sine scientia nihil est», diziam os doutos arquitectos franceses; «scientia sine arte nihil est», replicavam os construtores não menos doutos, num outro sistema de saber. Este interesse, em todo o caso, começou a promover uma história dos materiais e das matérias-primas, não necessariamente nobres, como o sal ou a madeira;

2) o aparecimento do corpo na história. Michelet reclamara-o no Prefácio de 1869 à *Histoire de France*. Deplorava ele que a história não se interessasse suficientemente pelos *regimes alimentares* e por *tantas outras circunstâncias físicas e fisiológicas*. Os seus votos começam a ser realizados. E isto é verdade sobretudo no que se refere à história da alimentação, graças ao impulso de revistas e centros como *Annales, Economies, Sociétés, Civilisations* (Fernand Braudel é seu co-director), *Zeitschrift für Agrargeschichte und Agrarsoziologie* que gravita em torno de Wilhelm Abel em Gotinga, *Afdeling Agrarische Geschiedenis* animada por Slicher van Bath na Landbouwhogeschool de Wageningen.

A história biológica arranca. Um número especial de *Annales E.S.C.*, de 1970, aponta pistas. O grande livro de um biólogo que se fez historiador, *La logica del vivente. Storia dell'ereditarietà* ([7]) de François Jacob, mostra que é possível o encontro de um lado e do outro.

Para voltarmos a um horizonte mais propriamente etnológico, é de esperar que os historiadores se empenhem no caminho traçado por Marcel Mauss no seu célebre artigo sobre as técnicas do corpo ([8]), cujo conhecimento, numa perspectiva histórica, deveria ser decisivo para a caracterização das sociedades e das culturas;

3) o *habitat* e o vestuário deveriam fornecer ao historiador--etnólogo a ocasião para um belo diálogo entre imobilismo e mudança. Os problemas do gosto e da moda, essenciais nestes campos, só podem ser tratados com uma colaboração interdisciplinar, em que aliás o estudioso de estética, o semiólogo e o historiador da arte deveriam unir-se ao his-

toriador e ao etnólogo. Também aqui, trabalhos como os de François Piponnier e de Jacques Heers manifestam o desejo dos historiadores de radicar as suas pesquisas no húmus de fertilidade garantida da história económica e social;
4) finalmente, problema enorme, historiadores e sociólogos deveriam encontrar-se para estudar o fenómeno da *tradição*, de capital importância para uns e outros. Entre os trabalhos recentes, os de um etnólogo, especialista de danças populares, Jean-Michel Guilcher, são particularmente esclarecedores.

VI

Não é caso para insistir no facto de que a óptica etnológica propõe ao historiador uma nova documentação, diferente daquela a que está habituado. O etnólogo, por seu lado, não desdenha de modo algum o documento escrito. Mas encontra-os tão raramente que os seus métodos se constituíram de modo a dispensá-los.

Aqui, o historiador é, pois, chamado a defrontar-se com o homem quotidiano, que está – que estava – bem longe de deixar-se enredar por papelada, num universo sem textos e sem escrita.

Encontrar-se-á então em primeiro lugar a arqueologia, mas não a arqueologia tradicional, toda voltada para o monumento ou o objecto, intimamente ligada à história da arte, mas a arqueologia do quotidiano, da vida material. Ou seja, aquela que é marcadamente ilustrada pelas escavações inglesas de Maurice Beresford nas *lost villages*, pelas escavações polacas de Witold Hensel e dos seus colaboradores nos *grod* da antiga área eslava, das franco-polacas da VI Secção da École Pratique des Hautes Études nas várias aldeias da França medieval.

Finalmente, há a tradição oral. Aqui os problemas são terríveis. Como captar o oral no passado? Será lícito identificar oral e popular? Quais foram, nas várias sociedades históricas, os significados da expressão «cultura popular»? Quais foram as relações entre cultura dos intelectuais e cultura popular?

VII

Acho que devo ser ainda mais breve a propósito de outros aspectos, importantes, mas bastante evidentes, da influência da etnologia sobre a história.

A etnologia acentua algumas tendências actuais da história. Convida, por exemplo, a generalizar o método comparativista e o método regressivo. E além disso acelera o abandono do ponto de vista eurocêntrico.

VIII

Para concluir, creio que se deva sublinhar os limites da colaboração entre etnologia e história, pondo em evidência alguns problemas relativos às suas relações recíprocas, algumas dificuldades e perigos em que incorreria o estudo das sociedades históricas se se operasse uma pura e simples substituição da óptica histórica pela óptica etnológica.

Uma atenção particular deveria ser dada às zonas e aos períodos em que entraram em contacto sociedades, culturas, procedentes tradicionalmente uma da história, outra da etnologia. Que o mesmo é dizer que o estudo das *aculturações* deve permitir situar melhor o dado etnológico relativamente ao histórico. O que interessará sobretudo o historiador é saber em que medida e em que condições o vocabulário e a problemática da *aculturação* poderão ser alargados ao estudo das *aculturações internas* de uma sociedade: por exemplo, entre cultura popular e cultura erudita, cultura regional e cultura nacional, Norte e Sul, etc. E como é que se coloca neste caso o problema das «duas culturas», da hierarquização e do domínio entre essas culturas?

O vocabulário terá de ser precisado. Falsas aproximações poderão ser dissipadas. Tenho a impressão de que a noção de *diacrónico*, que Claude Lévi-Strauss foi buscar a Saussure e a Jakobson, para a introduzir, com felicidade, na etnologia, é muito diversa da noção de *histórico* com que muitas vezes se tem tendência a confundi-la, querendo e julgando encontrar assim um instrumento comum à linguística e ao conjunto das ciências humanas. Eu pergunto-me se o diacrónico elaborado por Saussure para restituir àquele objecto que ele criara, a *langue*, uma dimensão dinâmica, não operará segundo sistemas abstractos de transformação inteiramente diferentes dos esquemas de evolução de que se serve o historiador para procurar captar o devir das sociedades concretas que ele estuda. Não pretendo com isto retomar a distinção, a meu ver falsa, entre a etnologia como ciência de observação directa de fenómenos vivos e a história como ciência de reconstrução de fenómenos mortos. Não existe ciência a não ser na abstracção, e o etnólogo, tal como o historiador, tem diante de si *o outro*. Também deve esforçar-se por alcançá-lo.

Numa outra perspectiva, depois de ter privilegiado exageradamente aquilo que muda, aquilo que se move, não se preparará o historiador-etnólogo para privilegiar o que decorre lentamente, o que muda pouco ou nada? Não correrá ele o risco, para se aproximar do etnólogo, de achar-se restringido na oposição estrutura-conjuntura, estrutura-acontecimento, para colocar-se inteiramente do lado da estrutura, ao passo que as exigências da problemática histórica requerem hoje a superação do falso dilema estrutura-conjuntura, e sobretudo estrutura-acontecimento?

Não deverá antes o historiador tomar consciência de uma crítica do imóvel que se espalha pelas ciências humanas, incluindo a etnologia? No momento em que a etnologia se carrega novamente de historicidade, na altura em que Georges Balandier demonstra que não há sociedade sem história e que a ideia de sociedades imóveis é uma ilusão, terá sentido para o historiador abandonar-se a uma etnologia fora do tempo? Ou, melhor ainda, se – em termos lévi-straussianos – não há sociedades mais ou menos quentes e sociedades mais ou menos frias, será lícito falar de sociedades quentes ou sociedades frias? E que dizer das sociedades «tépidas»?

Se a etnologia ajuda o historiador a libertar-se das ilusões de um progresso linear, homogéneo e contínuo, os problemas da evolução continuam todavia de pé. Se olharmos para uma disciplina próxima, a pré-história, que se ocupa de sociedades sem escrita, será ela verdadeiramente, em relação à história, uma pré-história, ou não será antes uma outra história?

Se ficarmos exageradamente ligados a uma visão etnológica, como explicaremos então o *crescimento*, fenómeno essencial das sociedades estudadas pelo historiador, forma moderna, económica, insidiosa, do progresso, que deve sem dúvida desmitificar-se (por exemplo, como faz Pierre Vilar, desmascarando os pressupostos ideológicos da posição de Rostow), mas que é também uma realidade a explicar?

Por outro lado, não haverá acaso vários tipos de etnologia a distinguir, donde se torna claro que a europeia é diferente da que se ocupa de âmbitos mais ou menos preservados, como os ameríndios, os africanos, os oceânicos?

Especialista da mudança (falando de *transformação*, o historiador vem a encontrar-se ao fim e ao cabo em terreno comum com o etnólogo, na condição de não recorrer ao *diacrónico*), o historiador tem de estar atento para se não tornar insensível à mudança. O problema é menos, para ele, de procurar uma passagem do primitivo para o histórico, ou de reduzir o histórico ao primitivo, que de explicar a coexistência e o jogo numa mesma sociedade de fenómenos e grupos não inseridos no mesmo tempo, na mesma evolução. É um problema de níveis e de desfasamentos evolutivos. Quanto ao modo como o historiador pode aprender do etnólogo como *reconhecer* – e respeitar – *o outro*, trata-se infelizmente de uma lição a não subestimar, pois – e daí as polémicas muitas vezes desagradáveis – a etnologia de hoje mostra-nos que a negação ou a destruição do *outro* não é privilégio de uma única ciência humana.

NOTAS

[1] Tácito, *Agrícola*, 21, 2.
[2] F. Braudel, «Histoire et sciences sociales. La longue durée», *Annales E. S. C.*, XIII/4, 1958, pp. 725-53.
[3] E. Le Roy Ladurie, *Les paysans de Languedoc*, Paris, 1969.
[4] L. Dumont, La *Tarasque*, Paris, 1951.
[5] Evans-Pritchard, *Introduzione all'antropologia sociale*, trad. it., Laterza, Roma-Bari, 1975, p. 183.
[6] Trad. it., Einaudi, Turim, 1977.
[7] Trad. it., Einaudi, Turim, 1971².
[8] Trad. it., em *Teoria generale della magia e altri saggi*, Einaudi, Turim, 1972³.

Tempos Breves, Tempos Longos: Perspectivas de Investigação

Com frequência a renovação não só dos métodos, mas das investigações e dos resultados, é simplesmente originada no facto de em dado momento se verificar um «distanciamento» de certos hábitos que tomaram o lugar da reflexão, colocando-se então questões muito elementares que permitem pôr de novo em movimento a máquina da reflexão e da pesquisa, que demasiado frequentemente tende a mergulhar e a girar no vazio. As considerações que se seguem repropõem temas elementares desse género, e é por isso que não requerem um amplo desenvolvimento.

Uma nova história

Começaria, pois, por uma verificação simplicíssima, banal mesmo: a da aceleração actual da investigação científica em geral e da renovação da problemática histórica em particular. Ainda que de má vontade, desajeitadamente e com superficialidade, os círculos conservadores ou tradicionalistas empregam hoje métodos e vocabulário em relação aos quais até há pouco tempo ainda nutriam horror, eles próprios ou os que os precederam na mesma esfera cultural. A história económica e social, a demografia, a história das mentalidades, os termos – hoje já gastos – de estrutura, conjuntura, e muitos outros adquiriram direito de cidadania doravante universal. Mas tal difusão verificou-se muito mais lentamente do que a rápida evolução da problemática histórica possa fazer crer. O pai do método científico moderno, Karl Marx, sem dúvida comprometido pelas paixões políticas adversas, não obteve ainda o reconhecimento de todos. Em campos mais especializados, as ideias e os métodos dos grandes mestres da historiografia moderna foram formulados e publicados em tempos já demasiado recuados para serem tidos em consideração pelo conjunto dos historiadores do século XX.

A *Revue de Synthèse Historique* iniciou as suas publicações em 1900 e o artigo hoje célebre de François Simian, «Méthode historique et science sociale», é nela publicado em 1903. Um ano depois era publicada a primeira grande obra de Max Weber, *A Ética Protestante e o Espírito do Capitalismo*. É de 1910 a obra *Les anciennes démocraties des Pays Bas*, de Henri Pirenne. Se passarmos seguidamente às revistas que animaram, lançaram as bases e forneceram exemplos de uma problemática moderna da história, ao lado da *Revue de Synthèse*, de 1900, poder-se-á recordar que a *Vierteljahrschrift* [publicada inicialmente com o título de *Zeitschrift*] *für Sozial und Wirtschaftsgeschichte* é de 1893, que *The Economic History Review* é de 1927 e os *Annales d'histoire économique et sociale* são de 1929. Vitória tardia, portanto, muitas vezes póstuma e incompleta, do seu pensamento e do seu método, assim diluídos. Um marxismo vulgar, primarismos de história económica e social, abusos de história comparativa, um sociologismo verbal, insinuaram-se com frequência na produção histórica destes últimos anos e – último defeito a que eu próprio estou em vias de abandonar-me nestas páginas – demasiadas vezes substitui-se a verdadeira história pela problemática sobre a história, e tendo-se discutido acerca de metodologia e de problemática, julga-se ter feito história, ao passo que apenas se começou a abrir a sua porta. É em todo o caso necessário que se evite o desfasamento e a traição entre investigação e divulgação dos seus métodos e dos seus resultados.

Divulgação histórica

Tarefa urgente e necessária. Há que reconhecer que das duas formas de divulgação histórica, a que se dirige ao grande público e a que se dirige aos estudantes de todos os graus, paradoxalmente é esta última que acaba por ser menos satisfatória.

Quanto à primeira, as possibilidades, a propaganda e as iniciativas ousadas da enorme máquina dos *mass media*, veicularam, juntamente com refugo de valor duvidoso, os melhores e mais modernos produtos da investigação, incluindo a histórica. Quanto à segunda, ou seja, a divulgação escolar e universitária, a práxis ordinária das universidades e da burocracia, assim como as reais dificuldades de adaptação às chamadas inteligências jovens, criaram um obstáculo, uma barreira, entre investigação e ensino da história. É necessário derruba essa barreira, adoptando no entanto todas as precauções que o caso exige.

O tempo na história

Tentemos uma cautelosa abordagem com base num exemplo, partindo de um tipo de problemática que não pretendo de modo algum apresentar como uma problemática geral da história, mas tão-somente como um ponto de vista que pode orientar a investigação e o ensino para descobertas, provavelmente, ou, em todo o caso, para ligações com o conjunto da reflexão científica contemporânea.

Tentemos, antes de mais, definir essa problemática, a do tempo na história, dizendo o que ela não é.

Não se trata nem da periodização da história, nem daquele medíocre e confuso sucedâneo da periodização que é a noção de geração.

1. Quanto ao problema da periodização, ele é de facto muito importante e temos de fazer tudo especialmente para impor aos programas das escolas uma periodização cientificamente plausível e compreensível para os jovens estudantes. Ora, pelo menos em França, os programas tardam a seguir este caminho. Se por um lado algum esforço fora feito para considerar como unidade para um ano escolar ciclos temporais correspondentes mais ou menos a civilizações ou a momentos de civilização, acontece depois que se cai continuamente nos cortes mais aberrantes. A Idade Média, por exemplo, fica novamente dividida em dois períodos, separados por aquela data que é colocada como data de partida (e de chegada), uma data de história dinástica francesa, 1328.

Igualmente discutível é fazer cortes cronológicos com base nas noções de século, o que no entanto se torna difícil de evitar no campo da divulgação escolar.

A metodologia da periodização apresenta dois perigos: o do subjectivismo (sabemos como quase cada historiador tem a propor uma sua data para o fim da Antiguidade, o início da Idade Média, o fim da Idade Média, o início da Idade Moderna, etc.) e o de ter muitas vezes como ponto de referência mais a filosofia da história do que a história científica. Seja como for não me parece ainda suficientemente madura na sua problemática e nos seus resultados para ser dada em alimento ao público; deve permanecer ainda reservada para uso interno dos historiadores.

2. No que se refere à noção de geração, introduzida sobretudo para baralhar as cartas, para tapar as falhas sociais, não foi por acaso que recentemente ela se tornou tão em voga junto dos historiadores franquistas. A cronologia das gerações não faz realmente mais do que remeter para si própria, que o que importa são os acontecimentos, os problemas a partir dos quais se procura definir uma geração. Esta noção, segundo penso, pode ter apenas um campo de aplicação e uma utilidade limitados a certos sectores da história das ideias ou de grupos sociais restritos.

Além disso, há que distinguir a problemática do tempo histórico daquilo que são alguns métodos de fundo, que ela está aliás muito longe de excluir.

Ela não se identifica:

1) com *a distinção marxista entre infra-estrutura e superstrutura.* Distinguir tempos longos e tempos breves não significa, de facto, estabelecer uma hierarquia casual entre os fenómenos ou entre sectores históricos.

Os tempos longos não são de modo algum os ritmos de evolução da infra-estrutura, onde os tempos curtos seriam os da rápida sucessão das superstruturas.

Há, por exemplo, algo que mude mais lentamente que essas superstruturas por excelência que são as mentalidades?

A este propósito, precisamente a consideração dos tempos longos e dos tempos breves na história pode ajudar a explicar a resistência maior ou menor das mentalidades às novidades económicas e técnicas e pode ajudar a ver mais claro em problemas como os da evolução do capitalismo em países protestantes e católicos, uma questão que a meu ver os weberianos e os pós-webarianos, incluindo os mais inteligentes dentre eles – Herbert Lüthy, recentemente –, põem em termos que falseiam as perspectivas ([1]).

Finalmente, o tempo longo e o tempo breve abraçam ao mesmo tempo fenómenos no interior dos quais se pode encontrar, querendo, uma estrutura hierarquizada de infra-estruturas e de superstruturas.

2) Nem coincide com a distinção, cara ao chamado Grupo das *Annales*, entre *história acontecimental* e *história estrutural*.

Se as estruturas são as componentes, os objectos de estudo privilegiados dos tempos longos, os acontecimentos, que são fenómenos de superfície, podem entrar tanto em tempos longos como em tempos curtos. A arte românica, por exemplo, é um acontecimento longo, a crise económica de 1315-1318 um acontecimento curto.

3) Nem, tão-pouco, é a distinção feita pelos economistas entre *estrutura* e *conjuntura*. A estrutura é continuidade, a conjuntura descontinuidade. Também aqui a relação entre estas noções e a duração é evidente, mas o conhecimento, mesmo o mais sumário, das noções elementares de história económica ensinou-nos que há ciclos de diferente duração, ciclos e interciclos, uma conjuntura longa e uma conjuntura curta.

4) Não é, por fim, a distinção entre a *história como ciência de mudança social*, e as outras *ciências sociais enquanto ciências das leis sociais eternas*.

Por um lado, a história pode e deve ser ciência tanto daquilo que dura como daquilo que muda, tanto das estruturas como dos acontecimentos, tanto dos mecanismos como dos fenómenos. Por outro lado, e principalmente, as outras ciências humanas estão, a meu ver, condenadas à esterilidade se não colocarem no fluxo da história, quer o objecto dos seus estudos, quer elas próprias. Mas também aqui permanece o facto de que a história se interessa mais pelas evoluções do que pelas permanências, embora, segundo as épocas e os tipos de sociedade, ela possa ser levada a dar maior ou menor importância aos tempos longos, que são os das permanências e que aproximam ou afastam a história de outras ciências vizinhas mais particularmente dedicadas ao estudo das sociedades ditas sem história, por exemplo, a etnografia ou o folclore.

História e folclore

A este propósito, seria muito interessante mostrar a importância do folclore para a história medieval, porquanto o folclore é ciência da civilização tradicional (²) – para retomar uma expressão de André Varagnac –, das sociedades camponesas, não imóveis, por certo, mas conservadoras. Ora, a Idade Média é essencialmente rural e o conjunto da sua cultura implica uma certa rejeição da história, mas situada na história.

Devo observar neste ponto que o caminho dos historiadores, e em particular dos medievalistas, para o folclore se encontra com o concomitante caminho dos folcloristas em direcção à história.

Num importantíssimo artigo (³), o mestre italiano dos estudos de folclore, o Prof. Cocchiara, exprime-se fortemente contra a ideia de um folclore fora do tempo. Ele mostra que o folclore siciliano se encontra situado no tempo, que tem uma função em todos os períodos da história e reage à evolução da história. É claro, naturalmente, que, em relação à evolução histórica, esse folclore desempenha o papel de travão, revela uma atitude de recusa, mas sofre em todo o caso o seu contragolpe. Se me é permitido evocar um ou dois pontos de pesquisas feitas num meu seminário sobre as relações entre folclore e alta cultura na Idade Média, posso observar que a atitude da cultura dita superior – que na Idade Média é essencialmente a cultura eclesiástica e sobretudo a cultura eclesiástica escrita – varia conforme os períodos em relação à cultura folclórica.

O estudo dos elementos folclóricos das vidas dos santos merovíngios leva a verificações bastante assombrosas. Pois, se partirmos das ideias correntes e em particular das ideias de eminentes folcloristas contemporâneos, como Saintyves, que em vários aspectos do cristianismo e sobretudo do cristianismo da alta Idade Média via um simples disfarce de um folclore tradicional eventualmente de origem diversa – como podia ser o paganismo religioso greco-romano ou as formas de crenças tradicionais das sociedades camponesas que remontam muito para além da própria pista greco-romana –, teremos de dizer que na literatura hagiográfica encontramos na realidade essencialmente uma rejeição do folclore. Rejeição essa determinada antes de mais pelo medo dos perigos que ele teria representado para a cultura eclesiástica. E tais perigos nem sempre são exactamente os que habitualmente se julgou poder identificar. Com efeito, não havia necessariamente concorrência ou incompatibilidade entre esta ou aquela crença classificada como pagã ou folclórica e esta ou aquela crença cristã. Além disso, é bem sabido que em muitos casos se procedeu a uma cristianização de crenças e costumes pagãos e folclóricos. Mas, o que é mais importante, a partir da alta Idade Média – quando se acharam empenhados no esforço de criar uma cultura cristã, de algum modo eterna –, foi preocupação constante dos intelectuais recolocar tal cultura num determinado momento histórico e administrar as possibilidades de uma sua evolução. É já muito significativo que as *Vitae*, as hagiografias merovíngias – que no entanto não são biografias em sentido moderno, porquanto o objectivo dos seus autores era substancialmente o de apresentar nestes santos modelos a seguir, o de oferecer exemplo de comportamento moral e fazer obra de edificação – situam todavia estas vidas exemplares e estereotipadas num quadro cronológico. Mas os seus pontos de referência cronológica não são, evidentemente, os dos historiadores modernos. É divertido ver ilustres historiadores desiludidos, se não escandalizados, pelo facto de estas «vidas» serem tão pobres de indicações ditas «históricas». Há muito poucos «acontecimentos», muito poucas datas. Fica-se espantado com o facto de na vida de São Marcelo, bispo de Paris, o autor Fortunato especificar o mês e o dia do mês em que o santo morreu, ao mesmo tempo que se silencia o ano, assim como a idade. Mas é claro que a intenção do hagiógrafo não é dar-nos uma biografia como nós a entendemos hoje. O objectivo que ele persegue é o de dar as indicações necessárias para inserir a morte do santo no calendário litúrgico. Contrapõem-se portanto, assim, um tempo litúrgico dos hagiógrafos da Idade Média e o tempo medido das nossas cronologias actuais. E o tempo das hagiografias é por sua vez diferente do tempo do folclore, atento sobretudo às estações, por exemplo.

Há ainda uma outra razão pela qual o folclore está banido desta literatura hagiográfica: é a distância que existe entre a cultura dos hagiógrafos, proveniente do alto clero que sabe ler, e a dos ambientes, não diria populares (termo vago e perigoso), mas leigos – é a altura em que o termo «leigo» se torna sinónimo de iletrado. Entre clérigos e leigos (e sobretudo os camponeses que não sabem ler nem escrever e que, de modo particular, não conhecem o latim) há um autêntico fosso de incompreensão, e o folclore não é acolhido pela cultura eclesiástica não apenas porque os clérigos nutrem hostilidade para com ele, mas também muito mais simplesmente porque não o compreendem. Quando se estuda de perto estes textos, vê-se que a tradição transmitiu aos hagiógrafos alguns elementos folclóricos que eles não captaram e que por vezes inseriam nas suas obras deformando-os e desculpando-se por tê-los introduzido.

Quando o hagiógrafo declara que o santo era santo *etiam in minimis*, «mesmo nas pequenas coisas», essas pequenas coisas são em geral coisas muito importantes, mas que provêm do folclore.

Na vida de São Germano de Auxerre, por exemplo, o biógrafo desculpa-se por contar um milagre que lhe parece, digamos mesmo (e ele próprio o diz), quase idiota, mas que ele refere para ser completo. Durante uma das suas viagens, São Germano vê-se na contingência de ter de passar uma noite numa aldeia. De manhã vêm ter com ele pedindo-lhe que ponha fim a uma calamidade que se abate sobre a aldeia: os galos deixaram de cantar e pede-se ao santo que lhes restitua a voz. O santo manda vir cereal, benze-o, dá-o a comer aos galos, e de repente levantam-se tantos e tais cantos que obrigam o próprio santo e todos os presentes a tapar os ouvidos. Embaraço do biógrafo: terá feito bem em contar um episódio do género? Mas o facto é que se o canto do galo vem a faltar na vida tradicional de uma aldeia, isso não só constitui uma perturbação na medida do tempo, mas é também o sinal de que as forças da natureza, as forças da fecundidade, deixaram de corresponder. Fazer cantar os galos significa reconciliar a aldeia com as forças económicas e com as forças espirituais, com a ordem do mundo. É absolutamente evidente que o nosso hagiógrafo não o compreendeu de modo algum[4].

E é exactamente porque a Idade Média é sobretudo civilização rural, civilização com predomínio dos tempos longos, que ela pode ser considerada de algum modo como «primitiva», embora seja perigoso confundir as civilizações dos primitivos actuais ou recentes e a civilização medieval. Há no entanto uma certa rejeição da história, um certo medo da mudança, um predomínio dos tempos longos num e noutro tipo de civilização que permitem um confronto capaz, feitas as devidas distinções, de renovar a nossa compreensão da cristandade medieval.

Num artigo de Claude Lévi-Strauss (*Les discontinuités culturelles et le développement économique et social*, «Information sur les sciences sociales», 1963), quase em cada parágrafo, em cada frase em que Lévi-Strauss escreve «primitivo», poder-se-ia tranquilamente substituir por «medieval» sem ter de mudar quase nada.

Tempo longo – tempo breve

Em que é que consiste pois a problemática dos tempos longos e dos tempos breves? É o estudo de uma sociedade histórica numa determinada área cultural, dentro de um determinado período – e insisto nestas definições dos nossos estudos, necessárias numa altura em que cada vez se tem menos cuidado em delimitar cronológica e geograficamente o assunto de que nos ocupamos, e em que a história comparativista passa alegremente por cima das fronteiras, mesmo as mais respeitáveis, colocando-se em vários níveis e diferentes pontos de observação que permitem identificar diferentes ritmos de mudança. Reduzindo aos termos mínimos, poderia formular assim a minha pergunta: o que é que na história, e mais especialmente na história medieval, muda rapidamente e o que é que muda lentamente?

Esta problemática está ligada a todo o filão actual de interesse pelo tempo, no conjunto das várias disciplinas científicas. Recentemente, um estudo global da concepção do tempo nas ciências foi tentado por Robert Walis em *Le temps, quatrième dimension de l'esprit*, que se apresenta como o estudo da função temporal do homem do ponto de vista físico, biológico e – um terceiro adjectivo, este, que pelo que designa me desagrada mais – «metafísico». Procurarei naturalmente não esquecer as pesquisas sobre o tempo em psicologia, como a de Lévi-Valensi e, obviamente, de Jean Piaget e dos seus discípulos como Pierre Greco. Em particular os seus trabalhos sobre a aquisição das noções temporais por parte das crianças não são de modo algum inúteis para o historiador e o medievalista. Com a sociologia, o parentesco torna-se mais evidente; após Halbwachs, Georges Gurvitch estudou *Os Tempos Sociais*. No campo propriamente histórico, recordarei o artigo fundamental de Fernand Braudel, «Histoire et Sciences sociales: la longue durée», publicado nos *Annales* em 1958, e o artigo igualmente essencial de M. Dupront, «Histoire et temps» ([5]).

No campo, ainda muito próximo dos nossos interesses, da psicologia histórica, os trabalhos sobre o tempo junto dos Gregos, dos meus colegas e amigos Jean-Pierre Vernant e Pierre Vidal-Naquet parecem-me particularmente importantes. É, parece-me, uma boa ocasião para lembrar aos estudantes que a problemática histórica está estreitamente ligada à das outras ciências, e que todas elas concedem hoje ao tempo, provavelmente porque tudo anda mais rapidamente, uma acrescida importância.

Tempo longo

Não me deterei muito sobre os possíveis exemplos desta problemática dos tempos longos e dos tempos breves aplicada à história da Idade Média. Limitar-me-ei a dar alguns exemplos apenas esboçados:

1. Os tempos longos são antes de mais os *dos instrumentos da técnica*, especialmente no mundo agrícola.

É muito importante fazer compreender aos nossos estudantes de quanto tempo as invenções técnicas, incluindo e talvez sobretudo as mais importantes, têm necessidade para se aclimatar. M. Dupront mostrou quanto tempo foi preciso para que fosse aceite uma noção como a de *civilização*, que se dirige de resto a um ambiente requintado, a um ambiente aberto de intelectuais.

No mundo agrícola medieval, encontramo-nos num ambiente económico, técnico e mental em que a introdução de uma invenção corre o risco de perturbar equilíbrios e de pôr fim àquela procura de segurança que é a primeira coisa desejada por uma sociedade ameaçada. O tempo necessário para se imporem invenções como a do arado de rodas e orelha e de certas novidades técnicas como a rotação trienal das culturas é da ordem de quatro séculos (séculos IX-XIII). O «tempo» de crescimento das taxas de rendimento agrícola, partindo do 1,5 do início do século IX, para chegar a 6 ou 7 em terrenos excepcionalmente ricos e bem cultivados da Flandres, de Hainaut e Artois[6], este «tempo» particular, precisamente, testemunha-nos muito bem a lentidão do mundo medieval. Anote-se, a propósito dessas evoluções e desses ritmos, a tentação dos medievalistas, justificada dentro de certos limites, de ligar os ritmos rápidos à civilização urbana. Mas as cidades é preciso alimentá-las e elas dependem da economia agrícola, e as regiões urbanas, as regiões fortemente urbanizadas, as regiões «progressistas» da Flandres ou da Itália Setentrional no seu conjunto são, naturalmente, aquelas em que o tempo longo da agricultura acelera até quase alcançar o ritmo do tempo mais célere, ou seja, o tempo curto das cidades.

Uma vez mais, feitas as devidas correcções, é possível encontrar aqui alguns dos problemas e dos aspectos fundamentais da Idade Média, à luz dos estudos actuais sobre a problemática do crescimento económico ou do desenvolvimento dos países do Terceiro Mundo.

2. Há depois as *mentalidades*, que mudam lentamente. As mentalidades representam aquela «alma colectiva» de que fala Dupront; as mentalidades alimentam o mundo das ideias, mas por sua vez aprofundam as suas raízes num mundo de profundidade que não tem a agilidade, os instrumentos mentais dos ambientes intelectuais especializados que estão informados, abertos às mudanças. Tomemos um único exemplo: a bem conhecida importância, na Idade Média, da noção de autoridade; tem-se medo de enunciar uma novidade, a *novitas* é considerada uma

coisa má, o termo *novus* representa um perigo, é quase uma injúria. No campo do pensamento esconde-se sempre por detrás uma autoridade. Mesmo quando a roda da história recomeça a girar graças à redescoberta do pensamento de Aristóteles, o próprio Aristóteles torna-se uma autoridade intocável, «o» filósofo. O facto é que se procura sempre um garante, pretende-se negar o progresso e o movimento. É esta procura de segurança que anima a rejeição da história, e é aqui que a escolástica, não obstante as suas audácias, manifesta também os seus limites; ela contenta-se no fundo em substituir, ou melhor ainda, em acrescentar às velhas autoridades as novas, às autoridades da Bíblia e dos Padres, a dos *magistri*. Mas o que é essa autoridade dos mestres? Inicialmente, julgo eu, devia tratar-se de uma autoridade de tipo novo, pois que, contrariamente às anteriores, não tinha carácter sacro. O *magister* do século XII – na altura em que este novo ambiente escolástico, o novo ambiente das universidades começava a formar-se – era essencialmente um «chefe de laboratório». Mas bem depressa no mundo intelectual, no mundo universitário, o *magister* recuperou, pelo menos em parte, os seus aspectos e as suas funçãess sacrais.

À imagem do rei e do bispo, ainda que a um nível um pouco mais baixo, ele torna-se uma personagem sacra que se distingue primeiro que tudo pela sua posição, que fazia com que aparecesse colocado num pedestal, sob um baldaquino, com uma veste que estabelecia distâncias; vivia num outro mundo, e em última análise a sua autoridade – que no início da escolástica não era mais que uma opinião mais bem fundada do que as outras, uma opinião que devia a sua autoridade à experiência do *magister*, comparável à de um artífice e procedente de uma técnica – tornou-se algo que se adquiria não decerto por ciência infusa, mas muito mais simplesmente porque se estava na posse de um diploma, de uma *licencia*, e pelo facto de que se ocupava um lugar, se estava num «estado» que colocava o detentor novamente naquela ordem sacral de que a escolástica parecia inicialmente ter libertado o mundo intelectual. O que vem a ser então a frase de um Bernardo de Chartres quando diz – e é uma proposição revolucionária, esta – *veritas filia temporis*, «a verdade é filha do tempo?» Ainda que se interprete esta expressão no âmbito de uma noção de evolução neoplatónica, como se fazia em Chartres, é preciso recordar que esta frase se espalhou, que a partir de Chartres ela passou para as bocas e para os espíritos dos estudantes, dos homens cultos que, esquecendo qualquer referência neoplatónica, nada mais viram nesta *veritas filia temporis* que a porta aberta à aceleração da história.

História e mentalidade

Em geral, as mentalidades medievais negam toda a perspectiva, e seria da minha parte ainda mais temerário tentar evocar uma outra ligação, aliás necessária e profunda, a ligação entre o tempo e o espaço.

Na ciência, na arte, na história, a mentalidade medieval nega a perspectiva, a cronologia discursiva, a diacronia. Os estudos de P. Rousset sobre um ponto particular ([7]) retomam as profundas considerações de Dupront sobre a origem das cruzadas: os cruzados que iam a Jerusalém não imaginavam apenas que aniquilavam, que aboliam o tempo; eles sentiam que iam também punir os verdadeiros carrascos de Cristo, e não os seus filhos ou os seus sucessores. Haveria que fazer um belíssimo estudo exactamente sobre a ideia de geração, entendida não como quadro da história mas como enquadramento de mentalidades de uma sociedade. Há aqui algo mais e algo de diferente da noção de responsabilidade colectiva, muito mais do que o «serás maldito até à sétima geração», uma expressão que de resto quer dizer até ao fim da geração.

Segundo esta concepção de «geração continuada», os filhos são os pais. Estudar o mundo das mentalidades é antes de mais estudar a instrumentação mental. As ideias são apenas um pequeno sector, eu diria um pequeno fragmento no arsenal da instrumentação mental, são talvez os seus objectos mais elaborados, mas não os mais utilizados nem os mais úteis. É a nível da linguagem, e dos seus significados, que é preciso estudar as mentalidades ([8]).

Estrutura e acontecimento

Quem diz instrumentação diz *tempo longo*, pois uma instrumentação é longa na sua constituição e conserva-se também o mais longamente possível. A dispersão da instrumentação é uma das coisas que a Idade Média se empenhou ao máximo em evitar. Na sua *Regra*, São Bento recomenda que se trate os utensílios de ferro dos mosteiros, as *ferramentas*, como vasos sagrados. Eis um outro tipo de milagre, revelador ao mesmo tempo das estruturas económicas, técnicas e mentais: um dos primeiros milagres de São Bento – *etiam in minimis*, poderíamos dizer da nossa parte – consiste em fazer subir do fundo de um charco uma enxada de ferro que um monge desatento lá fizera cair. Um grande santo mobilizou-se pois para recuperar um utensílio de ferro. Assim, também a instrumentação mental e verbal dos homens da Idade Média é uma instrumentação pobre mas eficaz, que procura conservar-se longamente, que só lentamente se aperfeiçoa.

Sobre os *tempos breves*, os mais elementares, deter-me-ei muito brevemente. Parece-me em todo o caso desejável fazer compreender aos estudantes que o *tempo breve* é essencialmente o tempo delimitado por um nascimento e uma morte, é essencialmente o tempo de alguma coisa que tem um início e um fim. Os *tempos longos*, os tempos das estruturas, apesar de as estruturas também se modificarem, não podem em contrapartida ser definidos com nascimentos e mortes. Se é verdade que há coisas que morrem na história, isso sucede, contrariamente ao que pensava Paul Valéry, não ao nível das civilizações, que é um nível de transformações permanentes, mas ao nível dos *tempos breves*. Os grandes fenómenos que têm um princípio e um fim são acontecimentos; as cruzadas, por exemplo, ou a arte românica, fenómeno histórico limitado.

Outro *tempo breve* privilegiado é o das crises. Nós sabemos, sobretudo graças a Ernest Labrousse, o que pode significar uma crise numa dada sociedade e numa dada economia. O que são as crises na Idade Média, quando podem produzir-se, qual é o seu mecanismo, o seu núcleo, o que é que revelam?

Uma crise económica medieval é reveladora do carácter absolutamente superficial, epifenoménico, quase parasitário de certos fenómenos. A crise da banca de Génova no século XIII, estudada com muita perspicácia por R. S. Lopez, apresenta-nos exactamente a fragilidade de um mecanismo tão bem inserido nas estruturas medievais que bastou uma tolice para desmanchá-lo. Crise esclarecedora, tal como a das falências florentinas por volta de 1340, ou a crise geral de 1315-1318, esta última que no fundo é a primeira e que conhecemos bastante bem, mesmo em alguns dos seus números, e cujo mecanismo podemos traçar com base nos modelos de outras crises de subsistência do *ancien régime*, das quais ela é de algum modo a primeira.

Igualmente, e mais claramente, uma crise política como a que opôs Filipe, *o Belo* a Bonifácio VIII cristalizará todo um conjunto de problemas. Interessante seria também o estudo de uma crise intelectual.

Como é que uma crise semelhante pode verificar-se na Idade Média? O que é que tudo isso supõe? Que tipo de grupos contrapõe ele entre si? Que possibilidades revela ela nos meios, da parte dos homens da Idade Média, para travar ou acelerar o progresso intelectual? Esclarecedora é a de 1277, nascida da condenação de uma série de proposições por parte do bispo de Paris, Étienne Tempier, mas que teve repercussões imediatas em Oxford e um pouco por todo o lado em todo o mundo intelectual; esclarecedora porque naquela ocasião puderam constituir-se verdadeiros partidos intelectuais, e porque pela primeira vez se manifestou no Ocidente o partido, seja-me permitido dizê-lo, de uma *intelligentzia* de que esta crise é precisamente a revelação. O interesse desta crise para o historiador reside no estudo das condições e dos meios que permitiram a sua explosão e que condenaram os audazes ao fracasso.

Na história medieval, o predomínio dos *tempos longos* reporta-nos à característica essencial de uma civilização agrícola. Passando a falar do fenómeno urbano na Idade Média na perspectiva dos *tempos longos* e dos *tempos curtos,* ele revela que a história urbana tem os seus ritmos próprios, mas não pode no entanto ser compreendida a não ser em função e por osmose com a história agrícola. Melhor talvez do que ninguém, à excepção de Pirenne, os medievalistas belgas deram-se conta desta pressão do tempo rural sobre o tempo urbano. Resta em todo o caso o facto de que a cidade tem uma função de aceleração na história, e que, sem dúvida, um dos elementos importantes do fenómeno urbano na história medieval é exactamente o de limitar os *tempos longos*, ou seja, pôr de novo em movimento a civilização no mundo ocidental.

Renascimento, recuperação, actualização

O estudo dos tempos não deve passar por cima do problema dos desfasamentos ou *décalages*. Ele deve estar em condições de mostrar como, dentro de fenómenos intimamente ligados entre si por estruturações internas, existem no entanto blocos que caminham lentamente e blocos que avançam velozmente, havendo ainda toda uma série de fenómenos históricos que se movem mais ou menos a reboque. A maioria das vezes, mas não sempre, são as mentalidades a acusar atraso, na maior parte dos casos porque as mentalidades – lembro-o – não são o mundo das ideias, ou seja, o mundo de uma *intelligentzia* por vezes avançada com a sua reflexão, mas o mundo do reflexo profundo das estruturas gerais da sociedade. Por vezes, com frequência através de uma crise, verificam-se recuperações; e também as recuperações, as actualizações da Idade Média constituem fenómeno de particular interesse. Por outro lado, se eu a este fenómeno dou um nome que pode parecer pejorativo, o de «recuperação», os medievalistas que se ocupam

de história da cultura atribuíram-lhe um nome nobre, chamaram-lhe
«renascimento», renascença do século x, renascença do século xii, e
grande renascimento.

Relatividade do tempo

Para terminar com algumas considerações muito práticas e elementares, parece-me que entre os interesses da nossa problemática – que, repito, apresento como meio de pesquisa e de ensino e não já como instrumento apto para todos os tempos e todos os lugares na história – haja a possibilidade de nos pormos, nós próprios e os nossos estudantes, em contacto com aquela que é a matéria própria da história e do ofício de historiador, o *tempo*. Retomaria aqui, do artigo já mencionado de Dupront, aquela «consciência profissional» que consiste no reflectir sobre a própria matéria da nossa elaboração histórica. O seu interesse está também na escolha de uma perspectiva que possa apresentar a documentação histórica a uma nova luz. A cronologia era utilizada, praticada e pensada pelos homens da Idade Média segundo modalidades que devem chamar a atenção do historiador. A medição do tempo não é objecto apenas da história das técnicas e da história das mentalidades, mas também da história social. O colega polaco Witold Kula mostrou, a propósito de pesos e medidas, que função, que papel na história social, esta instrumentação desempenhou, em que medida, ela poderia ser reveladora da luta das classes e da história social.[9]
Na Idade Média, ainda mais provavelmente do que em outras épocas, dispor do tempo, dos quadros sociais dentro dos quais ele é encerrado, dos instrumentos com que ele é medido, é um meio de domínio por excelência, quase diria – naturalmente carregando um pouco a mão – que, se me pedissem uma minha periodização para o início da Idade Média, eu responderia que ela se inicia quando as igrejas começam a ser dotadas de sinos, ou seja, por volta do século vi. Um novo enquadramento da sociedade apresenta-se naquela altura como revelador de uma sociedade nova, de uma nova civilização. Um tempo eclesiástico que marcará completamente, como é sabido, o tempo urbano, que os sinos da Flandres foram os primeiros a ritmar.[10]

Há ainda, parece-me, uma atenção nova a prestar, através desta investigação dos tempos, à própria documentação histórica. Parece-me essencial, para conhecer uma sociedade, saber quais foram aqueles a que eu chamo os instrumentos de perpetuação, ou seja, os meios através dos quais, consciente ou inconscientemente, uma sociedade, uma civilização deixa os testemunhos de si própria. É extremamente interessante ver como as chancelarias, os documentos escritos, os documentos figurativos, a arqueologia, apresentam imagens por vezes contrastadas e sempre cativantes do ritmo de evolução. Não se pode pretender representar o tempo, incluindo o tempo medieval, segundo o modelo dos velhos analistas, com cortes sempre iguais, ano por ano, em cada um dos quais se procura meter um conjunto de acontecimentos mais ou menos igual.

Basta darmos uma olhadela à documentação para nos apercebermos de que ela revela algo, quer dizer alguma coisa, não é devida apenas à causalidade das perdas ou das descobertas, diz-nos qual foi a coesão, a força de criação das várias épocas. Por vezes nós falamos por séculos, dizemos no século v, no século vi, etc.; em seguida vêm épocas em que os instrumentos de perpetuação se tornam mais ricos, em que a cronologia é mais requintada. De chofre começamos, por exemplo, acerca de Carlos Magno, a datar os capitulares, as actas, as guerras. De repente ou quase, a cronologia revela um enquadramento que não é apenas um enquadramento administrativo, mas uma atenção voltada para os vários campos da actividade humana – a renascença carolíngia no seu nível mais profundo.

Restaria por fim examinar, mas não nos ocuparemos disso aqui, o tempo do historiador e o relativismo cronológico que impera na historiografia.

Conclusão

Para terminar, algumas preocupações práticas.

Provavelmente não será caso para dilucidar aos estudantes o que é propriamente o trabalho de laboratório, os instrumentos demasiado especializados do historiador. Introduzir o estudante no cerne de uma certa problemática da história é sem dúvida correcto, mas é preciso fazer desaparecer os andaimes, e em particular – sabemo-lo bem – uma certa erudição; esta, sejam quais forem os objectos, é assunto nosso e não objecto de ensino.

Seria, sem dúvida, prematuro fornecer uma exposição daquilo que, para já, está ainda em estado experimental no campo histórico. Os historiadores, como é sabido, acham-se confrontados com problemas de método, com um vocabulário que se assimila com dificuldade.

Não estamos bem preparados para absorver e assimilar a invasão dos métodos quantitativos, do vocabulário, muitas vezes utilíssimo, das ciências exactas e da matemática. Não procuremos dar de tudo isso aos nossos estudantes uma imagem que em todo o caso resultaria falsa. Não decomponhamos, por exemplo, a noção de *modelo* até ao ponto de esvaziá-la do seu significado e da sua eficácia, e deixemos aos matemáticos e aos historiadores, nos seus momentos de mais intensa pesquisa, a tarefa de defini-la e de utilizá-la. Por fim, é provavelmente perigoso apresentar uma história da história, que levaria a um relativismo céptico. A história muda, indubitavelmente; o passado não está apenas no passado, mas crer que ele possa ser tomado como um jogo do historiador seria, a meu ver, falso e perigoso.

Por outro lado, uma história comparada que escondesse as diferenças substanciais teria igualmente como efeito falsear o juízo dos nossos jovens alunos. Por exemplo, é interessante confrontar a história do Ocidente medieval e a de algumas sociedades naturais, particularmente as do Terceiro Mundo. Em semelhantes aproximações há no entanto que ver as diferenças para além das semelhanças. Falar do tempo significa, em última análise, desembocar no problema do anacronismo na história, cuja delicada solução é a do discernimento entre um mau anacronismo – aquele que, com confrontos abusivos, desorienta e torna cegas as pessoas – e um anacronismo bom – aquele que, com aproximações legítimas, orienta e esclarece, sujeitando o tempo da história à fecunda experimentação do historiador.

NOTAS

[1] Parece-me, em poucas palavras, que mentalidade económica e comportamento religioso não têm relações directas, mas dependem, mais ou menos solidariamente, de conjuntos históricos mais amplos.

[2] A. Varagnac, *Civilisation traditionelle et genre de vie*, Paris, 1948. Do mesmo autor, «La notion d'archéocivilisation», in IXᵉ Congrés International des Sciences Historiques, Paris, 1950, I, pp. 38 e ss.

[3] Paganitas, «Sopravvivenze folklaristiche del paganesimo siciliano», in Kôkalos, Universidade de Palermo, X-XI (1964-1965), pp. 401-416.

[4] Cf. Costanzo di Lione, *Vita Germani*, ed. R. Borius. Cf. o meu «Culture cléricale et traditions folkloriques dans la civilisation mérovingienne», *Annales*, 1967, p. 780.

[5] Comunicação publicada no *Annuaire-Bulletin de la Société de l'Histoire de France* (1960-1961). O artigo de Braudel, em trad. it., está publicado em F. Braudel (dir. de), *La storia e le altre scienze sociali*, Laterza, Roma-Bari, 1982, pp. 153-93.

(⁶) Cf. os trabalhos de G. Duby, B. Slicher van Bath e A. Verhulst, e o volume *L'agricoltura e il mondo rurale nell'alto Medio Evo*, Spoleto, 1965.
(⁷) *La conception de l'histoire à l'époque féodale*, in *Mélanges Louis Halphen*, Paris, 1950.
(⁸) Sobre o vocabulário como instrumentação mental, cf. o meu «Le vocabulaire des catégories sociales chez saint François d'Assise et ses premiers biographes», in *Ordres et Classes,* Colloque de l'E.N.S. de Saint Cloud, Paris, 1967.
(⁹) Em *Studi in onore di (Amintore) Fanfani*, 1962.
(¹⁰) Cf. J. Le Goff, «Nel Medioevo: Tempo della Chiesa e tempo del mercante», in *Tempo della Chiesa e tempo del mercante*, cit., pp. 3-23.

A Política será ainda a Ossatura da História?

Para um historiador formado naquela que, com ou sem razão, foi chamada a «escola dos *Annales*», o título deste ensaio parecerá estranho. O historiador dos «Annales» formou-se na ideia de que a história política é já velha e antiquada. Marc Bloch e Lucien Febvre exprimiram-se nesse sentido inúmeras vezes. E reclamaram-se também dos grandes precursores da história moderna. *No Essai sur les Moeurs et l'esprit des nations*, escrevia Voltaire: «Dir-se-ia que os únicos Gauleses, nos últimos catorze séculos, tenham sido reis, ministros e generais» ([1]). Jules Michelet, em 1857, escrevia a Charles Sainte-Beuve: «Se tivesse incluído apenas a história política nas minhas exposições, se não tivesse tido em conta os muitos outros elementos da história (religião, direito, geografia, literatura, arte, etc.), o meu tipo de abordagem teria sido muito diferente. Mas eu tinha necessidade da máxima possibilidade de movimento, pois que todos estes elementos diversos gravitavam conjuntamente para formar um todo» ([2]). E ainda, referindo-se à sua *Histoire de la France*, Michelet afirmava: «Aqui uma vez mais posso dizer apenas que me encontrei sozinho. É muito raro encontrar alguma coisa que não seja história política, actas de governo e algumas palavras sobre as instituições. Nunca ninguém se deteve a considerar aquilo que acompanha, explica e em parte constitui o fundamento da história política: as condições sociais, económicas e industriais, a situação da literatura e do pensamento» ([3]).

Ao mesmo tempo, a grande maioria dos historiadores, consciente ou inconscientemente, caiu sob a influência do marxismo – ou para segui-lo, mais ou menos rigidamente, ou para desafiá-lo, mais ou menos abertamente. Mas uma leitura demasiado apressada de Marx poderia fazer pensar que ele classificava a política entre as superstruturas da sociedade, e considerava a história política como um epifenómeno da história das relações de produção. Há uma passagem famosa no prefácio ao *Contributo para Uma Crítica da Economia Política:* «O conjunto das relações de produção constitui a estrutura económica da sociedade, a base concreta sobre que se ergue uma estrutura jurídica e política, e à qual correspondem certas formas de consciência social. O modo de produção relativo à vida material determina o modelo da vida social, política e intelectual em geral» ([4]).

Sem querer necessariamente ver na atitude de Marx em relação à política, teórica e prática (*o político* e *a política*), aquele pessimismo de fundo que lhe é atribuído par alguns comentadores (na maioria dos casos do campo oposto) ([5]), pode concluir-se no entanto que uma concepção que avança a hipótese da «dissolução do Estado» dificilmente pode levar a um aumento de prestígio em tudo aquilo que tem a ver com a política, incluindo a história política.

Haverá quem considere isto como uma visão unilateral, própria de um historiador desviado por uma tradição especificadamente francesa e por uma ideia exagerada da influência do marxismo. De modo nenhum. Os Franceses foram dos mais resolutos defensores da história política ([6]). E Johan Huizinga, que não é francês nem de modo algum pode ser considerado um marxista, no decurso da sua obra afastou-se gradualmente da história política. Em *The Task of Cultural History* ([7]), ele reconhece-lhe apenas um ascendente já minguante, baseado sobretudo no facto de ela ser ao mesmo tempo fácil e clara. Não sendo pessoalmente atraído pela história económica e social, embora fizesse notar a sua «irresistível ascensão» ([8]), Huizinga dirigiu bem depressa os seus principais esforços no sentido de construir uma história cultural científica.

A economia, a sociedade e a cultura parecem ter monopolizado as atenções dos historiadores nos últimos cinquenta anos. A história política, desprezada e atacada, parece ter caído também nas incertezas epistemológicas nascidas da tentativa de algumas escolas de sociologia de ofuscar a distinção entre política prática e teórica. Para recordar apenas duas figuras de primeiro plano na sociologia francesa actual, Alain Touraine sublinhou recentemente a «dupla fraqueza» da análise política nas ciências sociais ([9]) e Edgar Morin sublinha a «crise» da política devido ao facto de o seu campo ter sido invadido por todos os lados pela técnica e pela ciência ([10]). Implicará a atomização da própria política uma correspondente desintegração da história política, reduzida já a uma posição incómoda no interior da sua própria disciplina? Para compreender as regressões sofridas pela história política no século XX, temos de analisar os factores que antes a tinham feito prosperar.

O seu anterior ascendente estava sem dúvida ligado à forma predominante assumida, entre o século XIV e o século XX, pela sociedade do *ancien régime*, primeiro, e pela sociedade saída da Revolução Francesa, depois. O nascimento do Estado monárquico, do príncipe e dos seus ministros, trouxe a primeiro plano no cenário político a agitação exibicionista das marionetas de corte e de governo que ofuscou os historiadores, além do povo, claro. O aristotelismo, sob várias vestes e formas, em particular depois do século XIII, e Tomás de Aquino forneceram o vocabulário e os conceitos para apresentar estas novas realidades. Mas o triunfo da política e da história política não foi imediato. Afirmaram-se bastante rapidamente como protagonistas na Itália graças ao nascimento das «senhorias». Mas em França, apesar do passo dado em frente sob Carlos V, o rei aristotélico, que entre 1369 e 1374 mandou traduzir por Nicola d'Oresme (de um texto latino) a *Política* e a *Ética* de Aristóteles, e um tratado de economia, o termo «política» não se tornou de uso corrente antes do século XVII como substantivo, consolidando assim o do adjectivo, já entrado em uso desde o século XVI. Também o termo «política» beneficiou provavelmente da fortuna de todos os vocábulos relacionados com o conceito de *polis*. Estes, juntamente com os derivados de *urbs – urbano, urbanidade, urbanismo –*, cobrem na prática uma larga área do campo semântico da civilização. E é talvez através de *police* (que só produziu *policé* [organizado, civilizado] no século XIX) que se chega a *politesse* (gentileza, delicadeza), que aparece no século XVIII. O reino do *político*, da *política e* dos *políticos* (política teórica, política prática e homens políticos) é portanto o reino da elite, e foi aí que a história política foi buscar a sua nobreza. Fazia parte do estilo aristocrático. Donde a intenção revolucionária de Voltaire de escrever «em vez da história do rei e das cortes, a história dos homens». Parecia que a história filosófica queria escorraçar a história política. Mas, de facto, na maioria das vezes ambas chegaram a compromissos. Um exemplo pode ser visto na *Histoire philosophique et politique des établiasements et du commerce des Européens dans les deux Indes* do abade Raynal([11]).

A Revolução de 1789, se bem que em última análise tenha levado no século XIX à passagem do poder político para a burguesia, não destruiu as prerrogativas da história política. O romantismo fê-la vacilar, mas não a fez cair. Chateaubriand, que haveria de reconhecer os elementos de modernidade na história, assim como na política e na ideologia, embora o fizesse só para os refutar, foi um caso isolado([12]). François Guizot, ainda mais do que Augustin Thierry, deu um passo em frente orientando a história, no sentido de uma história da civilização([13]), mas, a partir do momento em que tanto uma como a outra estavam em primeiro lugar interessadas em esclarecer o nascimento da burguesia, permaneceram encharcadas na história política. Mas as «classes médias vencedoras» não só se apropriaram da história política com toda a sua glória, como tomaram gosto, por sua vez, tal como os seus antecessores, por um modelo histórico que era monárquico e aristocrático: um exemplo típico de como o atraso cultural faz com que uma classe *parvenue* adopte os gostos tradicionais. Michelet é um cume solitário.

Para tomar apenas o caso da França, só no início do século XX a história política começou a recuar, para depois sucumbir antes que os primeiros passos de um novo tipo de história fossem apoiados pelas novas ciências sociais – a geografia, e especialmente a economia e a sociologia. Vidal de la Blanche, François Simiaud e Emile Durkheim foram, conscientemente au não, os padrinhos desta nova história. Os seus pais foram Henri Berr, com a *Revue de synthèse historique* (1901), e ainda mais decisivamente Marc Bloch e Lucien Febvre, com *Annales d'histoire économique et sociale*.

Raymond Aron mostrou no seu ensaio sobre Tucídides quão estreitamente a história política está ligada com a narração e o acontecimento([14]). A escola dos *Annales* detestava o trinómio formado pela história política, pela história narrativa e pela crónica ou história episódica (acontecimental). Tudo isso era, para ela, simplesmente pseudo-história, história barata, algo de superficial que preferia a sombra à substância. Era preciso colocar no lugar que lhe competia a história em profundidade – uma história económica, social e mental. Na maior obra produzida pela escola dos *Annales* – *La Méditerranée et le monde méditerranéen à l'époque de Philippe II* (1949) – a história política é relegada para a III parte, a qual, longe de ser a parte culminante da obra, faz antes figura de bagatelas e migalhas de sobra. Em tempos ossatura da história, a história política foi-se afundando até não ser mais do que um apêndice atrofiado: é o acepipe do sacerdote da história.

Mas a história política haveria gradualmente de voltar em força, assumindo os métodos, o espírito e a abordagem teórica própria daquelas ciências sociais que a tinham empurrado para segundo plano. Tentarei delinear este recente retorno tomando como ponto de referência a história medieval ([15]). O primeiro e principal contributo da sociologia e da antropologia para a história política foi o terem imposto como seu conceito e objectivo central a noção de «poder» e os factos relativos ao poder. Como observou Raymond Aron, esta noção e estes factos aplicam-se a todas as sociedades e a todas as civilizações: «O problema do Poder é eterno, seja a terra trabalhada com uma picareta ou com um *bulldozzer*» ([16]). Note-se a este propósito que as análises feitas pelos historiadores políticos em termos de «poder» vão além das que são feitas em termos de «Estado» e «Nação», sejam estas últimas estudos tradicionais ou tentativas de enfrentar a questão a partir de um novo ângulo visual ([17]). É igualmente oportuno recordar que o marxismo-leninismo, que foi acusado de não mostrar suficiente interesse pela história e pela teoria política, durante muito tempo empenhou-se neste sector apenas ao nível de Estado e Nação ([18]). Finalmente, ao passo que o termo «política» sugeria a ideia de coisa superficial, o termo «poder» evoca centro e profundidade. Perdido o seu fascínio de história de superfície, a história política, transformando-se na história do poder, torna-se história de profundidade. Esta reabilitação verbal corresponde à evolução mental pressagiada por Marc Bloch, que algum tempo antes da sua morte escrevia: «Haveria muito a dizer a propósito da palavra 'político'. Por que razão haveria de ser sempre tomada como sinónimo de superficial? Não será acaso uma história inteiramente centrada, como é perfeitamente legítimo que seja, na evolução de modos de governo e no destino dos governados, obrigada a procurar compreender a partir de dentro os factos que escolheu como objecto do seu estudo?» ([19]).

A história das profundidades políticas partiu, contudo, do exterior, com aqueles que são os sinais e os símbolos do poder, de que se ocupou, por exemplo, P. E. Schramm. Em vários estudos que culminaram na grande síntese *Herrschaftszeichen und Staatssymbolik*([20]), ele mostrou como os objectos que constituíam os sinais característicos dos detentores do poder na Idade Média – coroa, trono, globo imperial, ceptro, mão de justiça, e assim por diante – não devem ser estudados apenas em si mesmos. Eles devem ser reintegrados no contexto de atitudes e cerimónias de que fazem parte, e sobretudo devem ser vistos à luz do simbolismo político onde vão buscar o seu verdadeiro significado ([21]).

Este simbolismo estava profundamente radicado numa semiologia religiosa que fazia da esfera política uma província do religioso. Entre todos os sinais e *insignia*, um em particular se prestava a um desenvolvimento alargado, atendendo quer ao simbolismo político-religioso quer às instituições em que aquele simbolismo estava historicamente incorporado. Todo o panorama da política medieval, ligado, por um lado, à realeza hereditária da antiguidade e, por outro, aos restos da monarquia que sobreviveram até aos tempos modernos, era irradiação da coroa. O campo simbólico construído com os sinais materiais, através dos ritos de coroação, opõe-se por um lado ao reino propriamente dito e por outro à ideia abstracta de monarquia. Pode encontrar-se uma recolha de estudos sobre este panorama político no fim da Idade Média em *Corona Regni: Studien über die Krone als Symbol des Staates in späten Mittelalter*([22]).

Recentemente, Georges Duby evocou o simbolismo múltiplo da coroa medieval em ligação com a coroa de espinhos que São Luís instalou na Sainte-Chapelle de Paris ([23]). A referência apresenta desde logo um problema de método. Este apelo aos objectos «políticos» não será devido à natureza do período em questão e ao facto de na alta Idade Média os textos serem relativamente escassos? Não será este, portanto, mais um método *ad hoc* do que um modo de enfrentar o problema verdadeiramente novo e de aplicabilidade geral?

É bastante curioso notar como os historiadores mais interessados nestes aspectos do simbolismo político medieval parecem aceitar uma semelhante objecção e minimizar a importância da sua própria abordagem. Assim, P. E. Schramm escreve: «A investigação sobre as *insignia* do poder deve ser integrada com uma pesquisa sobre o simbolismo do poder em geral. Isto significa que a investigação histórica, que primeiro tinha de contar só com as crónicas e depois se tornou mais precisa através do uso de documentos, cartas, actas, etc., tem ainda muito caminho a percorrer em termos de desenvolvimento sistemático. Temos à disposição muitos mais objectos e provas do que se pensava e foi igualmente desenvolvido um adequado método crítico. As *insignia* usadas pelo chefe dizem, de facto, mais e algo de mais decisivo, em relação às suas expectativas e às suas pressões, que outras provas à nossa disposição. *Isto aplica-se em particular àqueles séculos para os quais as fontes escritas são muito limitadas*» ([24]).

De modo semelhante, Robert Folz, que pensa identificar realidades diferentes através dos diferentes tipos de documentação, escreve: «Documentos administrativos, representações figurativas, ritos litúrgicos, sinais exteriores como vestes e emblemas – tudo isto, juntamente com poucos textos narrativos, são as nossas fontes essenciais de informação para a primeira parte da Idade Média, quando o símbolo predominava claramente sobre a teoria como expressão de forma política. É só a partir do século XII, com o renascer dos estudos jurídicos, que a argumentação e a controvérsia começam a constituir uma parte cada vez mais abundante da nossa documentação» ([25]).

Mas a nova história política, tal como todos os outros ramos da história, tem de abandonar o velho preconceito de que só à *falta de melhor*, isto é, na ausência de textos, devíamos recorrer à documentação não escrita. A história deve utilizar todas as provas que tem à mão, tirando de cada tipo de provas o contributo específico que podem dar e estabelecendo uma hierarquia entre elas, mas não com base nas predilecções próprias do historiador e sim no sistema de valores do período estudado. Tudo isto, é inútil dizê-lo, não impede que se vá além e que se trate os dados do passado segundo os modelos da ciência moderna e com a ajuda de toda a sua aparelhagem. Cada época tem o seu cerimonial político, cujo significado compete ao historiador descobrir; e esse significado constitui um dos mais importantes aspectos da história política. Resultado importante da recente orientação da história política para o simbolismo e o ritual foi uma reavaliação do significado da realeza dentro do sistema político do feudalismo. Anteriormente, fora opinião generalizada que a monarquia enquanto instituição e o sistema feudal fossem antitéticos, e que foi na altura da decadência do feudalismo, no final da Idade Média, que nasceu o poder monárquico, orientado para o absolutismo. Segundo esta concepção, Carlos Magno, com a sua política de conferir feudos, tendentes a tornarem-se domínios hereditários, como prémios por serviços públicos, inconscientemente deu vida àquela força que depois viria a destruir a autoridade pública que ele próprio se esforçara por restaurar e que viria a domar o poder real que ele, juntando-lhe a dignidade da coroa imperial, pensava ter tornado invulnerável. Esta explicação é agora reconhecida como falsa em ambos os seus termos. Ela nasceu da incapacidade de ir além do prestígio vazio do Estado até ao estudo do poder em si mesmo. Mas no novo contexto, abandonados os anacrónicos conceitos do Estado, ganhou o seu pleno significado, e compreendeu-se que o rei feudal conseguiu o seu poder não a despeito mas dentro do sistema feudal ([26]).

Foi através dos métodos da história comparativa, cedidos pela antropologia e pela história das religiões, que a realeza medieval pôde adquirir este novo significado e a história política medieval se transformou. Várias publicações ao mesmo tempo puseram a chancela nesta mudança. É verdade que à Idade Média no Ocidente foi dedicada apenas uma pequena parte das discussões do XIII Congresso Internacional sobre a História das Religiões realizado em Roma, em 1955, cujo tema central era «O rei-deus e a natureza da realeza» ([27]). E isto é também verdade para o volume apresentado algum tempo depois em Raffaele Pettazzoni: *The Sacral Kingship – La Regalità Sacra* ([28]). Mas poucos anos mais tarde o «Arbeitkreis für mittelalterliche Geschichte», orientado por Theodor Mayer em Constança, dedicou um volume dos seus «Vorträge und Forschungen» à realeza medieval. Entretanto a obra de Ernst H. Kantorowicz ia crescendo paralelamente à de Schramm. Kantorowicz, depois de ter fornecido um enquadramento da maior figura de soberano da Idade Média, Frederico II ([29]), voltou-se para o estudo do culto medieval dos chefes através da aclamação litúrgica ([30]). A sua investigação culminou na obra-prima *The King's Two Bodies* (1957), que reintegrou no seu fundo histórico geral a concepção da teologia política, chave essencial para compreender a Idade Média ([31]).

Foram semelhantes os resultados para a história medieval da pista apontada por James George Frazer, cujos estudos sobre as origens mágicas da realeza ([32]) estimularam provavelmente as pesquisas dos mesmos historiadores sobre a realeza medieval, tivessem ou não consciência do facto, estivessem ou não dispostos a admiti-lo. Pelo menos um historiador não fez segredo da sua dívida, embora nem sempre tenha estado de acordo com Frazer e tenha prosseguido os seus próprios estudos segundo métodos especificamente históricos – Marc Bloch. A sua obra pioneira, *Les rois thaumaturges*, publicada em 1924, está ainda em primeiro plano no seu campo. Bloch não se contenta simplesmente em descrever as manifestações do poder de cura atribuídos aos reis da França e da Inglaterra ou em traçar a sua história desde a sua primeira aparição até ao desaparecimento, e em explicar as teorias que estavam por detrás delas. Ele procura igualmente escavar até às fontes da psicologia colectiva envolvidas no caso, estuda a sua «popularidade» (livro II, cap. I) e tenta explicar «como é que o povo acreditava no milagre do rei» (pp. 420-30). Em resumo, ele constrói um estudo-modelo das «atitudes políticas mentais», que examina simplesmente como um caso especial – único apenas pelo assunto tomado em consideração – de formas gerais da atitude mental e da sensibilidade. Mas na área, de vital importância embora ainda inexplorada, da história das atitudes mentais, naquilo que se refere às atitudes mentais relativas à política, resta ainda quase tudo por fazer. Naturalmente, não podemos sequer imaginar a aplicação aos homens da Idade Média dos métodos de sondagem de opinião que podem contribuir para o estudo das atitudes políticas modernas. Mas para a história da opinião pública na Idade Média, tal como para outras questões, pode ser estabelecida uma abordagem problemática, teorética do problema ([33]).

Pode notar-se neste ponto que a história política e as ciências que influenciaram a sua recente evolução oscilaram ao escolher como pedra miliar este ou aquele elemento. Assim, como vimos, a história política medieval foi transformada e enriquecida por ter adoptado métodos, tirados da antropologia: uma nova luz foi lançada sobre a realeza medieval pelos estudos sobre a realeza arcaica ou primitiva. A história política medieval pareceu assim abandonar os rumores de superfície da história episódica em favor dos estratos diacrónicos profundos das sociedades proto ou para-históricas.

Entretanto, e inversamente, a antropologia abriu-se às abordagens históricas, e os estudiosos e investigadores dirigem cada vez mais a sua atenção para a antropologia política ([34]). Este método reconheceu, em sociedades «que não têm história», estruturas de desequilíbrio e conflito, e estabeleceu os preliminares teóricos necessários para dotá-los de uma história política. Deste modo, pôs em evidência o facto de que a história social dinâmica não é incompatível com uma óptica antropológica das sociedades e das civilizações. A história política não perdeu necessariamente o seu dinamismo ao voltar-se para a antropologia – nela pode mesmo estabelecer os esquemas, marxistas ou de outro tipo, da luta de classes ([35]). Além disso, o vocabulário e as atitudes mentais da Idade Média prestam-se à formulação de estruturas e do comportamento social em termos que são parcialmente políticos. Os estratos superiores da sociedade são muitas vezes designados nos textos medievais com o termo *potentes*, posto geralmente em contraposição com *pauperes*; por vezes faz-se referência àqueles como a *superiores*, enquanto opostos a inferiores ([36]).

Isto reforça as pesquisas em diversos sectores da história medieval que identificaram nos fenómenos de base uma dimensão *política*, no sentido de uma relação com o poder. O exemplo mais impressionante é a teoria segundo a qual, em datas diferentes mas geralmente à volta do ano 1000 d. C., *as senhorias fundiárias*, baseadas em tributos impostos sobre a terra e sobre a sua exploração económica, deram lugar cada vez mais a senhorias baseadas em poderes de liderança, de organização e de administração da justiça da parte dos senhores: estas eram conhecidas como *senhorias banais*, de *ban*, que era o nome deste tipo de poder feudal. Assim, toda a estrutura feudal nos seus fundamentos mais autênticos assume uma coloração que em última análise é política[37].

Esta concepção do feudalismo, que não exclui uma explicação final em termos de relação de produção, tem a vantagem de sublinhar a importância, no funcionamento do sistema feudal, dos factores políticos no sentido mais amplo do termo, e o peso exercido pelas formas políticas na dinâmica da história.

O aspecto político emerge também na história actual. A instrução é poder e instrumento de poder. O abismo entre *letrados* e *iletrados* que se põe durante tanto tempo entre clérigos e leigos, fossem ou não estes últimos poderosos por outra via, demonstra como existiam faixas sociais que escapavam aos critérios de demarcação com referência à posse e não-posse de diferentes formas de poder, à participação e não-participação nelas.

Por exemplo, no caso dos membros da universidade, uma dupla relação com o poder começa a emergir no século XIII. Por um lado, o mundo da universidade tende a constituir-se num tipo próprio de poder supremo, ao lado do poder da Igreja e do rei – *studium*, ao lado de *sacerdotium* e *regnum*[38]. Todos os que gozam dos privilégios do *studium* participam no seu poder. Ao mesmo tempo, o resultado – se não o objectivo – dos estudos e das distinções universitárias vem a ser alcançar algum lugar ou função na sociedade laica ou eclesiástica, que leva à participação em outros tipos de poder[39]. Se, apesar das dificuldades, pudesse ser elaborada uma prosopografia dos estudantes e dos docentes da universidade na Idade Média[40], seria possível medir o impacto da faixa universitária sobre a organização da sociedade medieval, e não há dúvida de que ela emergiria no seu carácter e no seu papel de «elite pobre».

Nova luz poderia provavelmente ser também lançada sobre a história política medieval estudando a aplicação, na Idade Média, do esquema formulado por Dumézil para as sociedades indo-europeias. Sabemos que o esquema tripartido estava em uso a partir de finais do século IX, e que no século XI ele assumiu a forma estereotipada de *oratores, bellatores, laboratores*. Se soubéssemos como e porquê estas ideias reapareceram na Idade Média, e qual foi a sua eficácia mental, intelectual e política, estaríamos provavelmente em condições de traçar mais claramente os vários aspectos do poder medieval, as suas estruturas, relações e funcionamento. A meu ver, poderíamos verificar que este esquema era uma das bases ideológicas do poder real, e que este último controlava e actuava como árbitro entre as três funções[41].

Também o reino da arte seria dilucidado pela aplicação da análise política em sentido amplo. Não se trata simplesmente de medir influência do patronato sobre a forma, o conteúdo e a evolução da arte[42]. Trata-se sobretudo de analisar como o poder das obras de arte está ordenado em relação ao poder em geral. Parece-me que Erwin Panofsky deu um primeiro passo nessa direcção quando ligou o estilo gótico, através da polivalente noção de «ordem» (e hierarquia), com o método da escolástica, ligando depois um e outro ao ordenamento sociopolítico realizado na Ile de France à volta de 1200 pela monarquia dos Capetos[43].

Sobretudo Pierre Francastel, em *Peinture et société: naissance et destruction d'un espace plastique, de la Renaissence au cubisme* (1951), demonstrou não só que os políticos – os Médicis em Florença, o patriciado em Veneza – compreenderam «o poder das imagens figurativas do espaço» e fizeram delas instrumentos da sua política («A Vénus de Botticelli é política tornada explícita»)[44], mas também que a nova representação do espaço em termos de perspectiva está ligada a uma revolução mental, a um pensamento, mítico dominado pela «política social e económica do dar».

No campo da história religiosa podem citar-se como exemplo as ligações subterrâneas entre os movimentos heréticos e os partidos políticos, um tema em que a pesquisa mal começou ainda[45]. De modo semelhante, num contexto que tem a ver ao mesmo tempo com a geografia, a sociologia e a cultura, poder-se-ia fazer referência a muitos estudos modernos de sociologia urbana[46] que mostram como as cidades, e especialmente a planificação urbana, eram na Idade Média simultaneamente expressão e veículo do poder urbano e dos seus detentores. W. Braunfels fez um estudo inicial deste tipo para as cidades da Toscana[47].

Finalmente, entrevê-se a constituição de uma história política diferencial que funciona a vários níveis – e bom seria que fossem ainda mais hierarquizados –, segundo aquilo a que Fernand Braudel chamou «os tempos da história»[48]. A breve prazo há uma história política tradicional: narrativa, episódica, cheia de movimento, mas preocupada em preparar o terreno para uma abordagem mais profunda. E entretanto propõe valorações quantitativas; promove as análises sociais; acumula provas para um futuro estudo das atitudes mentais. A prazo mais longo, a estabelecer segundo o modelo dos movimentos a longo prazo proposto por François Simiand, haverá uma história das fases ou tendências da história política, na qual sem dúvida, como Braudel espera, a história social em sentido amplo voltará a dominar – uma história política com implantação sociológica. Entre estes dois tipos de história, tal como na história económica, haveria depois uma àrea comum dedicada em particular ao estudo das relações entre as tendências políticas seculares, por um lado, e os movimentos a breve prazo, os altos e os baixos episódicos, por outro: uma história de crises, em que as estruturas e a sua dinâmica são reveladas na sua nudez pelo tumulto dos acontecimentos. Ultimamente está a emergir uma história política que seria quase imóvel se não estivesse ligada, como a antropologia política demonstrou que está, à estrutura essencialmente conflitual e portanto dinâmica das sociedades – uma história política, de estruturas efectivamente a longo prazo, incluindo quer a parte válida, vital, da geopolítica, quer a análise baseada em modelos antropológicos. A cada um destes níveis, particular atenção deveria ser dada ao estudo dos vários sistemas semiológicos pertencentes à ciência da política; vocabulário, ritos, comportamentos, atitudes mentais.

Embora, como fiz no início deste ensaio, se possa falar de uma certa crise no momento presente da história política, é também verdade que os aspectos e as abordagens políticas adquirem cada vez maior importância nas ciências humanas. Não apenas a nova ciência da politologia põe hoje à disposiçao os seus próprios conceitos, vocabulário e métodos, mas também a geopolítica, ainda viva e impaciente, se bem que um tanto desacreditada, a sociologia política e, como vimos, a antropologia política, todas elas dão à historia política alimento e apoio.

Descrevi assim a imagem de uma nova história política, diferente da antiga – dedicada as estruturas, à análise social, à sociologia e ao estudo do poder. É certamente um quadro excessivamente optimista. Mas afirmei mais do que uma vez que muito, ou tudo, resta ainda por fazer em muitas direcções. O facto é que a nova história política que procurei esboçar é ainda mais um sonho que uma realidade.

Pior ainda, a velha história política é ainda um cadáver que tem de ser sepultado. É verdade que uma gramática da história política é e permanecerá sempre não apenas útil mas necessária. Não podemos dispensar uma cronologia dos acontecimentos políticos nem as biografias dos grandes homens. A despeito dos progressos da democracia, a história política será sempre, não só mas também, a história dos grandes homens. E agora, graças precisamente à politologia e à sociologia, conhecemos melhor do que antes o que é um acontecimento e o que significa o condicionamento de um grande homem.

Mas há ainda o perigo de que a história política, na forma vulgarizada em que aparece em inúmeros livros e revistas de divulgação, possa uma vez mais invadir a verdadeira ciência da história. Há o perigo de que os historiadores da economia e da cultura possam considerar-se satisfeitos por produzirem uma história política da economia ou da cultura, isto é, uma história da política económica ou cultural. A razão disto é ainda a mesma de quando Lucien Febvre, em primeiro lugar, se insurgiu contra a pseudo-história como um tipo de história que «faz poucas perguntas. Muito poucas. Demasiado poucas» ([49]). E a pseudo-história parece ainda pronta a contactar com as meias medidas. Ao mesmo tempo que aceita elevar-se acima do nível dos acontecimentos e dos grandes homens (através do qual se pode sempre entrar furtivamente como por uma porta de serviço na história política) para atingir o nível das instituições e dos ambientes, ela resistirá ainda, se puder fazê-lo, sem ter de recorrer a antiquadas concepções de governo ou de Estado. Apresenta um deplorável espectáculo frente a concepções estritamente jurídicas: o direito, a esperança da humanidade, é o pesadelo do historiador. Parece deleitar-se com a história das ideias e do pensamento político – mas muitas vezes tanto as ideias como a política são superficiais. Com a melhor boa vontade do mundo, ela continua a ser a forma mais frágil da história e a única mais provavelmente susceptível de ceder a todas as velhas tentações.

Desejo concluir com um facto que merece talvez ser sublinhado. Embora a história política possa ser renovada e regenerada pelas outras ciências humanas, ela não pode aspirar à autonomia. Dividir um só ramo do saber em compartimentos separados é mais inadmissível do que nunca numa época de pluridisciplinaridade. O comentário de Lucien Febvre, co-fundador dos *Annales d'histoire économique et sociale*, é agora mais verdadeiro que nunca: «Não há mais nada para além da história económica e social. A história está toda aqui» ([50]). Mas é igual-

mente verdade que os modelos da nova história geral devem conceder
à dimensão política o mesmo lugar que é ocupado na sociedade pelo
fenómeno do poder, que é a encarnação epistemológica da política no
presente. Para passar da época da anatomia para a do átomo, a história
política não pode continuar a considerar-se a ossatura da história mas
continua a ser no entanto o seu núcleo.

NOTAS

(¹) Citado por Marc Bloch, *Apologie pour l'histoire, ou métier d'historien*, Paris, 1961⁴, p. 90.

(²) *Ibid.*, p. 78.

(³) Citado por P. Wolff *L'étude des économies et des sociétés avant l'ère statistique*, em C. Samaran (dir.), *L'histoire et ses méthodes* («Encyclopédie de la Pléiade», 11), Paris, 1961, p. 847.

(⁴) Por exemplo, a p. 4 da Introdução ao interessante volume sobre «Le féodalisme», número especial de *Recherches internationales à la lumière du marxisme*, 37, Junho de 1963, os responsáveis escrevem: «Incluímos em primeiro lugar estudos que tratam de relações económicas e sociais, com algumas poucas divagações no campo das superstruturas institucionais ou culturais».

(⁵) Por exemplo, a apresentação particularmente hostil feita par J. Freund em *L'essence du politique*, Paris, 1965, pp. 645 e ss. Segundo Freund, a alienação política é para Marx a alienação suprema, absoluta e irremediável.

(⁶) Charles Siegnobos escrevia em 1924, no Prefácio à sua *Histoire politique de l'Europe contemporaine*, que devemos «reconhecer o grau em que os fenómenos superficiais da vida política dominam os fenómenos fundamentais da vida económica, intelectual e social» (citado por Wolff, *L'étude des économies*, cit., p. 850).

(⁷) «Os problemas da história política são, em regra, imediatamente óbvios» (Johan Huizinga, *The Task of Cultural History*, escrito em 1926, publicado em flamengo em 1929 e em tradução inglesa em *Men and Ideas,* Nova Iorque, 1959, p. 27). E ainda: «As formas históricas da vida política encontram-se já na própria vida. A história política tem as suas próprias formas: uma instituição estatal, um tratado de paz, uma guerra, uma dinastia, o próprio Estado. Em tal facto, que é inseparável da suprema importância daquelas formas, reside o carácter fundamental da história política. Ela continua a gozar de um certo primado porque na prática representa por excelência a morfologia da sociedade» (*ibid.*, pp. 58-9).

(⁸) Por exemplo, em «The Political and Military Significance of Chivalric Ideas in the Late Middle Ages», publicado originariamente em francês na *Revue d'histoire diplomatique*, 35, 1921, pp. 126-38, e em tradução Inglesa em *Men and Ideas*, cit., Huizinga escreve (pp. 196-7): «Os medievalistas dos nossos dias dificilmente são favoráveis à cavalaria. Recolhendo os testemunhos em que, valha a verdade, a cavalaria é pouco mencionada, eles conseguiram apresentar um quadro da Idade Média em que os pontos de vista económicos e sociais são de tal modo dominantes que por vezes se tende a esquecer que, a par da religião, a cavalaria foi a mais

forte das ideias que encheram as mentes e os corações daqueles homens de outra era».
(⁹) A. Touraine, *Sociologie de l'action*, Paris, 1965, cap. VI: «O sistema político», p. 298. Esta dupla fragilidade consiste em parte no perigo de que o estudo das realizações políticas possa ser absorvido pela análise estrutural, por um lado, e pela história, por outro; e em parte no facto de a teoria política poder estar sujeita quer à política quer à filosofia política, a qual é por sua vez apenas uma parte da filosofia da história.
(¹⁰) E. Morin, *Introduction à une politique de l'homme*, Paris, 1965, nova ed. 1969, pp. 9-10: *La politique en miettes*.
(¹¹) Em inglês, o aparecimento dos dois termos, «policy» e «polity» (no século XIV o francês experimentara *policie* decalcado do grego, mas o termo não teve fortuna), complicou o campo da ciência política e por vezes o da história política. Enquanto os filósofos franceses do século XVIII procuraram, ou aceitaram, um compromisso entre história filosófica e história política, na Inglaterra um dilema ainda mais radical provavelmente provocou uma oscilação entre historiador e político, ao mesmo tempo ligados e opostos entre si. Esta possibilidade parece sugerida por títulos como o publicado anonimamente em Londres, em 1706: *An Historical and Political Essay. Discussing the Affinity or Resemblance of the Ancient and Modern Government*. Cf. J. A. W. Gunn, «The 'Civil Polity' of Peter Paxton», *Past and Present*, 40, Julho de 1968, p. 56.
(¹²) O melhor exemplo é o prefácio a *Études historiques*, 1831.
(¹³) Esta aproximação foi feita no *Cours d'histoire moderne: histoire de la civilisation en Europe depuis la chute de l'Empire Romain jusqu'à la Révolution Française*, 1828, lição I. Para longas passagens de Chateaubriand e Guizot, cf. J. Ehrard e G. Palmade, *L'histoire,* Paris, 1969, pg. 189-93, 203·7.
(¹⁴) R. Aron, «Thucydide et le récit historique», *Theory and History*, 1/2, 1960, reimp. em *Dimensions de la conscience historique*, Paris, 1961, pp. 147-97.
(¹⁵) As obras de história medieval citadas neste ensaio devem ser entendidas apenas como referências e exemplos, e não como uma bibliografia ou uma selecção em termos de mérito.
(¹⁶) Aron, «Thucydide et le récit historique», cit. in *Dimensions,* cit., p. 189.
(¹⁷) Um exemplo de estudo tradicional mas em todo o caso muito pertinente é F. M. Powicke, «Reflections on the Medieval State», *Transactions of the Royal Historical Society*, ser. 4, XIX, 1936. Entre as novas abordagens: B. Guenée, «L'histoire de l'état en France à la fin du Moyen Age vue par les historiens français depuis cent ans», *Revue historique*, 232, 1964, pp. 331-60; «Etat et nation en France au Moyen Age», *ibid.*, 237, 1967 pp. 17-30; «Espace et état dans la France du bas Moyen Age», *Annales: économies, sociétés, civilisations*, 1968, pp. 744.58. Note-se que o termo «poder» (acompanhado, é verdade, de um adjectivo) aparece no título da obra pioneira de E. Lavisse, «Étude sur le pouvoir royal au temps de Charles V», *Revue historique*, 1884, pp. 233-80, que tenta ir além da descrição das instituições das realidades mentais. Marc Bloch notava a conexão entre a história do Estado e a história de uma nação ou de nações. «Parece difícil separar a história da ideia de Estado da histórica da ideia de nação, ou patriotismo» (*Revue historique*, 128, 1918, p. 347).
(¹⁸) O modo como os marxistas tendiam a concertar o seu interesse no Estado é evidente pelos títulos das suas obras, por exemplo: F. Engels, *Propriedade Privada*

e o Estado; V. I. Lénine, *Estado e Revolução*. Sobre os dois sentidos de «nação» em Marx e Engels (o moderno que designa «um tipo de capitalismo nascente», e o outro, o sentido latino mais geral, de grupo étnico), cf. A. Pelletier e J. J. Goblot, *Materialisme historique et histoire des civilisations*, Paris, 1969, pp. 94 e ss.

(19) Marc Bloch, *Mélanges d'histoire sociale*, 1944, p. 120, citado por Guenée, *L'histoire de l'état en France*, cit., p. 345.

(20) *Schriften der Monumenta Germaniae Historica*, XIII, 3 vols., Estugarda, 1954-1956.

(21) O próprio P. E. Schramm resumiu a sua posição numa síntese da sua contribuição para a Conferência de Roma de 1955: *Die Staatssymbolik des Mittelalters*, in *X Congresso Internazionale di Scienze storiche* (Roma, 1955), vol. VII: *Riassunti delle Comunicazioni*, pp. 200-201.

(22) M. Hellmann (dir.), Weimar, 1961. Entre os muitos estudos sobre o simbolismo da coroa na Idade Média, cf. pp. 336-83, «The Crown as Fiction» em E. H. Kantorowicz, *The King's Two Bodies: A Study in Medieval Political Theology*, Princeton, 1957.

(23) «Não é um acaso o facto de a relíquia que São Luís trouxe para Paris e instalou na capela do seu palácio ser uma coroa de espinhos, duplamente simbólica da realeza e do sacrifício» (*Le Monde*, 29 de Abril de 1970, p. 13).

(24) Schramm, *Die Staatssymbolik des Mittelalters*, cit., pp. 200-1.

(25) Robert Folz, *L'idée d'empire en occident du Ve au XIVe siècles*, Paris, 1953, p. 6.

(26) Sobre a realeza na alta Idade Média, cf. em particular J. M. Wallace-Hadrill, *The Long-Haired Kings*, Londres, 1962, e F. Graus, *Volk, Herrscher und Heiliger in Reich der Merowinger*, Praga, 1965. Para o período carolíngio pode ver-se o estudo de W. Ullmann, *The Carolingian Renaissance and the Idea of Kingship*, Londres, 1969, que sublinha particularmente bem (p. 17) como então, «em conformidade e de acordo com as premissas de fundo do tema, eclesiológico e da compacta totalidade da visão, não havia distinção conceptual entre Estado caralíngio e Igreja carolíngia». Georges Duby sublinhava a importância do modelo real dentro do sistema feudal, no simpósio internacional *Problèmes de Stratification sociale*, 1966, publicado por R. Mousnier, Publications de la Faculté des Lettres et Sciences Humaines de Paris, Sorbonne, *Recherches*, XLIII, Paris, 1968. Cf. K. Gorski, «Le roi-saint; problème d'idéologie féodale», *Annales: économies, sociétés, civilisations*, 1969, pp. 370-376.

(27) *Atti dell'VIII Congresso Internazionale di Storia delle religioni*, Florença, 1956.

(28) «Studies in the History of Religions», suplemento a *Numen*, IV, *The Sacral Kingship: La Regalitá Sacra*, Leyden, 1959. Das cinquenta comunicações, apenas quatro são dedicadas à Idade Média no Ocidente: M. Maccarrone, «Il Sovrano Vicarius Dei' nell'alto medioevo», pp. 581-94; M. Murray, «The Divine King», pp. 595-608; L. Rougier, «Le caractère sacré de la royauté en France», pp. 609-19; e J. A. Bizet, «La notion du royaume intérieur chez les mystiques germaniques du XIVe siècle», pp. 620-6.

(29) E. H. Kantorowicz, *Kaiser Friedrich der Zweite*, Berlin, 1927, e *Ergänzunungsband*, Berlin, 1931.

(30) E. H. Kantorowicz, *Laudes Regia: A Study in Liturgical Acclamations and Medieval Ruler Worship*, Berkeley-Los Angeles, 1946.

(³¹) E. H. Kantorowicz, *The King's Two Bodies*, cit. Cf. também as recensões de R. W. Southern em *Journal of Ecclesiastical History*, 10, 1057, e B. Smalley em *Past and Present*, n.º 20, Novembro 1961.
(³²) James George Frazer, *The Golden Bough*, Londres, 1890, parte I: *The Magic Art and the Evolution of Kings*. Frazer, *Lectures on the Early History of Kingship*, Londres, 1905.
(³³) Um medievista, Joseph R. Strayer, escreveu um ensaio sobre «Historian's Concept of Public Opinion» na recolha dirigida por M. Komarovsky, *Common Frontiers of the Social Sciences*, Glencoe (I 11), 1957. Marvin B. Becker, «Dante and His Literary Contemporaries as Political Men», *Speculum*, 1966, p. 674, n. 28, chama a atenção para o «tema descurado da linguagem e do imaginário da política medieval», e cita o artigo de E. H. Kantorowicz, «Christus-Fiscus», in *Synopsis*: *Festgabe für Alfred Weber*, Heidelberga, 1948, pp. 225-35.
(³⁴) *Anthropologie politique* é o título de um ensaio informativo de Georges Balandier de 1967. Ele põe sistematicamente em evidência aquilo que Edmund Leach observou como «contraditório, conflitual, aproximativo e exteriormente relativo» nas sociedades, desenvolvendo o tema de E. E. Evans-Pritchard em «Anthropology and History», 1961.
(³⁵) Há aqui de novo uma incompatibilidade entre o ponto de vista de Freund, *L'essence du politique*, p. 538, segundo o qual «a luta de classes é apenas um aspecto da luta política», e o ponto e vista marxista, segundo o qual todas as formas da luta, política derivam da luta de classes. Desde que não seja aplicada demasiado dogmática e inflexivelmente, penso que a visão marxista é a mais verdadeira e mais fecunda. O sugestivo livro de G. Cracco, *Società e Stato nel Medioevo veneziano (secoli XII-XIV)*, Olschki, Florença, 1967, mostra como a luta de classes funcionou normalmente na história política de Veneza, cidade habitualmente considerada como um mundo à parte. Poder-se-ia pensar, contudo, que o autor estaria limitado por uma abordagem demasiado baseada na ideia do Estado. F. C. Lane faz reservas deste género numa recensão, positiva no seu conjunto, em *Speculum*, 1968, pp. 497-501.
(³⁶) Cf. em particular K. Bosl, «Potens und Pauper: Begriffsgeschichtliche Studien zur gesellschaftlichen Differenzierung im frühen Mittelalter und zum 'Pauperismus' des Hochmittelalter», in *Alteuropa und die moderne Gesellschaft: Festschrift für Otto Brunner*, Göttingen, 1963, pp. 60-87, reimp. em *Frühformen der Gesellschaft im mittelalterlichen Europa*, Munique-Viena, 1964, pp. 106-34. Cf. também J. Le Goff, «Le vocabulaire des catégories sociales chez Saint François d'Assise et ses premiers biographes», no simpósio internacional organizado pela École Normale Supérieure de Saint-Cloud, 1967, sobre o vocabulário das classes sociais.
(³⁷) A concepção de G. Duby da *senhoria banal* é posta em evidência na sua tese *La société aux XIe et XIIe siécles dans la region maconnaise*, Paris, 1953, e em *L'économie rurale et la vie des campagnes dans l'Occident médiéval*, Paris, 1962, vol. II, cap. III: «XI-XIIIe» siècles; la seigneurie et l'économie rurale». Na série para orientação jurídica, «Recueils de la Société Jean Bodin», o volume *Gouvernants et Gouvernés*, XXV, 1965, mostra uma preocupação pelos temas do poder que pode ter a sua origem em Marc Bloch, *La société féodale*, Paris, 1939, vol. II, cap. 2: «Le gouvernement des hommes» [*A Sociedade Feudal*, Lisboa, Edições 70, 2009²]. O tema aparece também em J: Dhondt, «'Ordres' ou 'puissances': l'exemple des états de Flandre», *Annales: économies, sociétés, civilisations*, 1950, pp. 289-305.

(³⁸) Cf. H. Grundmann, «Litteratus-Illitteratus: Der Wandlung einer Bildungsnorm vom Altertum zum Mittelalter», *Archiv für Kulturgeschichte*, 40, 1958, e o seu *Sacerdotium-Regnum-Studium: zur Wertung der Wissenschaft im 13. Jahrhunder*, *ibid.*, 34, 1951.

(³⁹) Cf. o meu *Les intellectuels au Moyen Age*, Paris, 1957, para uma tentativa de mostrar como, entre fins do século xii e o século xiv, os membros das universidades se deslocaram de uma posição socioprofissional que era corporativa para uma posição que os colocava entre os possuidores do poder.

(⁴⁰) O tema proposto pela delegação francesa ao International University Committee on History na 13.ª Conferência Internacional sobre as Ciências Históricas de Moscovo, Agosto de 1970. Creio que o prof. Lawrence Stone tem em mente um projecto semelhante para as universidades inglesas na época moderna. Este renovar de interesse pelo método prosopográfico, um método de história social capaz de favorecer a renovação da história política, é evidente em diversos sectores (cf. o último número de 1970 de *Annales: économies, sociétes, civilisations*).

(⁴¹) Entre os muitos e fascinantes estudos de G. Dumézil sobre a ideologia trifuncional dos Indo-Europeus, há que sublinhar *Idées romaines*, Paris, 1969, em que ele propõe diversas questões sobre a Europa Ocidental na Idade Média. Dois exemplos de uma pesquisa inicial neste campo são: J. Batany, «Des 'Trois Fonctions' aux 'Trois États'?», *Annales: économies, sociétés, civilisations*, 1936, pp. 933-8, e J. Le Goff «Note sur société tripartie, idéologie monarchique et renouveau économique dans la chrétienté du IXᵉ au XIIᵉ siècle», em T. Manteuffel e A. Gleysztor (dir.), *L'Europe aux IX-XIIᵉ siècles*, Varsóvia, 1968, pp. 63-71.

(⁴²) Uma das obras inspiradas por esta particular questão é a interessante *Art in Medieval France, 987-1498: A Study in Patronage*, Londres, 1948, de Joan Evans.

(⁴³) E. Panofsky, *Gothic Architecture and Scholasticism*, Nova Iorque, 1957. Uma visão mais tradicional é apresentada por R. Branner, *St. Louis and the Court Style in Gothic Architecture*, Londres, 1965.

(⁴⁴) Sobre o significado da *Primavera* de Botticelli, cf. P. Francastel, *La realité figurative*, Paris, 1965, p. 241, *La fête mythologique au Quattrocento*, e p. 272, *Un mythe politique et social du Quattrocento*. Cf. Ernst Gombrich, «Botticelli's Mythologies: A Study of the Neoplatonic Symbolism of Its Circle», *Journal of the Warburg and Courtauld Institutes*, 1945. P. Francastel desenvolveu estas ideias em *La figure et le lieu: l'ordre visuel du Quattrocento*, Paris, 1967.

(⁴⁵) Cf. R. Manselli, *L'eresia del male*, Nápoles, 1963, e *Les hérétiques dans la société italienne du XIIIᵉ siècle*, in *Hérésies et sociétés dans l'Europe pré-industrielle, XIᵉ-XVIIIᵉ siècles*, simpósio de Royaumont, apresentado por J. Le Goff, Paris-Haia, 1968, pp. 199-202. Este sublinha a «estreitíssima ligação entre a heresia cátara e o grande partido político dos gibelinos». Este estudo deve ser desenvolvido no sentido de um confronto sociológico entre seita religiosa e partido político.

(⁴⁶) Limitar-me-ei a fazer referências ao simpósio internacional de Amesterdão de 1967, *Urban Core and Inner City*; Nelson W. Polsby, *Community Power and Political Theory*, New Haven, 1963; e as obras «anti-históricas» de Manuel Castells, que incluem «Le centre urbain: projet de recherche sociologique», *Cahiers internationaux de sociologie*, 1969, pp. 83-106, e «Vers une théorie sociologique de la planification urbaine», *Sociologie du travail*, 1969, pp. 414-43. Todas estas obras tratam do período moderno.

(⁴⁷) W. Braunfels, *Mittelalterliche Stadtbaukunst der Toskana*, Berlim, 1953.
(⁴⁸) Cf. em particular o Prefácio a F. Braudel, *La Méditerranée et le monde méditerranéen à l'époque de Philippe II,* Paris, 1949, revista e aumentada em 1966². A ideia é retomada em *Écrits sur l'histoire*, Paris, 1969, pp. 11-3.
(⁴⁹) L. Febvre, *Combats pour l'histoire*, Paris, 1953, p. 118 (escrito em 1947).
(⁵⁰) *Ibid.,* p. 20 (escrito em 1941).

A Propósito
do «Outono da Idade Média»

CLAUDE METTRA   *O grande livro de J. Huizinga,* O Outono da Idade Média, *publicado na Holanda em 1919, foi traduzido em França em 1932, quando apareceu com o título* Le déclin du Moyen Age. *A escolha deste título é significativa. Refere-se a uma visão cara à história do século* XIX: *o Renascimento berço de um mundo novo, e este mundo novo só podia surgir da morte do mundo antigo, um mundo que tinha envelhecido, definhado exactamente naquele século* XV *que é o espaço privilegiado de J. Huizinga. Eis-nos agora regressados ao título* L'Automne du Moyen Age. *Mas que Outono?*

JACQUES LE GOFF   Johan Huizinga foi sem dúvida influenciado pelo célebre livro de Spengler: *O Declínio do Ocidente*, que ele de resto criticou tanto quanto elogiou. Mas a tradução francesa do livro era uma traição. Antes de mais, *L'Automne du Moyen Age*, longe de qualquer ideia de desvalorização moral implícita na palavra «declínio», restitui-nos a beleza e a dimensão política do livro essa poesia que traduz ao mesmo tempo a sua grandeza e os seus limites. Mas toda a concepção que J. Huizinga tem da história se exprime bem através da palavra «Outono».

O Outono é a estação em que parecem exasperar-se todas as fecundidades e todas as contradições da natureza. É a ele que, na arte, Eugénio d'Ors chama a fase barroca, aquela em que se manifesta a nu, sem máscara, a exaltação das tendências profundas de uma época.

É essa exaltação que o torna tão fascinante. Pois como cantava Agrippa d'Aubigné:

«Uma rosa de Outono é mais do que qualquer outra requintada...».

Num tal momento da história, os contrastes aparecem com uma evidência extraordinária, e é então que se pode compreender melhor o que é uma civilização; é então que vêm plenamente à luz as tensões que aí se albergam.

METTRA *E é neste Outono que se elaboram os fermentos da Primavera que virá.*

LE GOFF Creio que se se tivesse perguntado a J. Huizinga qual era o tema fundamental do seu livro, ele teria falado antes de mais do entrelaçamento íntimo da Idade Média com aquilo a que nós chamamos Renascimento. Dado que a Idade Média do século xv é um Outono exasperado, de modo algum morto, pelo contrário: de extraordinária vitalidade e de tal modo vivo que continuará profundamente e se manterá presente em pleno século xvi, como bem mostrou Lucien Febvre no seu *Rabelais*. E do mesmo modo, e inversamente, em pleno século xv faz-se já pressagiar o século seguinte.

Na realidade, damo-nos conta de como J. Huizinga se sentiu embaraçado pelas periodizações imperativas correntes na pesquisa histórica. Os conceitos de Idade Média e de Renascimento são para ele formas vazias. Ele sabe muito bem que o problema está noutro lado e não na divisão abstracta do tempo. Mal se desce aos estratos profundos da história, o que se vê são continuidades.

Há filões que prosseguem exasperando-se, outros, pelo contrário, enfraquecendo. Outros nascem, lentamente; com dificuldade se lhes capta a fonte. A este nível de profundidade, é impossível chegar a uma periodização([1]).

METTRA *E não será acaso este implícito fazer galgar os quadros temporais que dá ao* Outono da Idade Média *aquela liberdade, aquele andamento um tanto oceânico, que se harmonizam melhor com a sensibilidade dos nossos anos 70 que com a dos anos 20?...*

LE GOFF Na realidade, o livro parece provavelmente mais moderno agora do que na altura em que apareceu, embora não produza hoje o mesmo barulho.

Ora, essa finalidade da visão, creio poder captá-la a partir de algumas palavras-chaves que põem a nu a natureza desta descoberta do passado.

E em primeiro lugar a palavra «vida». É atestada nos próprios títulos dos capítulos do livro: «O áspero sabor da vida», «A aspiração por uma vida mais bela», «A arte e a vida»... É um tema que se encontra em Lucien Febvre.

Mas o que quer dizer esta obsessão pela vida? Que em 1919 os historiadores não marxistas, que no entanto não queriam considerar-se herdeiros do positivismo, tinham como terreno seu um certo vitalismo. Através da vida, eles tentam a incorporação da biologia na história; procuram a presença do corpo vivo, num ambiente ele próprio vivo. Na primeira página do livro encontramos esta observação fundamental: «A doença e a saúde apresentavam um maior contraste», e um pouco mais adiante: «A oposição entre a luz e as trevas, entre o silêncio e o barulho, era tão grande como hoje».

METTRA *E em relação a este peso do quotidiano, define-se diversamente o que está para além do corpo, para além dos sentidos. J. Huizinga fará do sonho um personagem activo da história.*

LE GOFF O próprio termo «sonho» encontra-se, tal como o de «visão», sempre que J. Huizinga quer dar-nos a dimensão global dos homens da Idade Média. Há o sonho do heroísmo e do amor, herdado da cavalaria; há a visão da morte, a presença permanente das emoções, reveladas ou escondidas, e dos fantasmas. Temos aqui uma bifurcação psicanalítica[2] que se encontra na terceira palavra-chave do *Outono da Idade Média*, depois de «vida» e «sonho», na palavra «imagem»[3].

Dado que tudo o que é imagem é colocado em primeiro lugar, J. Huizinga esforça-se por colocar a imagem e todo o campo imaginário em relação com aquilo a que os marxistas chamam a infra-estrutura, isto é, o económico. Para os marxistas tradicionais todo o mundo das representações pertence às superstruturas. Ora, o que Huizinga demonstra – e os marxistas começam a elaborar essa viragem – é que as representações pertencem em parte à infra-estrutura.

E os que hoje nos confirmam esta intuição de Huizinga não são os *historiadores*, mas os etnólogos, como Maurice Godelier, por exemplo, que descobrem nas sociedades arcaicas um pensamento simbólico e representações tão profundamente inscritas no desenvolvimento humano que há que defini-las como infra-estruturas. E não é sem razão que, com pressentimento genial, Huizinga faz amiúde referência à etnologia e às comunidades primitivas, ainda que os seus conhecimentos a tal respeito se apresentem confusos e o seu comparativismo pouco crítico.

METTRA A esta atenção ao sonho está ligada uma atenção às quimeras e àquilo a que hoje chamaríamos a loucura. Em certos aspectos, J. Huizinga, ao descrever a relação medieval dos indivíduos e da visão, parece ligar-se à preocupação das correntes antipsiquiátricas actuais, representadas por Ronald Laing, por exemplo. Para ele, o século XV dá ao indivíduo uma identidade pessoal inalienável. E a exasperação do «outono» medieval é quase a antiloucura.

LE GOFF Durante muito tempo viveu-se na ideia de uma Idade Média que ignorava a pessoa. Este é um dos pontos fracos do belo livro de Eric Erikson sobre Lutero, pois ele vê a pessoa nascer com a Reforma. Na verdade, no século XV, a relação entre indivíduos, e grupo é singular.

A pessoa constrói-se ao nível da afectividade, da sensibilidade, da emoção, e é o que nós agora estamos a redescobrir. Resta saber de que materiais dispõe o historiador para descrever essa afectividade. J. Huizinga apoiou-se muito na literatura e na arte... Evidentemente, o que mudou muito desde 1919 foi a própria abordagem à literatura. A partir daquela época, a sociologia da literatura deu-nos muitas luzes sobre a relação entre as obras e o real, como atesta, por exemplo, o belo livro de Erich Köhler, *Ideal und Wirklichkeit in der höfischen Epik*. No conjunto, J. Huizinga considerou que a literatura fosse a expressão da sociedade e mesmo o seu espelho. Não sem algumas dúvidas, aliás. Ele considera que a realidade literária é uma realidade entre as outras, ainda que mantenha relações particularmente prenhes de significado com as outras realidades.

Pelo menos as obras fornecem-lhe um inventário de um certo número de fenómenos que a história considera hoje como fundamentais: o modo como as pessoas comiam, se vestiam, se divertiam, se combatiam, amavam. Desde então os historiadores tentam constituir um *corpus* da realidade do tempo que Huizinga nem sequer podia imaginar. Seria necessário reconstituir, por exemplo, a partir dos textos, da iconografia, o sistema dos gestos da Idade Média ou de um período da Idade Média; mas a questão está toda aí. Recorrendo à ajuda dos trabalhos dos etnólogos, dever-se-ia conseguir aproveitar melhor uma das grandes intuições de Huizinga, ou seja, que se deve ir procurar o sentido de uma sociedade no seu sistema de representações e no lugar que tal sistema ocupa nas estruturas sociais e nas «realidades».

METTRA *Na procura das suas representações, J. Huizinga considera como fundamentais a inteligência do corpo e, primeiro que tudo, a sensorialidade. A vida capta-se através do uso que os homens fazem dos ouvidos, dos olhos, da boca, das mãos, do nariz.* O Outono da Idade Média *está povoado de sons, de perfumes e também de carícias.*

LE GOFF Como é que um historiador pode dar-se conta do uso dos sentidos? Trabalhos notáveis estão em curso, em particular algumas pesquisas sobre as representações do corpo feminino na literatura, nos tratados de medicina, em todas as fontes em que o tema se apresenta.

No seu conjunto, temos uma documentação incomparavelmente mais abundante do que aquela de que J. Huizinga podia dispor. Resta lê-la. Um grande progresso foi feito graças a historiadores e filósofos-historiadores como Paul Zumthor e Michel Foucault, que propuseram a noção de documento-monumento. Contrariamente ao que acreditava a história positivista, o documento não é um material que se encontra aí por acaso: ele foi expresso por uma época e por razões precisas, voluntárias ou involuntárias, e nós só podemos utilizá-lo analisando o seu lugar e a sua função no sistema da sociedade no seu conjunto.

Permanece o facto de que o documento-monumento nem sempre sabemos nós como encontrá-lo. E depois, há os silêncios da história; com efeito, uma sociedade funciona também calando-se sobre uma parte de si própria.

METTRA *E também as pessoas funcionam da mesma maneira.*

LE GOFF A relação do historiador com os silêncios é extremamente significativa.

O silêncio foi uma das grandes descobertas de Michelet. Mas ele interpretou-o à sua maneira: viu-o sobretudo como o espelho da repressão. O silêncio seria a palavra esmagada; e com a sua visão, ao mesmo tempo apaixonante e perigosa, da história como ressurreição integral do passado ele quis, intuitivamente, preencher os silêncios. Mas preencheu-os por si próprio, porque tinha uma personalidade devoradora. Se portanto se conhecer Michelet, os seus delírios, as suas fixações, vêem-se os silêncios ocupados pela sua paixão. Donde a importância do ensaio de Barthes, para nós, leitores críticos da *Histoire de France*.

Mas por detrás de todos estes silêncios esconde-se o psiquismo profundo de uma sociedade. Como decifrá-lo? Aqui o historiador penetra fatalmente no campo da psicanálise. É o que faz J. Huizinga, em particular quando concede ao tema da melancolia um lugar privilegiado, pois a partir da melancolia (escreve ele: «Os homens que exprimem de modo mais vivo a melancolia não são os que se retiraram do mundo»), ele põe a nu um conceito intelectual e artístico solidamente ancorado na sensibilidade intrabiológica da época(⁴).

O que leva J. Huizinga aos confins da psicanálise é o erotismo. O que é bastante surpreendente em 1919, e se explica em grande parte com o facto de Huizinga pertencer a uma terra, a dos antigos Países Baixos (que é também a do outro grande historiador desta geração, Henri Pirenne, que vive entre paisagens e imagens como as de Bosch e de Bruegel), que é terra tradicionalmente aberta a este tipo de curiosidade.

É isto que permite a J. Huizinga descobrir o fundamento erótico do espírito e da coragem cavaleiresca. Ele compreende assim como é que a ética colectiva pode ter por base um recalcamento colectivo. Mas cada época tem o seu recalcamento. Que se passa no século XV? As pessoas têm nesta época um sentimento muito vivo do corpo, vivem a sua sensualidade. Se há recalcamento é a um outro nível.

Para compreendê-lo podemos socorrer-nos de algumas análises weberianas. Uma das ideias fundamentais de Max Weber, quando estuda a relação entre capitalismo e protestantismo, é esta: impedindo as energias de desdobrar-se, no campo do prazer, para a sensualidade, o protestantismo obriga-as a empenhar-se no trabalho, no crescimento económico, no desejo do lucro.

Durante muito tempo, a Idade Média conseguira integrar o recalcamento numa certa liberdade dos sentidos. Este êxito era devido ao facto de o cristianismo medieval se ter revelado capaz de unir duas formas de religião: a religião popular e a religião dos clérigos, que é ou tende a ser uma religião racionalizada.

Ora, nos fins da Idade Média quebra-se essa união. Quem triunfa é a religião institucionalizada, racionalizada. Isto será ainda mais verdadeiro no século XVI, tanto no catolicismo como no protestantismo. Consequentemente, a religião popular, que já não está integrada, e está oprimida, não tem outro meio de exprimir-se que a magia.

METTRA *E abre-se assim à bruxaria.*

LE GOFF Sim, a relação entre a nova religião racionalizada e uma religião popular que se tornou louca, condenada por loucura, exprime-se através da bruxaria e da repressão da bruxaria, dado que a bruxaria só existe em virtude da repressão.

A este propósito, o século xv é um período charneira e Huizinga tem uma visão muito clara destas tensões extremas, destes contrastes que provocarão grandes perturbações. É através desta ruptura entre as duas religiões que Huizinga toma consciência das duas formas de sublimação que povoam a Idade Média no seu findar: por um lado, o disfarce-religioso dos clérigos – e se estamos perante um disfarce somos remetidos para abordagem psicanalítica – e, por outro, uma aspiração à vida sublime através do erotismo. O que me impressiona nesta visão da sociedade medieval é que J. Huizinga, com a sua vontade de avançar em profundidade, de abismar-se no outro, descobre o século xv como o etnólogo descobre a sociedade arcaica, isto é, com o sentimento de que se fica estranho ao próprio objecto, de que não se consegue compreender. Uma humildade absolutamente nova na investigação histórica.

METTRA *Um dos aspectos mais desconcertantes e sem dúvida mais contestáveis da paisagem descrita por J. Huizinga é o seu pôr em discussão o simbolismo medieval.*
No deslizamento do simbolismo para a alegoria ele vê um sistema de decadência, como se as imagens, perdido o seu significado dinâmico, já não fossem senão formas frias, sem ligações com a sensibilidade do tempo.

LE GOFF O horizonte do simbolismo medieval foi encontrado, e depois um tanto desfigurado, renovado, em particular pelos historiadores da literatura, como Jollès e o seu estudo sobre as formas simples [5] e Paul Zumthor e os seus ensaios de poética medieval. Em breve espaço de tempo apareceram cinco livros sobre o *Roman de la Rose*, e todos vão no sentido de reabilitação da parte propriamente alegórica de Guilherme de Loris que, relativamente à de Jean de Meung, era considerada como puramente formalista e privada tanto de poesia como de pensamento.

Damo-nos conta, hoje, de que o universo alegórico, longe de ser o espelho do gratuito, corresponde a uma autêntica estética. É verdade que esta cultura livresca é uma cultura de gente culta, e resta ver como é que ela foi recebida, consumida, e como é que o sistema de representações elaborado nos ambientes privilegiados podia, a nível do povo, constituir alimento para o imaginário.

METTRA   Não creio que o simbolismo tenha sido alguma vez agonizante ou gratuito para todo o século XV, uma vez que se manifesta com evidência em todo o primeiro Renascimento e que nele desempenha sem dúvida um papel muito mais importante que o das apregoadas recupereções do mundo antigo.

LE GOFF   É o que J. Huizinga sublinha precisamente no fim do seu livro: «Foi da alma da própria Idade Média que surgiram os tempos novos e, reconhece-se agora, a Antiguidade não teria tido, na sua vinda, mais do que um papel análogo às flechas de Filoctetes, felizes e funestas». Com efeito, a referência à Antiguidade foi para os homens do Renascimento apenas uma manha para exprimir um certo número de descobertas e de protestos contra a rotina. Eles servem-se do passado para testemunhar a sua novidade, a sua modernidade, e acabaram por cair na sua própria ratoeira. É com base nisto que se pode avaliar quanto seja abusivo chamar a esta época Renascimento, e como a cristalização que se verificou neste termo, na esteira de Jacob Burckhardt, tão admirado por Huizinga, deve ser revista.

De facto, a originalidade de uma época não pode ser definida pelo retorno levado a cabo por uma faixa de intelectuais em direcção a uma época antiga: há continuidades históricas. E a chave de um período nunca pode ser encontrada dez séculos antes, eliminando tudo o que fica de permeio. É verdade que para compreender o que é a nossa civilização é preciso remontar ao neolítico, mas remontando progressivamente, sem dar saltos sobre séculos e séculos.

Para compreender o que acontece na altura do Renascimento, não é preciso procurar nem em Roma, nem em Atenas de tempos idos, mas observar o que está imediatamente antes.

Há a este propósito um exemplo particularmente eficaz. Atribui-se ao Renascimento, isto é, ao nascimento do capitalismo, a consideração pelo trabalho. A sacralização pelo trabalho exprime-se com força na maldição que pesa sobre o mendigo válido, aquele que poderia trabalhar mas prefere viver como parasita do trabalho de outrem. O mendigo válido é posto na berlinda; nos países protestantes, é certo, mas também nos países católicos.

Ora, o momento forte da criação desta figura particular é o século XV, e nasce a partir do século XIII. Estudos recentes sobre as beguinas e os beguinos, os de Jean-Claude Schmitt, mostram-no claramente. Estes marginalizados, tanto mais perigosos quanto são marginais religiosos, são estigmatizados pela Igreja do século XIV como hereges. É a etiqueta de exclusão da comunidade. No século xv eles são igualmente excluídos, mas qualificados desta vez como mendigos válidos. É no âmago do «Outono» medieval que se forja o estereótipo que conhecerá uma tão grande fortuna nos tempos modernos.

METTRA *J. Huizinga fala da Idade Média no seu conjunto. Podemos todavia perguntar-nos se a Idade Média que o interessa não será, principalmente, a que está mais perto dele, ou seja, a dos Países Baixos, e mais em geral a área territorial flamenga e borgonhesa.*

LE GOFF A idade Média de J. Huizinga não está situada especialmente, embora o subtítulo flamengo faça referência à França e aos Países Baixos. Ora, a verdadeira unidade cultural do século xv é a cristandade. Na mesma época, na Itália ou no Languedoque, encontra-se fundamentalmente a mesma ideologia dominante, a representada pela Igreja, e as mesmas estruturas sociais. Mas a paisagem cultural e mental é no entanto muito diferente. E, nesta procura de uma história das profundidades, é preciso ver como uma mesma cultura, com todas as suas vicissitudes, se revela numa extraordinária diversidade.

O que nos torna sensíveis a tal diversidade é, actualmente, a irradiação dos movimentos regionalistas. Vê-se bem, agora, que as entidades sociais são os herdeiros de um longo passado profundamente radicado numa região particular, um passado de natureza regional, que recobre mais ou menos, e em períodos mais ou menos longos, uma história unificante.

Ao mesmo tempo, por outro lado, capta-se melhor os limites da reivindicação regionalista. Se se tiver em conta somente a raiz regional, que foi cortada, reduzida ao silêncio, ignorar-se-á todo o peso da história unificante. Aquela que Michelet propõe quando começa a descrever a França como uma personalidade geográfico-histórica nascida da aglomeração sucessiva de várias províncias. Aqui temos um pouco o movimento contrário: J. Huizinga põe em cena uma certa experiência histórica, a dos países entre o Reno e o Sena; e ela não recobre exactamente a experiência histórica de toda a cristandade.

Releiamos pois Huizinga numa perspectiva actual. Recordando que ontem ele rasgou o véu de uma história orgulhosamente impassível, e que se para nós, pelas suas aproximações, pelo seu estetismo, pelo seu diletantismo, pode ser um mestre de erro, ele continua a ser ainda um pioneiro que abriu portas para a história a fazer.

NOTAS

(¹) Huizinga sentiu-se fascinado pelos períodos de metamorfose em que a fénix renasce das suas cinzas. Deixou passos de uma história do século XII como transformação do românico em gótico. E pensava escrever a história da passagem da Antiguidade à Idade Média.

(²) Mas Huizinga, que confessa o seu gosto pela psicologia colectiva e se refere ao psicólogo americano William James, pára no limiar de Freud – quase seu contemporâneo e ainda, isso é verdade, mal conhecido – e do freudismo.

(³) Dir-se-á que «vida», «sonho», «imagem», podem encontrar-se em todas as épocas. Não é verdade. Aqui ainda Huizinga não se dedicara – como fazê-lo em 1919!? – a um estudo quantitativo e qualitativo do vocabulário. Mas quem tiver alguma familiaridade com o que nos deixou a Idade Média tem de reconhecer que Huizinga «sentiu» bem.

(⁴) Será necessário recordar os trabalhos de F. Waxl e de E. Panofsky sobre a melancolia?

(⁵) Que data de 1931 – e que Huizinga conhecia.

ÍNDICE

Nota introdutória 7
O maravilhoso no Ocidente medieval 15
O deserto-floresta no Ocidente medieval 35
Observações sobre corpo e ideologia no Ocidente medieval 53
Os gestos do purgatório 57
Os gestos de São Luís: encontro com um modelo
    e uma personalidade 67
Observações sobre os códigos de vestuário e alimentar
    em *Erec et Enide* 83
Esboço de análise de um romance cortês 101
O judeu nos *exempla* medievais:
    o caso do *Alphabetum Narrationum* 141
Os marginalizados no Ocidente medieval 157
O historiador e o homem quotidiano 165
Tempos breves, tempos longos: perspectivas de investigação ... 179
A política será ainda a ossatura da história? 197
A propósito do *Outono da Idade Média* 217

LUGAR DA HISTÓRIA

1. *A Nova História*, Jacques Le Goff, Le Roy Ladurie, Georges Duby e Outros
2. *Para uma História Antropológica*, W. G. I., Randles, Nathan Watchel e Outros
3. *A Concepção Marxista da História*, Helmut Fleischer
4. *Senhorio e Feudalidade na Idade Média*, Guy Fourquin
5. *Explicar o Fascismo*, Renzo de Felice
6. *A Sociedade Feudal*, Marc Bloch
7. *O Fim do Mundo Antigo e o Princípio da Idade Média*, Ferdinand Lot
8. *O Ano Mil*, Georges Duby
9. *Zapata e a Revolução Mexicana*, John Womack Jr.
10. *História do Cristianismo*, Ambrogio Donini
11. *A Igreja e a Expansão Ibérica*, C. R. Boxer
12. *História Económica do Ocidente Medieval*, Guy Fourquin
13. *Guia de História Universal*, Jacques Herman
15. *Introdução à Arqueologia*, Carl-Axel Moberg
16. *A Decadência do Império da Pimenta*, A. R. Disney
17. *O Feudalismo, Um Horizonte Teórico*, Alain Guerreau
18. *A Índia Portuguesa em Meados do Século XVII*, C. R. Boxer
19. *Reflexões Sobre a História*, Jacques Le Goff
20. *Como se Escreve a História*, Paul Veyne
21. *História Económica da Europa Pré-Industrial*, Carlo Cipolla
22. *Montaillou, Cátaros e Católicos numa Aldeia Occitana (1294-1324)*, E. Le Roy Ladurie
23. *Os Gregos Antigos*, M. I. Finley
24. *O Maravilhoso e o Quotidiano no Ocidente Medieval*, Jacques Le Goff
25. *As Instituições Gregas*, Claude Mossé
26. *A Reforma na Idade Média*, Brenda Bolton
27. *Economia e Sociedade na Grécia Antiga*, Michel Austin e Pierre Vidal Naquet
28. *O Teatro Antigo*, Pierre Grimal
29. *A Revolução Industrial na Europa do Século XIX*, Tom Kemp
30. *O Mundo Helenístico*, Pierre Lévêque
31. *Acreditaram os Gregos nos seus Mitos?*, Paul Veyne
32. *Economia Rural e Vida no Campo no Ocidente Medieval (Vol. I)*, Georges Duby
33. *Outono da Idade Média e Primavera dos Novos Tempos?*, Philippe Wolff
34. *A Civilização Romana*, Pierre Grimal
35. *Economia Rural e Vida no Campo no Ocidente Medieval (Vol. I)*, Georges Duby
36. *Pensar a Revolução Francesa*, François Furet
37. *A Grécia Arcaica de Homero a Ésquilo (Séculos VIII-VI a.C.)*, Claude Mossé
38. *Ensaios de Ego-História*, Pierre Nora, Maurice Agulhon, Pierre Chaunu, Georges Duby, Raoul Girardet, Jacques Le Goff, Michelle Perrot, René Remond
39. *Aspectos da Antiguidade*, Moses I. Finley
40. *A Cristandade no Ocidente 1400-1700*, John Bossy
41. *As Primeiras Civilizações – I. Os Impérios do Bronze*, Pierre Lévêque
42. *As Primeiras Civilizações – II. A Mesopotâmia/Os Hititas*, Pierre Lévêque
43. *As Primeiras Civilizações – III. Os Indo-Europeus e os Semitas*, Pierre Lévêque
44. *O Fruto Proibido*, Marcel Bernos, Charles de La Roncière, Jean Guyon, Philipe Lécrivain
45. *As Máquinas do Tempo*, Carlo M. Cipolla
46. *História da Primeira Guerra Mundial 1914-1918*, Marc Ferro
47. *A Grécia Antiga*, José Ribeiro Ferreira
48. *A Sociedade Romana*, Paul Veyne
49. *O Tempo das Reformas (1250-1550) – Vol. I*, Pierre Chaunu
50. *O Tempo das Reformas (1250-1550) – Vol. II*, Pierre Chaunu
51. *Introdução ao Estudo da História Económica*, Carlo M. Cipolla
52. *Política no Mundo Antigo*, M. I. Finley
53. *O Século de Augusto*, Pierre Grimal
54. *O Cidadão na Grécia Antiga*, Claude Mossé
55. *O Império Romano*, Pierre Grimal
56. *A Tragédia Grega*, Jacqueline De Romilly
57. *História e Memória – Vol. I*, Jacques Le Goff
58. *História e Memória – Vol. II*, Jacques Le Goff
59. *Homero*, Jacqueline De Romilly
60. *A Igreja no Ocidente*, Mireille Baumgartner
61. *As Cidades Romanas*, Pierre Grimal
62. *A Civilização Grega*, François Chamoux
63. *A Civilização do Renascimento*, Jean Delumeau
64. *A Grécia Antiga*, José Ribeiro Ferreira
65. *A Descoberta de África*, Catherine Coquery-Vidrovitch (Org.)
66. *No Princípio eram os Deuses*, Jean Bottéro
67. *História da Igreja Católica*, J. Derek Holmes, Bernard W. Bickers
68. *A Bíblia*, Françoise Briquel-Chatonnet (Org.)
69. *Recriar África*, James H. Sweet
70. *Conquista. A Destruição dos Índios Americanos*, Massimo Livi Bacci
71. *A Revolução Francesa, 1789-1799*, Michel Vovelle
72. *História do Anarquismo*, Jean Préposiet
73. *Bizâncio. O Império da Nova Roma*, Cyril Mango
74. *Declínio e Queda do Império Habsburgo, 1815-1918*, Alan Sked
75. *História dos Judeus Portugueses*, Carsten L. Wilke